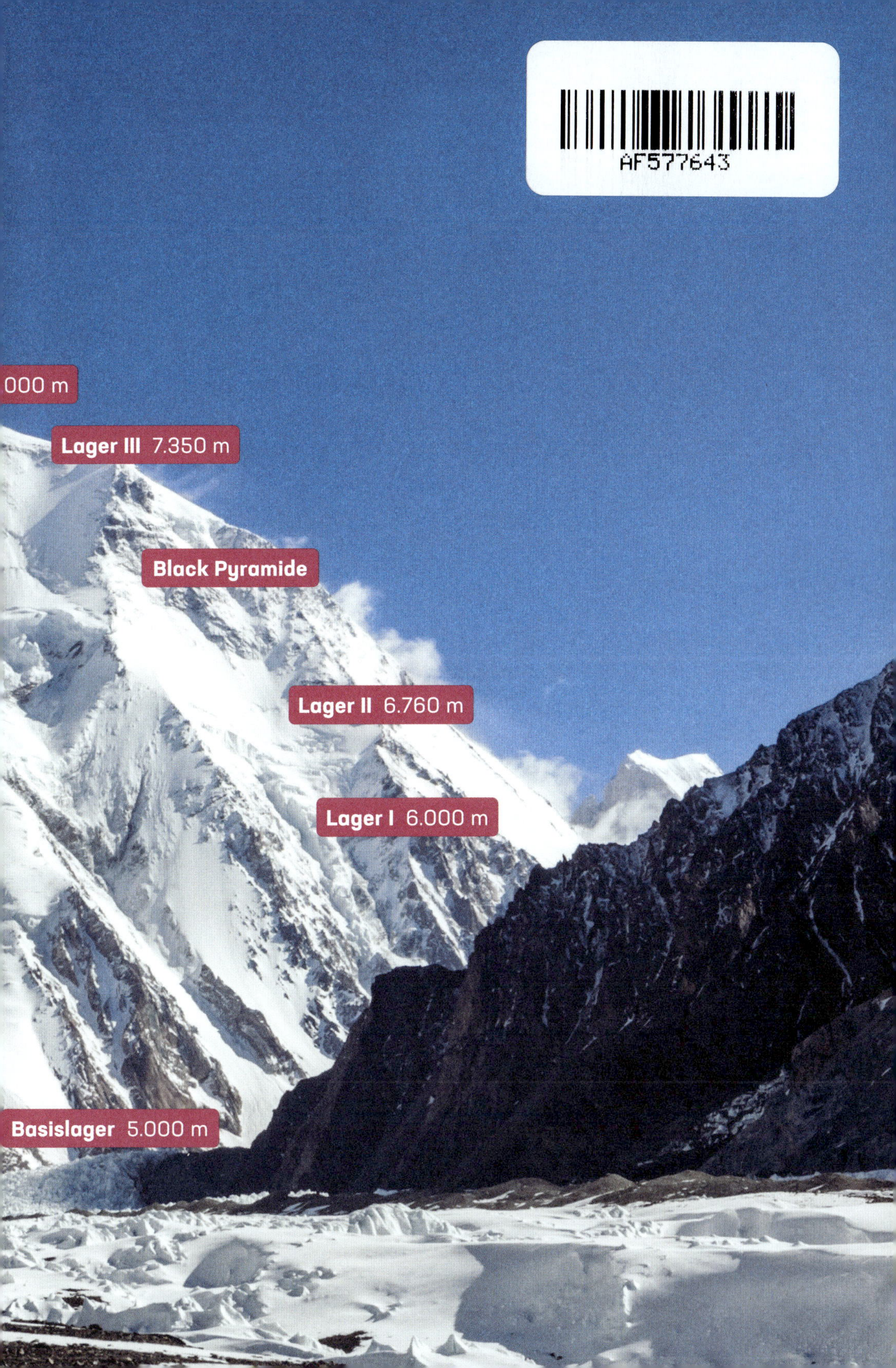
AF577643
000 m
Lager III 7.350 m
Black Pyramide
Lager II 6.760 m
Lager I 6.000 m
Basislager 5.000 m

TAMARA LUNGER

DER RUF DES K2

Die Tragödie meiner Winterexpedition am K2

TAPPEINER.

Für meine Freunde Sergi, Ali, Atanas und John.
Und ganz besonders für meinen Seilkameraden JP.
Du sagtest einmal zu mir: „Du bist ein sehr intensiver Mensch.
Das gefällt mir!“

Es waren sehr schwierige und intensive Zeiten, die wir gemeinsam durchgestanden haben. Du hast mir damit die Kraft geschenkt, den Verlust von Sergi und dir sowie von Ali, John und Atanas anzunehmen.
Dafür danke ich dir!

Ihr alle werdet für immer in meinem Herzen sein!

INHALT

VORWORT VON **GERLINDE KALTENBRUNNER**

Es war Mai 2005, als ich einen Vortrag in der Nähe von Tamaras Heimatort halten durfte. Wie so oft berührte mich dabei das Eintauchen in meine Welt der 8000er und die lebhafte Anteilnahme vieler Zuhörer sehr. Der im Anschluss daran rege, persönliche und individuelle Austausch vertieft diese Erfahrung. So auch an jenem Abend. Nach zahlreichen Gesprächen stand eine junge, sportliche Frau vor mir, die mich zurückhaltend, ja fast schüchtern, fragte, wie und ob sie es wohl schaffen könnte, ebenfalls mit 23 Jahren auf einem 8000er zu stehen. „Selbstverständlich kannst du das", sagte ich sofort. „Du musst es nur aus tiefstem Herzen wollen."

Und so war es bei Tamara auch. Sie wollte es so sehr, dass sie dem richtigen Menschen für ihr Vorhaben begegnete, und bereits 4 Jahre später mit einer von Simone Moro geleiteten Expedition zum sechsthöchsten Berg der Welt, dem Cho Oyu, aufbrach. Das Team plante, über die Normalroute auf der Nordseite des Berges, der an der Grenze zwischen Nepal und Tibet liegt, aufzusteigen, doch gerade deshalb sollte ihnen der Cho Oyu in jenem Jahr verwehrt bleiben: Es gab Komplikationen bei der Einreise nach Tibet und somit beschloss die Gruppe nach erfolgter Akklimatisierung wieder die Heimreise anzutreten. Tamara ließ sich jedoch nicht entmutigen, denn ihr Herzenswunsch war so groß, dass sie im folgenden Frühjahr wieder aufbrach – dieses Mal sollte es der vierthöchste Berg der Welt sein – der Lhotse. Ich freute mich sehr über die Nachricht, dass sie am 23. Mai 2010, kurz vor ihrem 24. Geburtstag, den Gipfel erreicht hatte. Damals war sie die jüngste Frau, der das gelungen ist.

Dieser Erfolg war der Beginn von Tamaras intensiver Bergsteigerkarriere, die sie auf einige hohe Gipfel dieser Welt führte. Sie ging durch Höhen und Tiefen, durfte bei ihren Expeditionen Erfolge feiern, musste aber auch Enttäuschungen und Schmerz erfahren, Rückschläge einstecken. Mit ihrer positiven und energiegeladenen Art schien Tamara auch die schweren Momente, die sie sehr berührten, immer wieder gut zu verarbeiten. Sie hat die Gabe, nach innen zu gehen und auf ihr Bauchgefühl zu hören, was ihr in vielen Situationen Vertrauen und Sicherheit gibt, und ihr bei der Winterexpedition zum K2 wohl auch das Leben gerettet hat. Diese Expedition hinterließ bei Tamara tiefe Spuren. Der K2 ist es aber auch, der ihr eine breite Palette an Erfahrungen und Kenntnissen bescherte. Und so erreichte sie im Jahr 2014 als zweite Italienerin ohne Flaschensauerstoff den Gipfel.

Der K2 ist für mich selbst weit mehr als der letzte 8000er, den ich besteigen durfte. Es ist der Berg, der mich besonders nachhaltig prägte. Die Erinnerungen an meine K2-Expedition(en) rufen auch heute noch ein allumfassendes Gefühl der Dankbarkeit und tiefen Freude hervor. Zum K2 habe ich eine ganz besondere, ja karmische Verbindung. Tamaras lebhaften Berichten und Schilderungen kann ich entnehmen, dass sie mit diesem magischen Berg eine ähnliche Erfahrung gemacht hat.

Auch deshalb hat mich ihr Buch sehr berührt; uns beide verbindet die Liebe zu den Bergen, der Herzenswunsch, in der Natur zu sein, und eben auch diese besondere Beziehung zum K2, der uns wunderbare Glücksgefühle, aber auch Leid beschert hat. Jedoch bin ich überzeugt, dass es Fügung war und unser Schicksal, und dass wir das, womit uns der K2 konfrontierte, zu erleben hatten, um daraus unsere Lehren für Wachstum und Entwicklung ziehen zu können. Für Tamara bedeutete dies beispielsweise, neue Wege einzuschlagen, andere Menschen noch mehr zu unterstützen, zu motivieren und zu bewegen. Nicht nur das, was sie für jene Mädchen in Pakistan macht, bewundere ich sehr. Sie beteiligt sich dort selbst tatkräftig am Bau einer Kletterwand, bohrt Routen ein und bringt den jungen Frauen bei, wie man sich am Fels und in den Bergen bewegt. Tamara greift Möglichkeiten sofort auf, packt an und hilft. Ich bin überzeugt, dass sie auch auf ihrem weiteren Weg zu den hohen Bergen und durch ihr Sosein noch viele Menschen motivieren und begeistern wird.

Gerlinde Kaltenbrunner, Attersee, im März 2023

1

RÜCKBLENDE – DIE GLETSCHERSPALTE

18. Januar 2020, Gasherbrum – Pakistan

„Schneide das Seil durch! Simone, wenn du irgendwo in Sicherheit bist, schneide das Seil durch!"

Die Schreie sprudeln mit all meiner Verzweiflung aus meinem Mund, schneller noch als jeder Gedanke. Ich bin völlig geschockt. Und kann es selbst kaum glauben: Mir bleibt keine Wahl mehr und ich kann nichts anderes machen, als Simone mit aller Kraft zuzurufen, dass meine Hand feststeckt. In einem Sekundenbruchteil war er plötzlich wie vom Erdboden verschluckt. Verschwunden in diesem schwarzen Loch, das auch mich gleich hineinziehen und verschlingen wird. Simone ist da irgendwo tief unten und ich weiß nicht, wie sein Zustand ist, oder ob er mich überhaupt hören kann. Alles, was ich im Moment weiß, ist, dass nur er mir jetzt helfen kann. Um mich herum ist sonst nichts und niemand, nur das immense, endlose, blendende Weiß des Gletschers. Ich bin vollkommen allein. Ich fühle mich verloren, doch irgendwie muss es mir gelingen, mich zu befreien. Simone muss mich einfach hören!

Heute Morgen war ich noch diejenige, die darauf bestand, aufzubrechen. Das lange Warten im Basislager hatte ich gründlich satt. So bin ich eben nun einmal. Ich schaffe es einfach nicht, längere Zeit stillzuhalten. Irgendwann werde ich unruhig und wohl auch ein wenig stur. Also habe ich Simone überzeugt, aufzubrechen, obwohl Karl Gabl, unser „heiliger" Meteorologe aus Österreich, dem Simone nahezu blind vertraut, schon zu Beginn vorausgesagt hatte, dass das Wetter nur zwei Tage lang schön bleiben würde. Seit dem Start des Unternehmens waren jedoch bereits achtzehn Tage vergangen, und unsere Gasherbrum-Expedition hat nur geringe Fortschritte erzielt: Das schlechte Wetter und ein schier unüberwindbarer Gletscher haben unsere Pläne bislang zunichtegemacht.

Heute ergab sich dann endlich die Gelegenheit, zumindest ein bisschen weiter nach oben vorzustoßen. Froh darüber, der aufreibenden Untätigkeit zu entkommen, waren wir dann beide fast ein wenig aufgedreht. Wir hofften, es bis zum ersten Lager zu schaffen, mit etwas Glück am darauffolgenden Tag sogar bis Lager II. An unseren Füßen tragen wir nun Schneeschuhe, um nicht im Tiefschnee zu versinken. Auch eine Leiter haben wir dabei und hoffen, so die breiten Gletscherspalten überwinden zu können, die wir bereits in den letzten Tagen gesichtet haben. Wie geplant bin ich

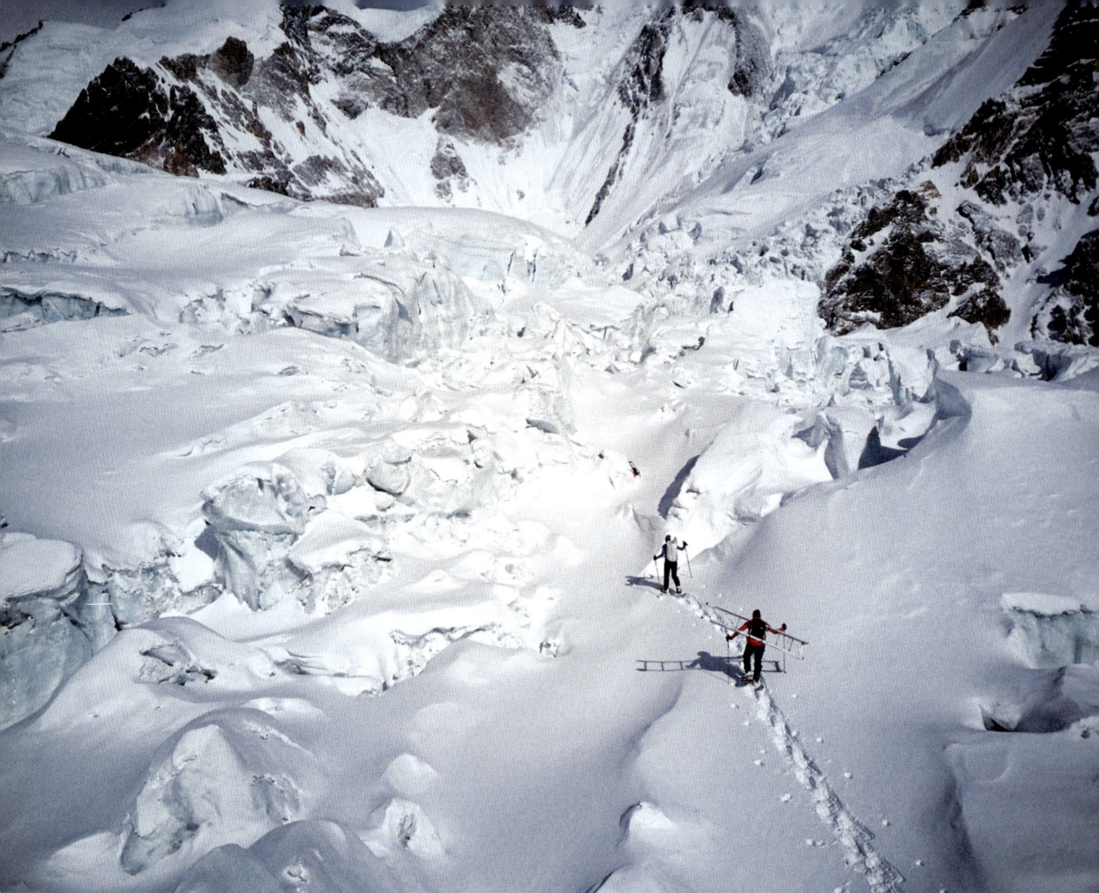

Wir starten voller Elan und Freude: Endlich ist es soweit, den Weg zum Lager I anzutreten.

es, die am ersten Tag spuren darf, während es Simone am zweiten Tag treffen wird, vorauszugehen. So setze ich meine Füße einen nach dem anderen in den weichen Schnee, und wir fühlen uns glücklich wie zwei Kinder, die sich auf der Suche nach neuen Abenteuern ihren Weg durch die Wildnis bahnen.

Bislang ist alles wunderbar gelaufen. Wir haben inzwischen Gletscherspalten überwunden, einige davon mithilfe unserer Leiter, und stießen bis in eine Höhe von 5.500 Metern vor, wo wir eine Art Hochebene erreichten, die wieder von drei Gletscherspalten durchzogen war. Und jetzt geht es wieder etwas steiler bergauf. Simone sichert mich, bis ich oberhalb des Steilstückes angelangt bin, wo ich mich darauf vorbereite, ihn als Nachsteigenden zu sichern. Ich will deshalb einen Halbmastwurf (Anm.: Knoten zum Abseilen und zur Sicherung des Kletterpartners) machen und bin gerade dabei, dazu unser Seil entsprechend in den Schraubkarabiner zu

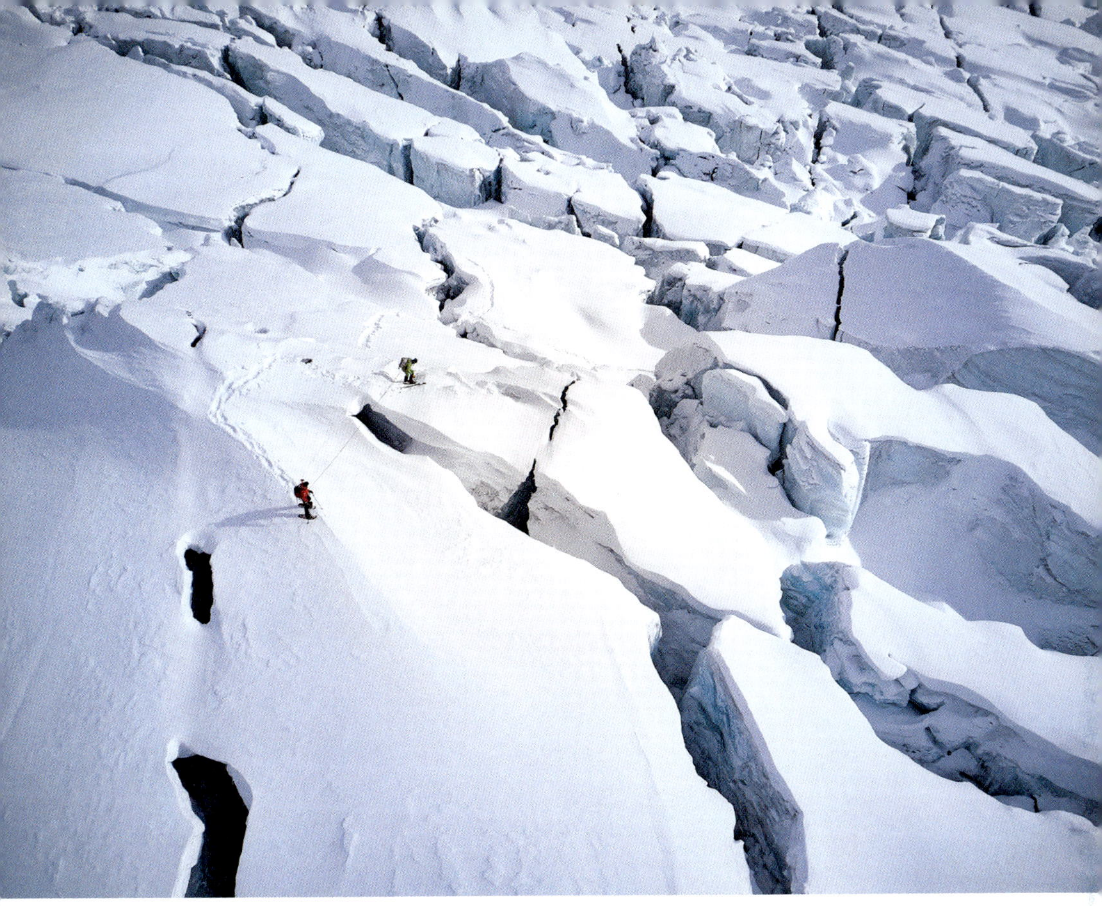

Der Gletscher wird mit zunehmender Höhe immer zerklüfteter. Wir brauchen sehr viel Feingefühl und Intuition, denn die Gefahr lauert überall.

schlingen, wobei ich den Knoten mit dem Daumen offenhalte, da mit den dicken Handschuhen alles so viel schwieriger ist. Und da sehe ich es. Aus dem Augenwinkel sehe ich, wie Simone plötzlich einen Schritt vorwärts macht und dann plötzlich verschwindet.

Es passiert schneller als ein Blitzschlag. Wie eine Rakete verschwindet er, und ich schaffe es nicht mehr rechtzeitig, das Seil, das uns verbindet, in den Karabiner einzuhängen. Es schnürt mir den Daumen ab und zieht mich beinahe mit Lichtgeschwindigkeit und enormer Kraft in Richtung dieser Gletscherspalte. Ich bin völlig machtlos. Meine linke Hand ist unerbittlich ins Seil geklemmt, und während meiner unaufhaltsamen, rasanten Rutschpartie Richtung Abgrund gelingt es mir nicht, den Eispickel aus dem Klettergurt zu ziehen. Mit den Schneeschuhen an den Füßen ist es schwierig, noch irgendwie zu bremsen, nein, es ist mir absolut unmöglich. Ich kann nur noch hoffen und beten. Bleib stehen, flehe ich in den Himmel, lass mich bitte stehen bleiben! Und plötzlich, als bereits alles

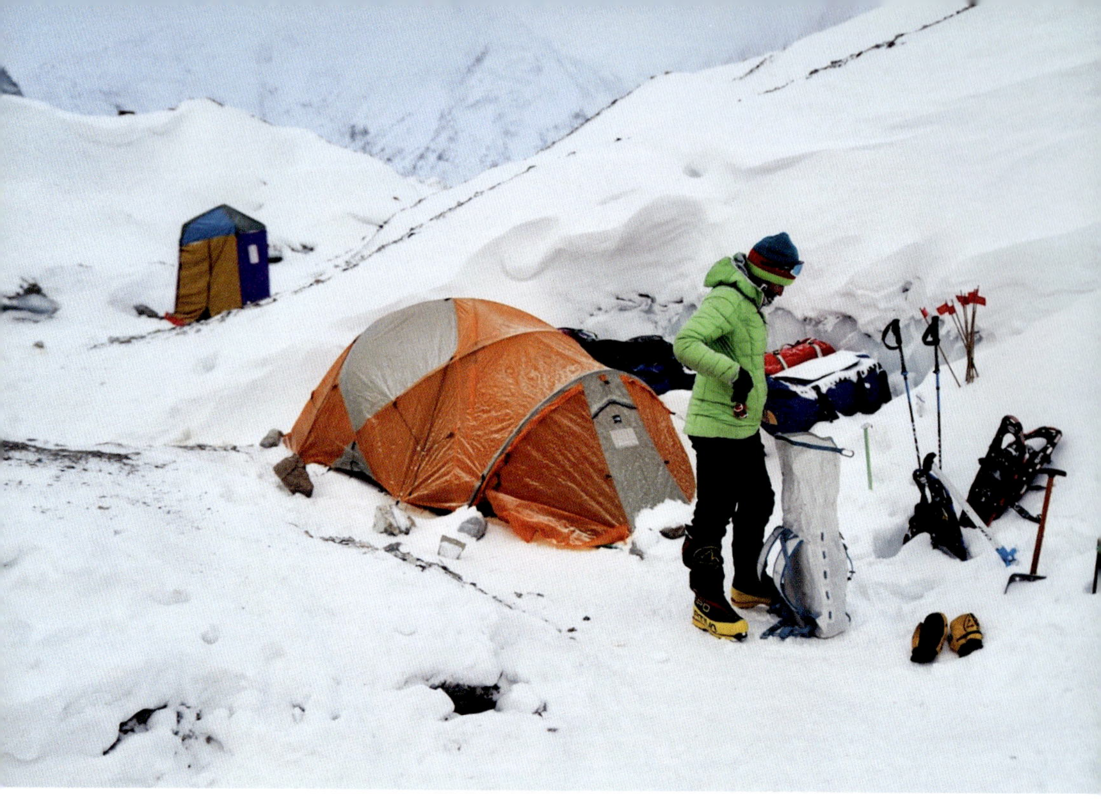

Die richtige Ausrüstung ist bei einer Expedition unerlässlich, wenn man auf alles vorbereitet sein will.

Hoffen vergeblich scheint, findet die wilde Fahrt ihr Ende. Rückblickend erscheint mir das heute noch als ein Ding der Unmöglichkeit, und doch kam ich nur ganz kurz vor diesem großen schwarzen Loch, und damit meinem und Simones sicherem Ende, auf einmal zum Halten.

Doch auch jetzt bleibt mir zum Nachdenken keine Zeit, ich muss schnell handeln. Ich greife nach dem Eispickel und grabe ihn so tief wie möglich in den Schnee ein. Danach fasse ich mit meiner freien rechten Hand eine Reepschnur (Anm.: dünnes, dehnungsarmes Seil), befestige sie mühsam am Pickel und sichere unser Seil mit einer Prusikschlinge (Anm.: Klemmknoten, der sich bei Belastung zuzieht), wobei ich auch die Zähne zu Hilfe nehme. Die endlich entstandene kurze Verschnaufpause nutze ich, um meinen Atem zu beruhigen und mir ein Bild von unserer Lage zu verschaffen. Sie schaut alles andere als gut aus. Meine linke Hand ist immer noch im Seil gefangen, das mir beinahe den Daumen abtrennt. Zudem ist diese Hand mittlerweile vollkommen gefühllos. Ich reiße mit aller Kraft am Seil, schaffe es aber weder, mich zu befreien, noch das Seil in meine Richtung zu ziehen. Das Seil, an dem die siebzig Kilo Simones hängen – und weitere zwanzig Kilo seines Rucksacks –, hält weiterhin meine Hand in Geiselhaft und schnürt sich immer noch fester um sie.

Und nach wie vor kein Lebenszeichen von Simone.

Es wird mir immer klarer, dass ich verloren bin. Wenn es ihm nicht irgendwie gelingt, etwas von seinem Gewicht aus dem Seil zu nehmen, werde ich früher oder später meine Hand verlieren. Zudem ist mein „Toter Mann“ (Anm.: komplexes Einrichten eines Haltepunktes im Schnee, auf den das Seil übertragen wird) alles andere als gut, aber die einzige Möglichkeit. In der Hektik, und dazu nur mit einer freien Hand, baue ich ihn in aller Eile und bin mir wirklich nicht sicher, ob er Simones Gewicht tatsächlich aushalten wird. Meine Gedanken sind blitzschnell und sehr klar. Ich spiele die verschiedenen Szenarien durch. Sollte der „Tote Mann“ nicht gut genug halten, wird mich Simone langsam, aber unaufhaltsam in diese Gletscherspalte ziehen. Dann kommt jener Moment, in dem all meine Angst und Hoffnung in lauten verzweifelten Schreien aus meiner Kehle strömen: „Schneide das Seil durch! Simone, wenn du sicher bist, schneide das Seil durch!“ Nichts als Stille. Ich schreie nochmals. Und nochmals. Dann, nach einer wahren Ewigkeit, scheint es mir, als ob ich ihn hören könnte. Und ja, er lebt! Wir sind gerettet! Zumindest hoffe ich das. Bis der Zug auf meinen Daumen nachlässt, dauert es noch einige Minuten, in denen ich unaufhörlich vor Schmerzen schreie. Ich will ihm dadurch begreiflich machen, dass er sich keine Zeit lassen darf, weil ich Gefahr laufe, meine linke Hand zu verlieren.

Endlich lässt der Zug nach. Ich atme auf und einmal tief durch. Später wird Simone mir berichten, dass er nur ein sehr schwaches „Schneide das Seil durch“ hören konnte. Er hing kopfüber zwanzig Meter unter der Oberfläche, als er mein Flehen vernahm: eine drastische Aufforderung, die jedem Bergsteiger das Drama und die Odyssee von Joe Simpson und Simon Yates auf dem Siula Grande in Peru ins Gedächtnis ruft. Auch für Letzteren war es auf keinen Fall ein angenehmer Moment, eine solch schwere Entscheidung treffen zu müssen.

Simone hat dort unten wirklich keine Zeit verloren und – was noch viel wichtiger ist – instinktiv richtig gehandelt, indem er sich aufrichtete und eine Eisschraube in die Eiswand trieb. Dank einer Schlinge, die er an der Eisschraube befestigte, konnte er sein Gewicht auf diese verlagern. Gerade so viel, dass es mir nun endlich gelingt, meine Hand aus der mörderischen Umklammerung zu ziehen. Er selbst legte anschließend noch seine Steigeisen an, die er im Rucksack hatte.

In der Zwischenzeit verbessere ich bereits den „Toten Mann“, grabe den Pickel noch weiter in den Schnee ein. Ich will absolut sichergehen, dass die Konstruktion Simones Gewicht tragen kann. Dann schleppe

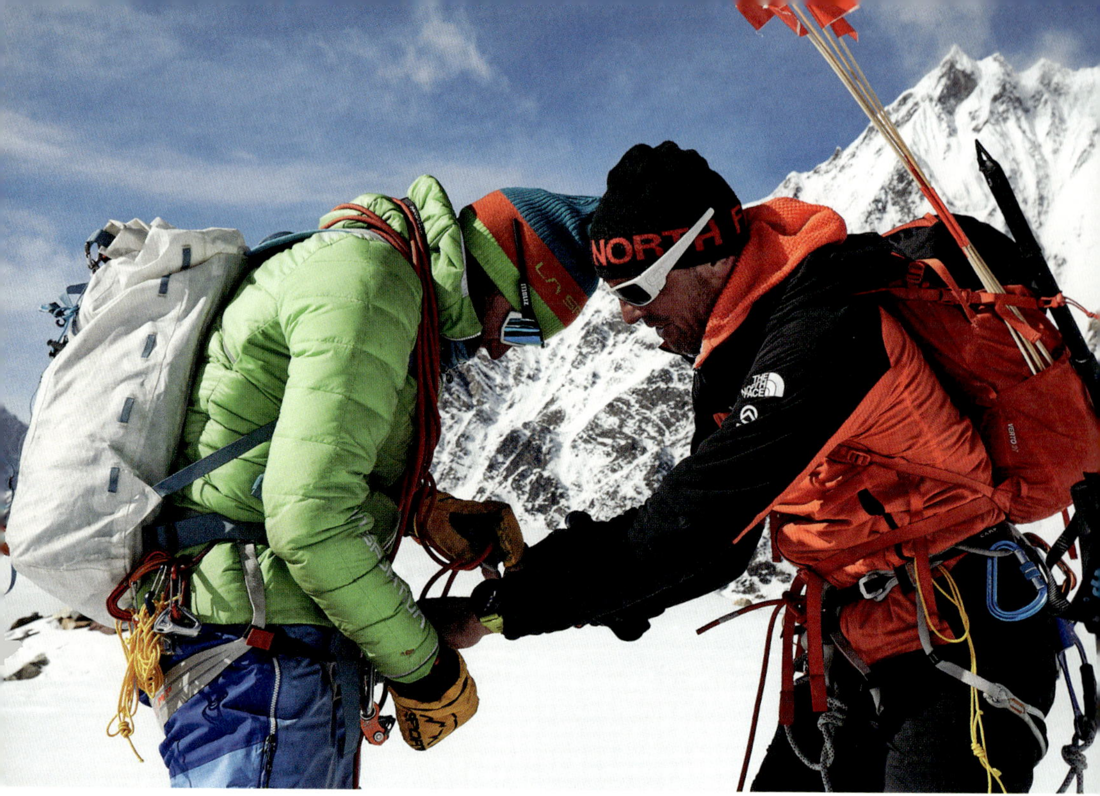

Simone Moro: Ein Mann, den ich sehr respektiere und achte.

ich mich auf allen Vieren zu einem Bereich mit Blankeis (Anm.: schneefreier Gletscherbereich), wo ich eine Schraube eindrehe, um einen weiteren sicheren Stand zu haben. Dafür musste ich mich aber zuvor aus unserem Seil binden. Ich muss sagen, ich habe mir dabei fast „in die Hose geschissen", weil mir klar war, dass an dieser Stelle nicht gerade fester Untergrund ist. Erneut betete ich zum Himmelvater in der Hoffnung, dass er mich heute ein zweites Mal erhört.

Nach einer mehr oder weniger langen inneren „Kampfphase" bin ich bereit, Simone bei seiner Kletterei aus der Gletscherspalte zu helfen, so gut ich eben kann, denn meine linke Hand ist nicht mehr zu gebrauchen … Also hänge ich sein Seil in ein Sicherungsgerät, sodass ich imstande bin, ihn auch nur mit einer Hand zu unterstützen. Als ich ihn so gesichert habe, hole ich entschlossen das Seil ein, während sich Simone durch *piolet traction*, also mittels Steigeisen und Eispickel, langsam Richtung Oberfläche emporarbeitet. Je weiter er hinaufklettert, desto besser können wir beide auch wieder kommunizieren. Gleich zweimal fragt er mich, ob ich ihn schon ausreichend gesichert habe. Und zweimal versichere ich ihm, dass dies der Fall sei. Langsam fühle ich, dass wir in Sicherheit sind, dass wir es noch einmal geschafft haben. Es fällt mir schwer, mein Gefühl zu beschreiben – ich bin gleichermaßen erleichtert wie abgekämpft.

Noch nie habe ich eine Erfahrung dieser Art gemacht. Auch mein Absturz am Nanga Parbat ist vollkommen anders verlaufen. Damals war ich gänzlich auf mich allein gestellt; wäre ich gestorben, hätte es nur mich getroffen. Hier jedoch konnten wir uns nur *gemeinsam* retten. Simones Wohl hing buchstäblich von mir ab und meines von ihm. Unser beider Leben hing an einem einzigen Seil, an dessen beiden Enden wiederum wir beide hingen.

Dies alles dauerte vielleicht zwei Stunden. Ich kann es nicht genau sagen, denn in einem solchen Zustand schaut man nicht auf die Uhr, und die Zeit verfliegt, ohne dass man es mitbekommt. Endlich erscheint Simone wieder an der Erdoberfläche. Ich atme erleichtert einige Male tief aus. Als Erstes überprüft er die Sicherung und ruft mir mit seinem typisch verschmitzten, entwaffnenden Lächeln zu: „Bergführerkurs bestanden!“ Ich weiß nicht, ob ich darüber lachen oder weinen soll, ob vor Glück oder aus welchem Gefühl heraus auch immer. Ich verstehe auch nicht wirklich, was in ihm tatsächlich vorgeht. Ob das für ihn etwas „ganz Normales“ war, oder ob er doch auch ziemlich Schiss hatte? Ich glaube aber, er wollte nur seine Angst verbergen, sonst hätte er mir nicht noch gesagt, er müsse erst kontrollieren, ob er sich nicht doch in die Hose gemacht hätte.

Spontan bitte ich ihn, mich zu umarmen. Er kommt meiner Bitte nach, wenngleich etwas zerstreut. Ich empfinde ihn innerlich weit entfernt, als ob er eigentlich an etwas ganz anderes denken würde. Höchstwahrscheinlich ist er mit seinen Gedanken wirklich irgendwo anders oder ist selbst geschockt, denn immerhin hätte uns beide die Sache um ein Haar das Leben gekostet. Möglicherweise plant er bereits die nächsten Schritte, doch ich will mich damit nicht zufriedengeben: „Ich möchte eine echte Umarmung“, fordere ich von ihm. Wir haben überlebt, doch bin ich immer noch zutiefst aufgewühlt. Was ich jetzt brauche, ist eine richtig starke Umarmung; jemand, der mich mit aller Kraft festhält. Ohne ein weiteres Wort zieht mich Simone fest an sich und drückt mich mit aller Kraft.

Noch ist aber nicht alles überstanden. Meine Hand ist angeschwollen und taub. Dick wie eine Wurst, vollkommen unbrauchbar. Wir müssen unbedingt ins Basislager zurück, denn hier zu biwakieren, inmitten dieses Labyrinths aus Gletscherspalten, ist für uns beide völlig undenkbar. Simones Rucksack mit dem Zelt und allen übrigen Sachen befindet sich zudem am Grund der Gletscherspalte. Wir sind nicht mehr imstande, ihn zu bergen, denn er hat sich irgendwo festgeklemmt. Alles Ziehen ist vergeblich.

Das Wichtigste ist aber geschafft, und vor Erleichterung bekomme ich schon wieder meine Tage, obwohl ich meine letzte Regel erst vor zwei Wochen hatte. Unglaublich, wie so ein Gefühlschaos auf den Körper wirkt. Es scheint, als mache er sein ganz eigenes Ding, und ich weiß nicht recht, ob ich weinen oder mich darüber freuen soll.

Also überqueren wir erneut den Gletscher, mithilfe unserer Leiter. Langsam und vorsichtig überwinden wir alle Gletscherspalten, konzentrieren uns auch auf jede noch so unscheinbare, und auf jede kleinste Gefahr. Wir wissen genau, dass jetzt jeder weitere Fehler fatale Folgen haben würde. Ich spüre, dass diese Expedition – zumindest für mich – vorbei ist. Und Stück für Stück beginne ich zu verstehen, was gerade passiert ist. Ich bin erschöpft, doch es ist mir auch bewusst, dass ich einen weiteren Schritt nach vorn gemacht habe. Ich wurde auf die Probe gestellt, habe dabei meine Grenzen ausgelotet und habe bestanden. Ein weiteres Mal konnte ich erfahren, wer ich bin und wozu ich in der Lage bin. Darüber hinaus erlebte ich erneut hautnah, wie unbedeutend wir inmitten der Berge und der Natur sind. Wo uns jeder kleinste Fehler das Leben kosten kann, und wo nicht jede Gefahr von vornherein abschätzbar ist. Alle Bergsteiger wissen das. Manchmal jedoch vergisst man es, man verdrängt es, man nimmt es auf die leichte Schulter. An diesem Tag hat mir der Berg eine weitere wichtige Lektion erteilt, die ich niemals mehr vergessen will und für die ich ihm immer dankbar sein werde.

An den Ausläufern des Gletschers kommen uns dann die Freunde entgegen, die unser Team im Basislager bilden: Matteo Pavana – Filmemacher und Fotograf, Matteo Zanga – ebenfalls Fotograf, unser Guide Amir, der Küchenjunge und zuletzt unser Koch, der mich mit Tränen in den Augen umarmt. Ich erinnere mich gut an das eigenartige Gefühl, das mich dabei überkam. Ein Gefühl, das mit mir als Bergsteigerin zu tun hatte und mit meiner Zerbrechlichkeit. Ein Gefühl, an das ich mich auch noch ein Jahr später genau erinnern sollte. Und zwar während einer weiteren Winterbesteigung, dieses Mal am K2, dem letzten im Winter noch unbestiegenen Achttausender …

2

K2 – MEINE GANZ PERSÖNLICHE GÖTTIN

28. Dezember 2020, Baltoro - Pakistan

Heute werde ich sie wiedersehen. Doch es besteht kein Grund zur Eile. Ich möchte mir meine Zeit nehmen, sodass ich unser Wiedersehen aufs Höchste genießen kann. Ich will mich an diesen nun schon so lange erwarteten Moment herantasten, mich ihm behutsam nähern, ich möchte bereit sein für alles, was er mir zu sagen hat. Es kommt mir so vor, als ob ich gleich eine geliebte Person wiedersehen würde, eines der schönsten Wesen dieser Erde.

Und ja, „der" K2 ist für mich weiblich. Ich fühlte und betrachtete ihn von Beginn an als Sitz einer Göttin. Das war schon immer so, seit jenem Augenblick, als ich ihn 2012 zum ersten Mal erblickt habe. Damals hatte ich mit Skiern den zweithöchsten Gipfel des Pamir bestiegen, den Muztagh Ata, gemeinsam mit Paul Augscheller. Unmittelbar danach wollten

Gipfelglück am Muztagh Ata in China. Ein außergewöhnliches Erlebnis: mit Skiern auf dieser Höhe …

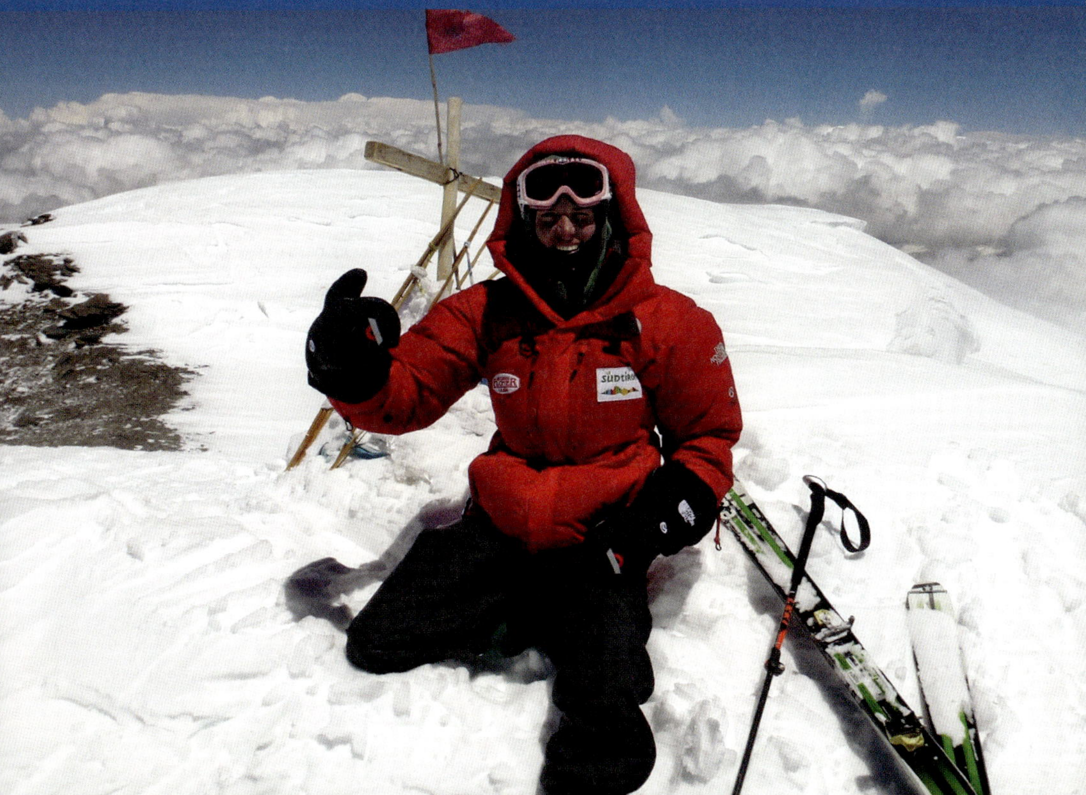

wir dann auch noch zum Broad Peak, der ja nur eineinhalb Stunden vom Basislager am K2 entfernt ist.

Genau bei jener Expedition sah ich „meine Göttin" zum ersten Mal. Es fällt mir schwer, das Gefühl zu beschreiben, das mich damals augenblicklich überkam. Ich war erfüllt von Respekt, beinahe von Angst. Diese immense Größe in absoluter Perfektion. Dieses gänzliche Fehlen von Schwachstellen. Diese Eleganz, gepaart mit solcher Härte und Komplexität, raubte mir einfach den Atem. Der K2 ist nach dem Mount Everest der zweithöchste Berg unseres Planeten, aber er ist auch der Schwierigste aller Gipfel, die mehr als 8.000 Meter in den Himmel ragen: vollkommene Schönheit, Schwierigkeit und extreme Ausgesetztheit gleichermaßen. Dieser einzigartige Berg erfüllte mich mit Furcht und zog mich gleichzeitig an. „Der große Berg", *Chogori*, wie er in Balti (Anm.: gehört zur tibetischen Sprachgruppe) genannt wird, schien mir in jenem Moment so unerreichbar, geradezu unmöglich, dass „sie" sofort zu meinem Ideal wurde. Die unangefochtene Königin Baltistans, des Baltoro Muztagh-Massivs, und weit darüber hinaus.

Vielleicht hätte es dabei auch für immer bleiben sollen – ein wunderschöner, aber unerfüllbarer Traum. Zu schwierig – und geradezu undenkbar, ja ein Sakrileg, sich „ihr" auch nur nähern zu wollen. Ein bisschen wie unsere ersten Jugendlieben, so aufregend und perfekt, dass sie eigentlich

Paul und ich im Lager II am Broad Peak. Seine „Gamswürste" (Würste aus Gämsen-Fleisch) haben uns richtig „Schmalz" gegeben ☺

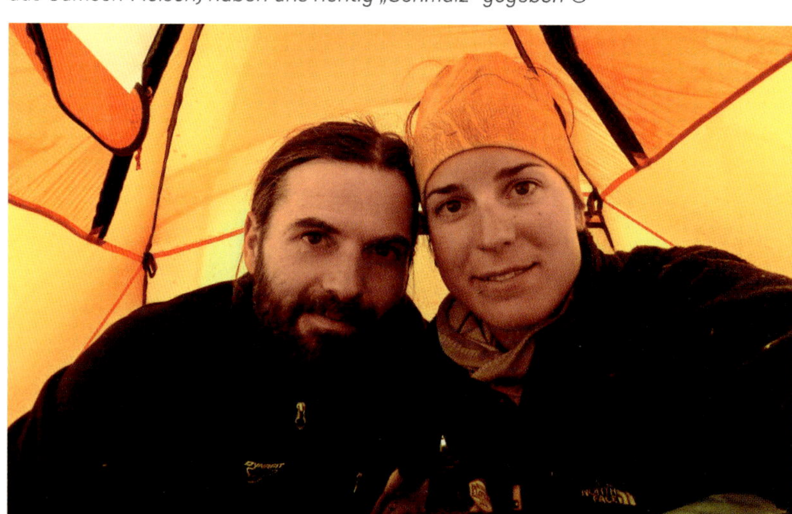

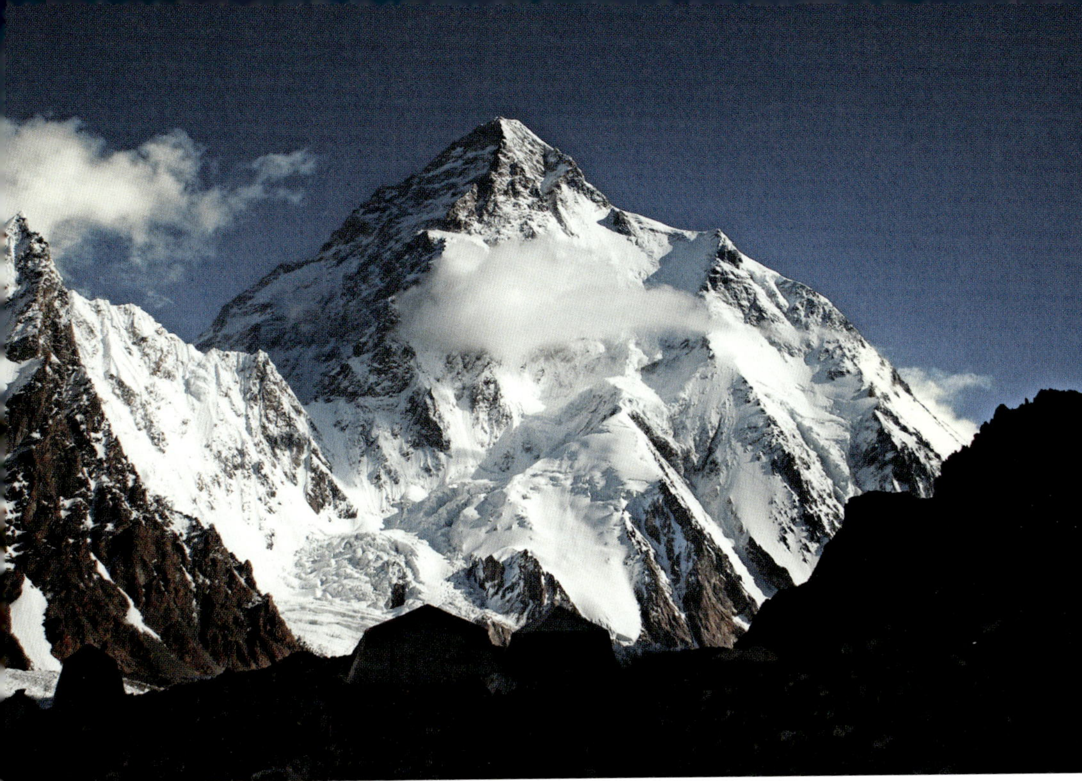

Der K2 mit seinen 8.611 Metern - wohl einer der schönsten Berge der Welt ... Für mich definitiv „der" schönste Berg der Welt!

eher ins Reich der Träume und Fantasien gehören, als in die reale Welt. In der Tat war es ein großer Liebeskummer, der mich schlussendlich dazu gebracht hat, an einer K2-Expedition teilzunehmen. Ein schwerer Schlag war der Verlust dieser Beziehung, für die ich alles gegeben hätte, da ich sicher war, den richtigen Menschen gefunden zu haben. Und ich gebe zu, dass ich in Gedanken bereits ein gemeinsames Leben mit ihm aufgebaut, von Kindern und einer Zukunft zusammen geträumt hatte. Ich war so unendlich traurig … und so wütend, dass es mir schwerfiel, an etwas anderes zu denken. Dauernd fragte ich mich, was schiefgelaufen war, obwohl ich genau wusste, dass ich auf diese Frage wohl nie eine befriedigende Antwort erhalten würde. Ich fühlte mich, als hätte ich alles verloren, und müsse jetzt dringend einen neuen Sinn im Leben finden.

Irgendwann war ich dann bereit, wieder neu zu starten. Neu zu starten mit einem Projekt – und es erforderte meine ganze Konzentration, den Fokus von meinem Liebeskummer weg, und auf etwas anderes zu richten. Ich wollte mir selbst beweisen, was ich als Mensch und Bergsteigerin wert und wozu ich in der Lage war. Vor Tatendrang platzte ich förmlich aus allen Nähten, vor lauter Lust, endlich wieder etwas Aufregendes zu

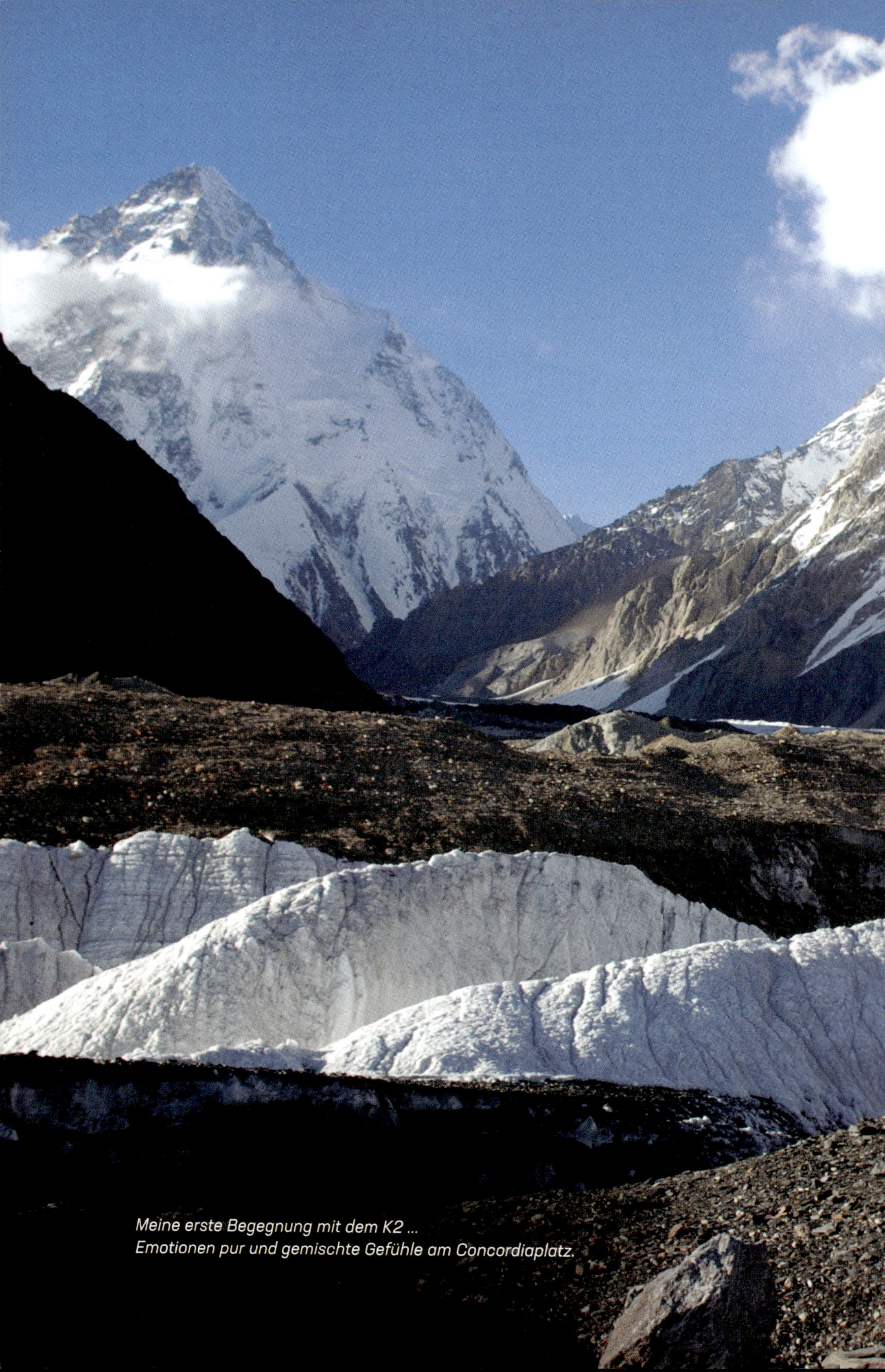

Meine erste Begegnung mit dem K2 …
Emotionen pur und gemischte Gefühle am Concordiaplatz.

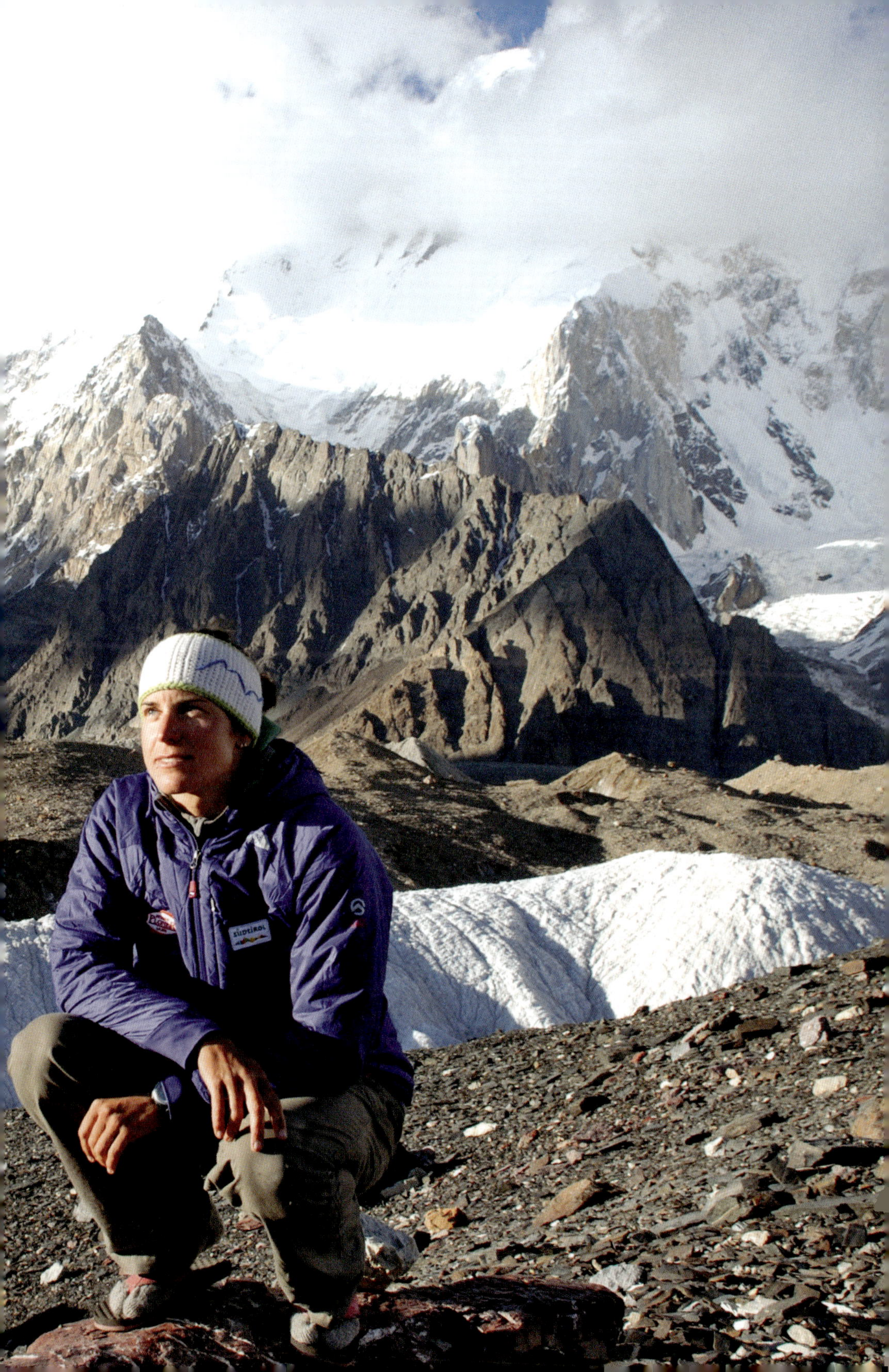

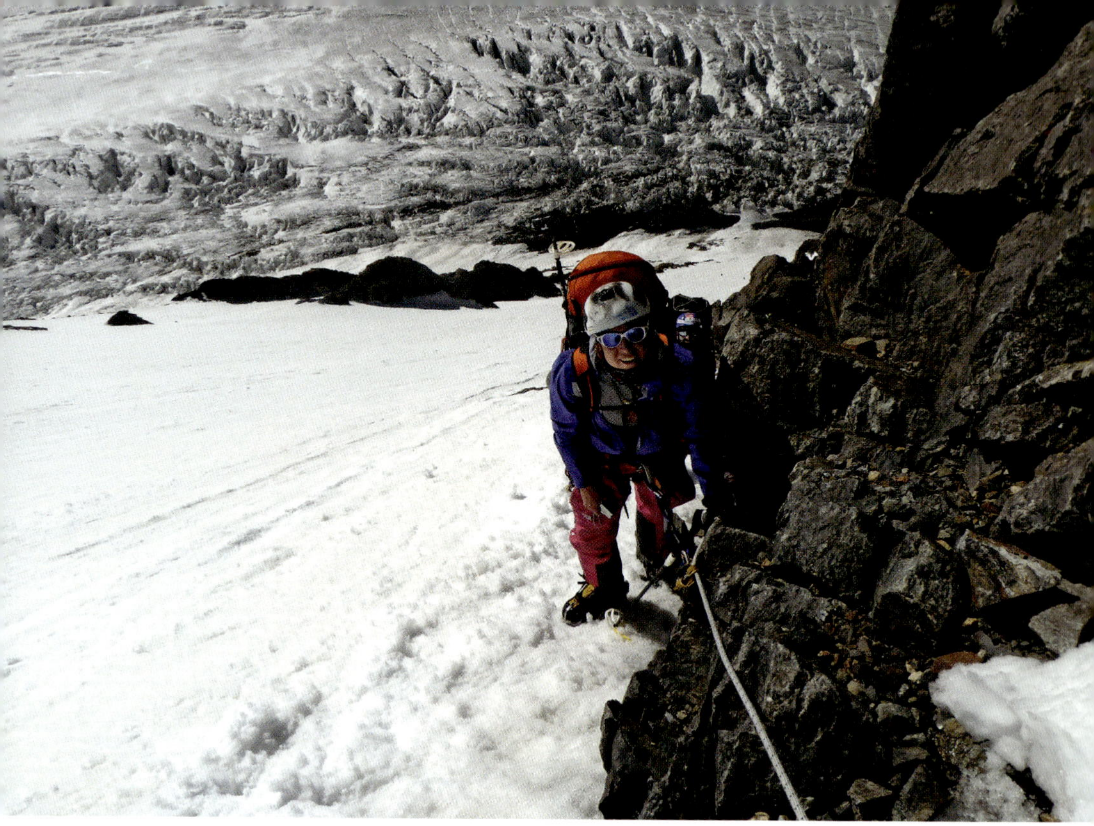

Der Aufstieg zum K2 im Sommer 2014 vom vorgeschobenen Basislager Richtung Lager I. Die Temperaturen sind tagsüber recht angenehm.

unternehmen, und war voller Freude. Als mich dann Giuseppe Pompili fragte, ob ich mich seiner Expedition anschließen wolle, gab es in mir, in meinem Kopf und in meinem Herzen, nur noch einen einzigen Gedanken: den K2.

Am 26. Juli 2014 stand ich dann am Gipfel des K2. Nikolaus, „Klaus" Gruber, mein großartiger Expeditionspartner und ich, waren 20 Minuten nach Mitternacht vom Lager IV gestartet. Wir hatten uns Zeit genommen, wollten den anderen Seilschaften den Vortritt lassen, wollten den Aufstieg genießen.

Ich hatte mich großartig gefühlt. Fast zu gut, sodass wir die anderen Seilschaften bereits im Morgengrauen eingeholt hatten: auf 8.200 Metern, am „Flaschenhals", jener äußerst heiklen Passage – einer engen, steilen Rinne voller Eisbrocken. Sie bildet den Übergang vom oberen Teil des Berges zu den letzten mühseligen und entscheidenden 420 Metern zum Gipfel. Irgendwann hatte ich die Warterei fast nicht mehr ausgehalten, ich wollte überholen, war ungeduldig. Ich hatte Angst, dass es zu spät werden würde, hatte dauernd auf die Uhr geschaut. Jeder Versuch zu überholen war jedoch gescheitert: verließ man nämlich die Spur, versank

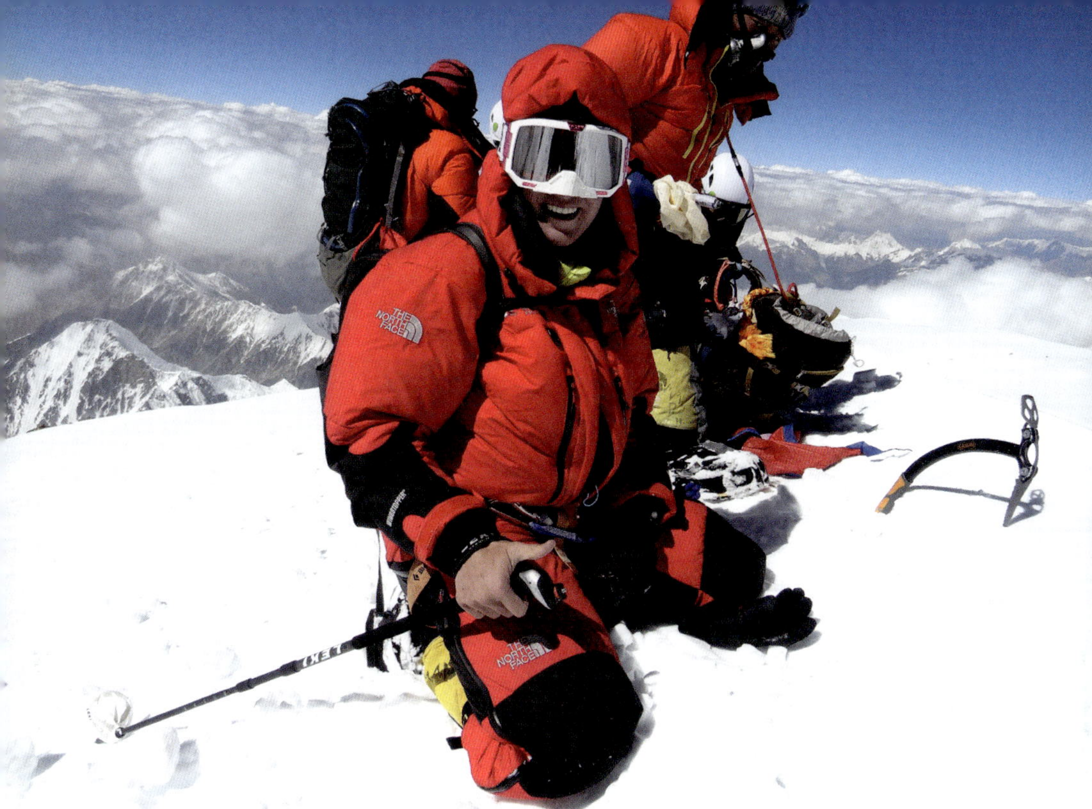

2014 am Gipfel des K2, ohne Sauerstoff und Hochträger. Ich konnte es kaum fassen. Einer der emotionalsten Momente meines Lebens.

man augenblicklich bis zur Hüfte im tiefen Schnee. Also hatte ich weiter gewartet, wie es sich gehörte. Ungefähr 300 Meter unterhalb des Gipfels hatten einige Bergsteiger dann noch eine kurze Rast eingelegt, um etwas zu essen. Darauf hatte ich nur gewartet: Ich nutzte meine Chance und war schnell vorbeigezogen. Von da ab bis hin zum Gipfel war alles nur noch wunderschön. Ich war euphorisch, außer mir vor Begeisterung. Aber auch hochkonzentriert. Endlich konnte ich meinem eigenen Rhythmus folgen. Für mich gab es nur noch den Gipfel, diese 8.611 Meter, die wie im Traum auf mich zukamen.

Mein Glücksgefühl war schier unbeschreiblich, ich war vollständig von Freude erfüllt. Mit Tränen in den Augen dankte ich dem Berg dafür, dass er mir erlaubt hatte, bis hier oben vorzudringen. Meine Göttin war gnädig mit mir gewesen. Und auch geduldig. Ich konnte es einfach nicht glauben: Ich hatte den Gipfel beim ersten Versuch geschafft. Niemals werde ich diese Augenblicke der Glückseligkeit vergessen.

Über eine Stunde verbrachte ich am Gipfel, um auf Klaus zu warten. Da er nicht kam, beschloss ich abzusteigen, dachte nur noch an unser

Zelt und daran, wo Klaus wohl blieb. Ich fand ihn wenige Meter unterhalb des Gipfels, zusammen mit Michele Cucchi, einem Bergführer aus Alagna, und wir vereinbarten, dass ich im Lager IV auf ihn warte. Ich hatte auf einen tiefen, erfrischenden Schlaf gehofft, dann aber kaum ein Auge zugetan, da es in dieser Nacht, nachdem Klaus angekommen war, noch einige Zwischenfälle gab. Klaus bekam ein Lungenödem, und wir mussten versuchen, so bald wie möglich abzusteigen. Am darauffolgenden Tag stiegen wir mit vollgepacktem Rucksack ab. Klaus war sehr schwach, schlug sich aber tapfer bis zum vorgeschobenen Basislager durch, wo man bereits auf uns wartete. Erst dort, nach einer Tasse Tee und der Gewissheit, dass wir jetzt in Sicherheit waren, umarmten wir uns dann ganz fest und beglückwünschten uns gegenseitig. Auch dieser Moment war sehr schön. Die Verantwortlichen der Agenturen warteten hier auf die Teilnehmer der verschiedenen Expeditionen, die am Vortag zum Gipfel aufgebrochen waren. Also waren sie ziemlich überrascht, als sie im Abstieg als die Ersten uns beide sahen. Uns, die wir den Gipfel ohne künstlichen Sauerstoff und ohne Hilfe von Hochträgern im Zweierteam bestiegen hatten. Sie wollten unsere Rucksäcke bis ins Basislager tragen. Doch das war etwas, das ich keinesfalls wollte – denn ich war der Ansicht, dass dieser unglaubliche Aufstieg erst im Basislager wirklich endet. Ich konnte es immer noch kaum glauben, wir hatten es wirklich geschafft. Es war einfach zu schön, um wahr zu sein.

Im Basislager dachte ich nur noch an Eines: mich im Gletscherbach zu waschen. Ich wollte mich erfrischen und säubern, nach all den Tagen und Nächten am Berg. Der Offizier, der bei jeder Expedition zwingend im Basislager anwesend sein muss, wollte es mir verbieten, doch nichts und niemand hätte mich davon abhalten können: Es war mir zu wichtig, dieses Ritual durchzuführen und zum Abschluss noch mal so richtig in das Wasser einzutauchen, das vom schönsten Gipfel der Erde talwärts und dann weiter bis zum Meer fließt. Ich hatte *meinen* Berg bestiegen. Als zweite Italienerin nach der großartigen Nives Meroi, ohne künstlichen Sauerstoff und ohne Hochträger. Auch dieser Umstand erfüllte mich mit Stolz und Freude. Und ich konnte mir wenigstens teilweise selbst verzeihen, dass ich am Lhotse vom Sauerstoff Gebrauch gemacht hatte. Dort hatte ich nämlich am Gipfeltag eine Sauerstoffflasche verwendet. Nur für ganz kurze Zeit, da ich Erfrierungen an den Füßen unbedingt vermeiden wollte, doch eigentlich gibt es dafür keine Entschuldigungen.

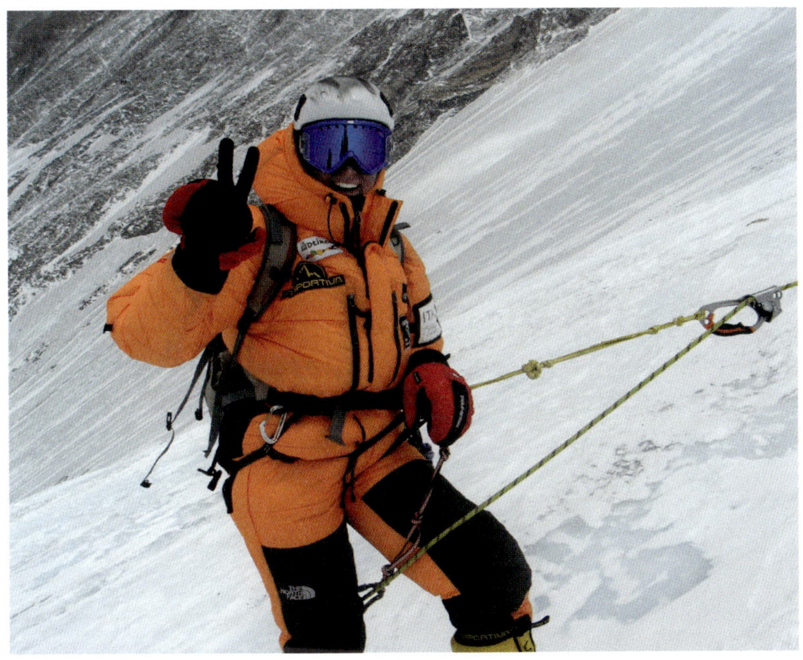

Am Lhotse 2010: Jeder Schritt während dieser Expedition war eine Suche nach Abenteuern. Bis zu diesem Zeitpunkt hatte ich nur von den hohen Bergen gelesen, und jetzt war alles Wirklichkeit.

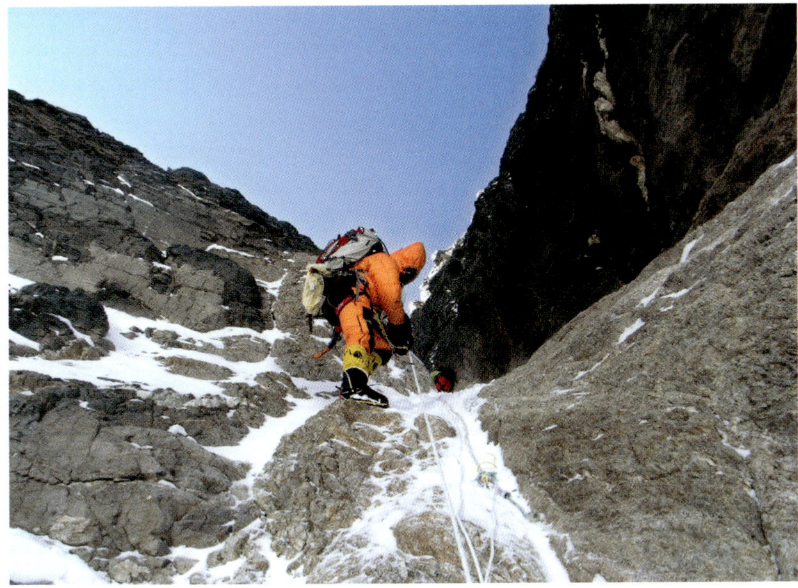

Im Couloir Richtung Lhotse-Gipfel (8.516 Meter).

Höhenbergsteigen bedeutet für mich ganz klar, auf künstlichen Sauerstoff zu verzichten. Aus diesem Grund war der K2 für mich der erste „richtige" Achttausender. Diesem Aufstieg verdanke ich einiges in meinem Leben. Ja, dem K2 verdanke ich eigentlich fast alles. Diese Erfahrung hat mir ein neues Selbstbewusstsein, aber auch ein neues Selbstverständnis geschenkt. Und „sie" hat mir die Möglichkeit geboten, mich selbst und die Dinge um mich herum neu wahrzunehmen. „Sie" hat mir aber auch gezeigt, was ich wollte und was mir im Leben wirklich wichtig war. Ich wollte eine Bergsteigerin sein, wollte die hohen Berge unserer Erde erklimmen, wollte großartige Abenteuer erleben. Das war und ist mein Lebenstraum, den ich mithilfe des K2 verwirklichen konnte. Diesem Gipfelerfolg verdanke ich auch meine ersten richtigen Sponsorenverträge. Und ganz sicher all das, was nachher noch folgen sollte. Es ist also verständlich, dass es mich nicht erstaunte, „sie", meine Göttin, ein weiteres Mal plötzlich im Zentrum meiner Existenz und meiner Gedanken vorzufinden.

Es geschah bei meiner Rückkehr vom Gasherbrum. Innerhalb weniger Tage war ich von der Freiheit der Berge in der Lockdown-Gefangenschaft der Covid-19-Pandemie gelandet. Plötzlich befanden wir uns alle inmitten eines ganz neuen Dramas. Ich habe diesen Lockdown anfangs nicht besonders gut aufgenommen, ich fühlte mich wie ein Tiger, der in einen Käfig gesperrt wird. Auch hatte ich den Vorfall an der Gletscherspalte noch nicht verarbeitet. Dieses Erlebnis hatte mir nach meinem Unfall am Nanga Parbat im Winter 2016 wieder gezeigt, dass ich in solchen lebensbedrohlichen Situationen genau weiß, was ich zu tun habe. Aber es hat mich auch erneut gelehrt, wie wichtig es in solchen Situationen ist, einen kühlen und funktionierenden Kopf zu bewahren. Und wie wichtig das gute Zusammenspiel zwischen Körper und Intuition ist.

Es war mein Kopf, der mir in der Coronazeit keine Ruhe und keinen Frieden ließ, und nichts davon wissen wollte, dass man im Moment eben einfach nichts machen konnte. Genau wie am Berg in einer Schlechtwetterphase, in der miese Laune und Eigensinn nichts nützen, und man einfach nur abwarten muss. Das ist leicht gesagt, fällt mir aber immer unendlich schwer. Und so versuchte ich, aus der Not eine Tugend zu machen, und nicht nur meinen Körper, sondern auch meinen Geist zu trainieren. Es gab nämlich nur zwei Möglichkeiten: entweder ich würde komplett vor die Hunde gehen oder versuchen, das Beste aus der Sache zu machen.

Nach einiger Recherche fiel meine Wahl auf einen Onlinekurs, in dem Meditation und Motivation gelehrt wurden. Er gefiel mir auf Anhieb, und so arbeitete ich täglich vier bis fünf Stunden an meiner mentalen Einstellung, und bot gleichzeitig zwei Mal wöchentlich live ein Krafttraining für meine Instagram-Follower an. Insgesamt wurde es dann doch zu einer sehr schönen Erfahrung für mich, die mir nicht nur half, diese schwierige Zeit durchzustehen, sondern auch eine intensivere Verbindung zu all den Menschen aufzubauen, die mir auf diesem Netzwerk folgen. Eine Erfahrung, die mir viel bedeutet und aus der ich auch viel lernen konnte. Ich war sehr dankbar, dass ich trotz dieser enormen Eingeschränktheit in der Lage war, für das Kollektiv etwas zu tun, und die Resonanz war einfach nur genial, sehr motivierend und erfüllend.

Was die Meditation betrifft, so war die Überraschung ebenfalls groß: Abgesehen vom unmittelbaren Nutzen brachte mir jede Sitzung auch einen neuen Gedanken, ja sogar immer wiederkehrende Eindrücke und Eingebungen. Als ich zum Beispiel meine drei größten Ziele aufschreiben sollte, kam ich sofort und irgendwie unerwartet auf den K2 im Winter. Und jeden Tag während meiner Meditation hatte ich Besuch. Besuch von der unermesslichen Kraft und Energie dieses Berges, die mir Gänsehaut auf meinen ganzen Körper zauberten und mich in Tränen ausbrechen ließen. Jeden Tag befand ich mich wieder und wieder am Gipfel des K2. Und als ob das nicht genügen würde, rief mich auch irgendwann mein Freund Andrea aus dem Tessin an, um mir zu sagen, dass er von mir geträumt hatte. Und zwar sah er mich auf dem Gipfel des K2. Auch Heidi, eine Südtirolerin, die so wie ich am Motivationskurs teilnahm, schrieb mir, dass sie mir alles Gute wünsche für die Verwirklichung dieses Traumes …

Die Zeit verstrich, und schweren Herzens beendete ich die Live-Sessions und auch meinen Online-Trainingskurs; ich war ziemlich enttäuscht, dass wir uns von nun an nicht mehr zwei Mal pro Woche online treffen würden, um gemeinsam zu lernen und zu trainieren. Doch ich wollte die mittlerweile wieder zaghaft zurückkehrende Freiheit nutzen, um mich auf meine neuen Lebensziele zu konzentrieren. Der harte Lockdown endete zwar mehr oder weniger, doch die Zufälle und Zeichen zeigten sich weiterhin. Während einer Yogastunde, die wir einem wichtigen Bereich unseres Lebens widmen sollten, dachte ich zum Beispiel sofort wieder an den K2, wobei mir Tränen in die Augen traten. Ich wusste es einfach: Dies ist *das* Zeichen. Ab diesem Zeitpunkt war mir alles klar. Ich komme, Göttin des K2!

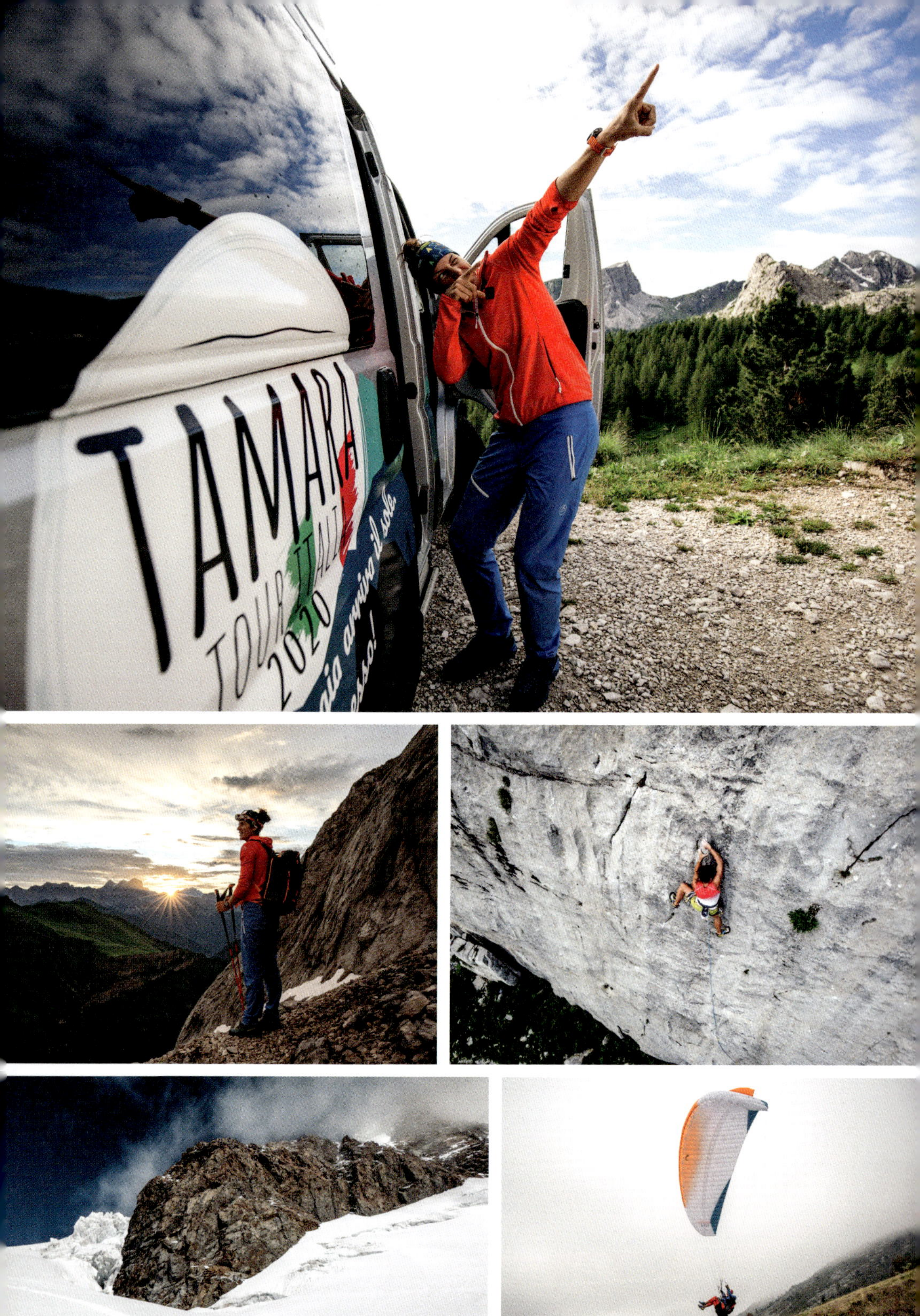
TAMARA
TOUR
2020
arriva il sole

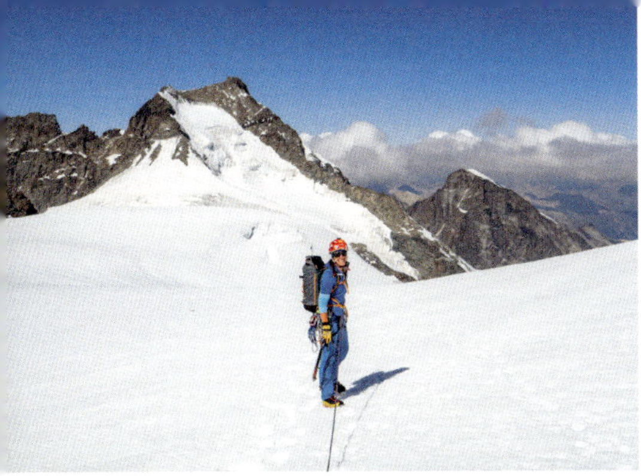

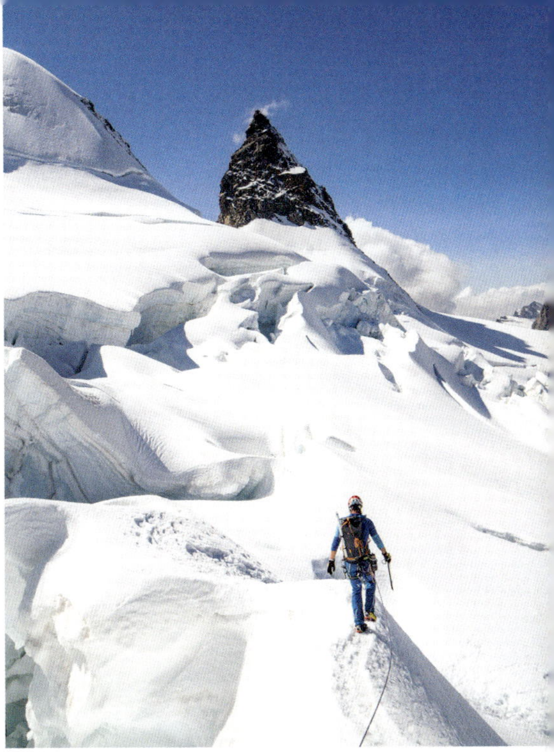

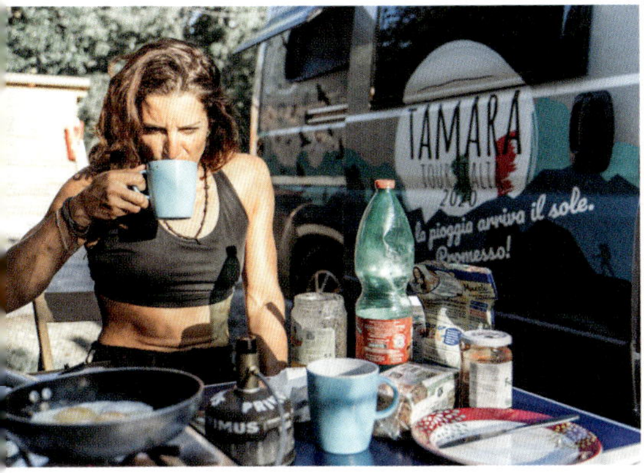

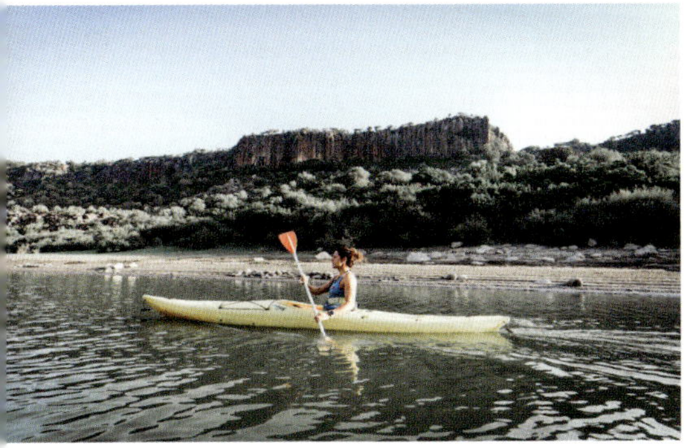

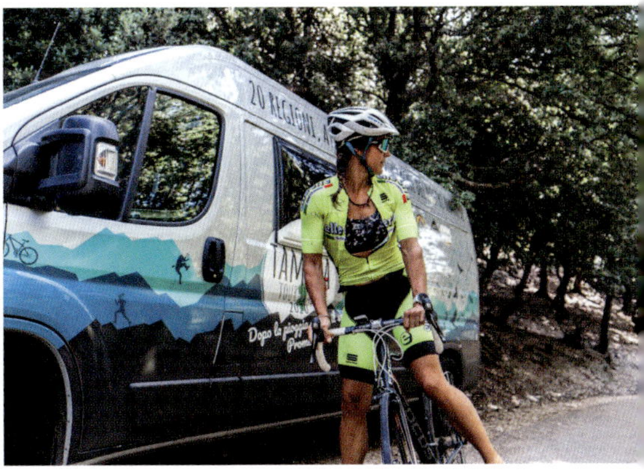

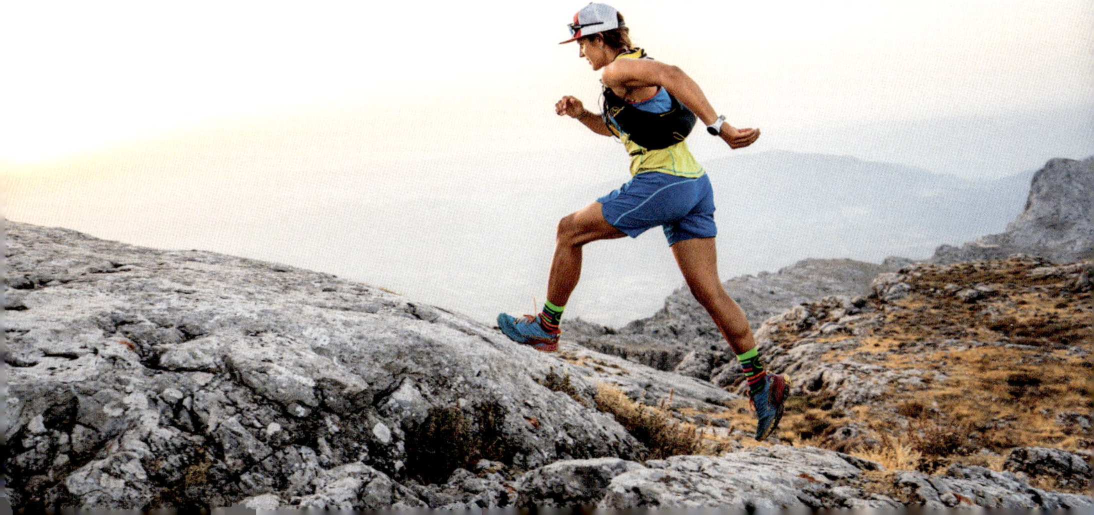

Mit Beginn des Sommers startete ich dann meine Tour durch Italien. Ich fuhr mit dem Wohnmobil durchs ganze Land, um jeweils den höchsten Gipfel jeder Region zu besteigen, und fühlte mich dabei wie von einer positiven Energiewelle getragen. Es ging mir schlicht und einfach gut. Ich spürte, dass ich viel Kraft in mir hatte, und dass mir jede Person, die ich auf dieser Reise traf, etwas Positives mitgab. Viele Menschen folgten mir oder grüßten mich auf den verschiedenen Gipfeln Italiens. Darunter waren natürlich die berühmten, wie der Mont Blanc, der Gran Sasso oder der Monte Rosa, der Monviso und natürlich der Ortler. Aber auch die weniger bekannten, aber nicht minder faszinierenden Gipfel wie der Monte Saccarello, der Monte Cimone, die Punta La Marmora, der Monte Pollino, die Serra Dolcedorme und der Monte Cornacchia. Und viele weitere, die mir – wie überhaupt die gesamte Reise – für immer in Erinnerung und im Herzen bleiben.

Viel Freude bereitete mir auch der große Zuspruch vieler Menschen für mein Lockdown-Training. Es kam vor, dass ich irgendwo in Italien unterwegs war – ich hatte nie im Voraus angekündigt, wo ich am darauffolgenden Tag sein würde –, und schon von Weitem begrüßten mich die Menschen mit meinem Namen und bedankten sich dann für das Live-Training. Alles in mir und um mich herum erschien mir voller Licht, strahlend und leuchtend. Ganz Italien schien mir zuzulachen. Manchmal, wenn ich mit stimmungsvoller Musik von einem Ort zum anderen *cruiste* – also ohne bestimmtes Ziel herumfuhr –, die Landschaft genoss und an die herzlichen Begegnungen und Momente zurückdachte, kullerten mir Freudentränen über die Wangen, weil ich mich so sehr geliebt fühlte von allem, was mich umgab.

Die Erfahrungen dieser Reise durch Italien haben mir unendlich viel gegeben und mich vor allem gelehrt, dass es mir auch ganz für mich allein sehr gut ging. Eine Lehre, die in jener Zeit von äußerster Wichtigkeit für mich war.

Und immer wieder kehrten meine Gedanken zum K2 zurück. Ich hatte zwar noch keinen konkreten Plan gefasst, doch dieser Berg, *mein* Berg, hatte inzwischen einen festen Platz in meinem Denken eingenommen. Es war, als ob er immer bei mir wäre. Zu ihm wollte ich zurückkehren, und dieses Mal sollte es im Winter sein. Doch wollte ich mir auch etwas Zeit lassen. Ließ ich mich etwa zu sehr von meinen Träumen beeinflussen?

Doch die Zeit verflog und der Zeitpunkt, die nächsten Expeditionen zu planen, rückte immer näher. Ich musste eine Entscheidung treffen, und so begann ich, das Terrain zu sondieren. Der Erste, den ich fragte, ob er mit mir eine Winterbesteigung wagen wollte, war natürlich kein anderer als Simone Moro. Simone antwortete nicht sofort mit einem Nein. Ich spürte, dass ihn diese Unternehmung reizte. Diese problematischste und deshalb auch letzte noch offene Winterbesteigung eines Achttausenders konnte jemanden wie ihn nicht unberührt lassen, war doch gerade er der Mann, der mit vier Winter-Erstbesteigungen mehr hohe Gipfel als jeder andere Mensch in der kältesten Jahreszeit bezwungen hatte. Andererseits hatte Simone seine eigenen Kämpfe auszutragen: Seine Frau Barbara hatte ihn in einem Traum tot am K2 gesehen, und er hatte ihr versprochen, niemals dort hinaufzusteigen.

Die Entscheidung fiel dann, als uns Alex Txikon anrief. Der baskische Alpinist, der uns bereits Freund und Seilkamerad bei der Winter-Erstbesteigung des Nanga Parbat gewesen war, lud uns beide zur Winterbesteigung des Manaslu ein. Simone sagte augenblicklich zu. Ich dachte bei mir: vielen Dank, aber nein. Rückblickend hatte ich 2015 am Manaslu keine besonders guten Gefühle gehabt, viel entscheidender aber war, dass ich unbedingt die Winter-Erstbesteigung jenes Berges versuchen wollte, den ich mehr liebte als jeden anderen.

Um ganz ehrlich zu sein, war ich von meiner eigenen Entscheidung selbst überrascht worden. Mein „Nein“ bedeutete, dass ich diesmal nicht auf Simone an meiner Seite zählen konnte. Er war es gewesen, der mich zum Höhenbergsteigen und in den Himalaya gebracht hatte. Von ihm hatte ich alles gelernt, was ich über Winterbesteigungen von Achttausendern wusste, und noch so vieles mehr. All meine letzten Expeditionen hatte ich zusammen mit ihm unternommen. Den Versuch, den Manaslu im Winter zu besteigen. Das unvergessliche Abenteuer am Nanga Parbat, eine Winterbesteigung mit Simone, Alex Txikon und Ali Sadpara, bei der ich nur siebzig Meter unter dem Gipfel beschlossen hatte, auf diesen zu verzichten und umzukehren. Der Versuch, den Kangchenjunga zu überschreiten. Die Winter-Erstbesteigung des eiskalten Pik Pobeda in Kirgisistan. Und dann natürlich der Gasherbrum mit jener verhängnisvollen Gletscherspalte und unserer Rettung in allerletzter Sekunde, die vielleicht sogar irgendwie unsere „Trennung“ nach sich gezogen hat.

Mir war immer schon klar, dass es früher oder später passieren musste. Manchmal hatte ich ihn sogar damit geneckt, ihm scherzhaft gesagt, dass ihm wohl nicht mehr so viele Jahre blieben, in denen er noch in der Lage wäre, solche Expeditionen durchzuführen. Er wiederum hatte darauf prompt geantwortet, dass wohl eher ich noch vor ihm aufhören würde. In Wahrheit waren wir beide traurig darüber. Für mich ist er – und wird es immer bleiben – ein Fixpunkt, ein Halt in meinem Leben. Eine Person, der ich unendlich dankbar bin für alles, was ich lernen, erleben und genießen durfte. Niemand in meinem bisherigen Leben hat mir so viel zugetraut, hat mich derart gefördert und so unglaublich unterstützt.

Der Entschluss war somit also gefasst. Allerdings musste ich für mein neues Abenteuer noch einen Seilkameraden suchen und finden. So rief ich Alex Gavan an, der bereits sieben Achttausender auf seinem Konto hatte und ganz sicher der berühmteste Alpinist Rumäniens war und ist. Ich hatte ihn im Jahr 2014 kennengelernt und schon damals einen sehr guten Eindruck von ihm gewonnen. Damals hatten sich unsere Wege beim Trekking am Baltoro-Gletscher gekreuzt – er war auf dem Weg zum Broad Peak und ich steuerte den K2 an. Wir waren uns auf Anhieb sympathisch und hatten beschlossen, irgendwann mal etwas gemeinsam zu unternehmen. Ich hatte ihn öfter damit geneckt, dass ich immer vor ihm am Ziel war, allerdings war er auch Fotograf – deshalb war es ihm wichtig, zwischendurch immer wieder stehenzubleiben, um gute Fotos zu schießen. „Ich mache nicht nur einfach *klick*", hatte er mir erklärt, „ein richtig gutes Bild benötigt seine Zeit." In unseren jeweiligen Basislagern hatten wir uns dann gegenseitig besucht, und ich hatte ihm sogar meinen Eispickel für die Besteigung des Broad Peak geliehen. Und zwar genau den, den ich bereits für meine Besteigung des K2 benutzt hatte. Seit damals hatten wir keine Gelegenheit mehr gehabt, uns am selben Berg zu treffen, auch wenn sich unsere Wege mehrmals in Kathmandu gekreuzt hatten. Immer wieder hatte er mir gesagt: „Komm, lass uns was gemeinsam machen, lass uns gemeinsam eine Winterbesteigung in Angriff nehmen." Doch ich war immer mit Simone unterwegs und hatte daher nie wirklich die Notwendigkeit verspürt, auch noch etwas mit ihm zu unternehmen; auch weil ich mit Simone ein so eingespieltes Team bildete, dass eine weitere Person vielleicht nur ein „Störfaktor" gewesen wäre. Jetzt war der richtige Zeitpunkt gekommen, ihn anzurufen und ihm meinen Plan für die Winter-Erstbesteigung des K2 zu unterbreiten.

„Alex", hatte ich ihn gefragt, „weißt du, warum ich dich anrufe?" Er hatte nicht eine Sekunde gezögert: „Weil wir diesen Winter zusammen auf den

K2 gehen werden.“ Dies war für mich ein weiteres Zeichen, und langsam glaubte ich wirklich, dass es Schicksal war. Die Entscheidung war gefallen – wir beide würden auf den K2 steigen. Ich war total euphorisch. Es war, als ob alles bereits festgestanden hätte: In meiner Vorstellung sah ich uns schon am Gipfel. Ich glaubte daran mit jeder Faser meines Körpers.

Und jetzt fehlt nicht mehr viel bis dorthin. Ich treffe gerade an jenem Ort ein, den ich schon seit Monaten herbeisehne. Ich denke noch an die Abschiedsworte Simones: „Pass gut auf dich auf“, hatte er mehrmals wiederholt, „nutze immer deinen Kopf, deinen Verstand. Du weißt, wie hart dieser Berg ist, der schwierigste von allen, vor allem im Winter.“ Um dann noch hinzuzufügen: „Ich werde immer für dich da sein. Ruf mich und ich komme zu dir, um dich runterzuholen, wo auch immer du sein magst. Gleich, in welcher Situation du dich befinden magst.“

Und nun bin ich hier, am Concordiaplatz, dem „Herzen des Karakorums“. Juan Pablo Mohr, den alle nur JP nennen, und Sergi Mingote sind meine Reisegefährten und Kunden bei derselben Agentur. Mit ihnen verstand ich mich sofort bestens, kurz vor mir waren sie hier eingetroffen. An diesem Platz treffen die Ausläufer der Gletscher zusammen: jener des K2 (der Godwin-Austen-Gletscher), jener des Broad Peak (der Obere Baltorogletscher) und der des Gasherbrum (Abruzzi-Gletscher). Es handelt sich um einen der schönsten Orte dieser Welt, zweifelsohne der schönste, den ich jemals zu Gesicht bekommen habe. Ein wahrhaftiges Heiligtum der Berge und eine Verkörperung der Schönheit der Natur. Es erfüllt mich allerdings mit Schmerz, dass es immer noch Menschen gibt, die ihre Abfälle an einem solch heiligen Ort zurücklassen, wie ich es leider mit eigenen Augen gesehen habe, vor allem in den Sommermonaten.

Es war in jenem natürlichen Amphitheater, als der K2 zum ersten Mal vor meinen Augen erschien. Auch heute hoffe ich, einen Blick darauf erhaschen zu können, obwohl Nebel und Wolken im Moment nicht den Anschein erwecken, als wollten sie sich rasch verziehen. Doch ich habe keine besonderen Erwartungen. Im Moment genügt es mir, ganz und gar zu wissen, dass „sie“ hier ist. Ich kann sie fühlen, spüre sie geradezu. Als ich sie dann in einem Augenblick, in dem sich die Nebel ganz kurz lichten, plötzlich ausmachen kann, beginnt mein Herz fest und schneller zu schlagen. Ich bitte sie darum, mich anzunehmen, mir zu erlauben, sie zu erklimmen, und versichere sie ein weiteres Mal all meiner Dankbarkeit. Und all meines Respekts.

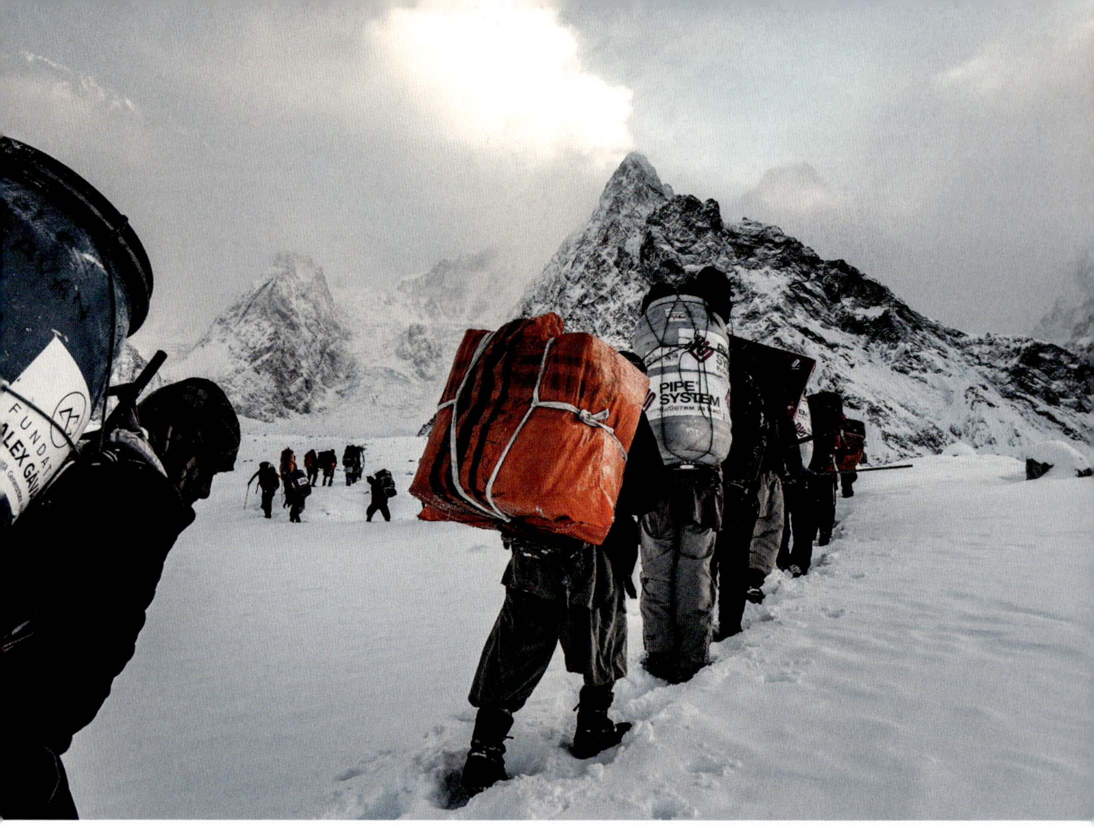

Unser letzter Trekking-Tag vom Concordiaplatz Richtung Basislager am K2. Es war bitterkalt in diesen Morgenstunden.

Am darauffolgenden Morgen befreit sie sich dann zunehmend von all den Nebelschwaden, die sie umgeben, und kleidet sich im Licht der aufgehenden Sonne in rote, orange und leuchtend gelbe Gewänder. Sie ist einfach großartig. Und ich bin glücklich, hier sein zu dürfen. Bei ihr, nur wegen ihr. Der Göttin des K2.

3 AUFBRUCH ZUM BASISLAGER

29. Dezember 2020, Baltoro - Pakistan

Fünf Tage sind bereits vergangen, seit wir vom kleinen Dorf Jola aufgebrochen sind. Täglich unser Lager neu auf- und dann wieder abzubauen ist langweilig und mühsam, doch zum Glück ist heute der letzte Tag unserer Wanderschaft. Heute werden wir endlich das Basislager am K2 erreichen, das dann für die nächsten zwei Monate wohl mein Zuhause sein wird.

Doch zuvor nahm ich zum ersten Mal das Flugzeug nach Skardu, um so die lange und anstrengende Reise von Islamabad nach Gilgit, und von dort weiter nach Skardu zu vermeiden. Eine Erleichterung, die mir zusätzliche Zeit schenkte und vor allem meinem Rücken die unzähligen Schlaglöcher und das Gerüttel der Fahrt auf dem sagenumwobenen *Karakorum Highway* ersparte. Außerdem war für uns interessant, dass die Straße, die vom *Karakorum Highway* nach Jola führt, inzwischen darüber hinaus verlängert wurde. Askole ist der historische Startpunkt jedes Trekkings zum K2-Basislager und den anderen umliegenden Bergen des Baltoro, wie dem Broad Peak und der Gasherbrum-Gruppe.

Dieser neue und wesentlich angenehmere Straßenabschnitt ermöglichte es uns, im Jeep bis nach Jola zu gelangen, wo auch eine neue Brücke errichtet wurde, um den dortigen Fluss zu überqueren. Bis zum vorigen Jahr, als ich mit Simone genau hier vorbeikam, um die Winter-Überschreitung von Gasherbrum I und II zu wagen, musste man ihn noch, zusammen mit den Trägern, durchwaten, sofern man nicht eine Extrastunde Gehzeit investieren wollte. Aber ich bevorzugte damals die Extrastunde, während die sehr viel abgehärteteren Träger mit nackten Füßen durch das eiskalte Wasser gingen. Jetzt ist alles viel einfacher: man kommt mit dem Auto, fährt über die Brücke und stellt gleich das erste Lager auf. Und auch hier gab es eine weitere Neuerung. Aus der Zeit mit Simone war ich es noch gewohnt, unser Zelt eigenhändig aufzustellen und das Lager selbst einzurichten. Doch diesmal hatte ich mich mit Alex darauf geeinigt, der Agentur *Seven Summit Treks* die allgemeine Organisation zu übertragen. Deshalb wurden unsere Zelte von allen gemeinsam aufgestellt, auch die anwesenden Sherpas halfen mit, und so entstand sofort ein Gemeinschaftsgefühl, fast eine Art Verbrüderung zwischen allen Anwesenden.

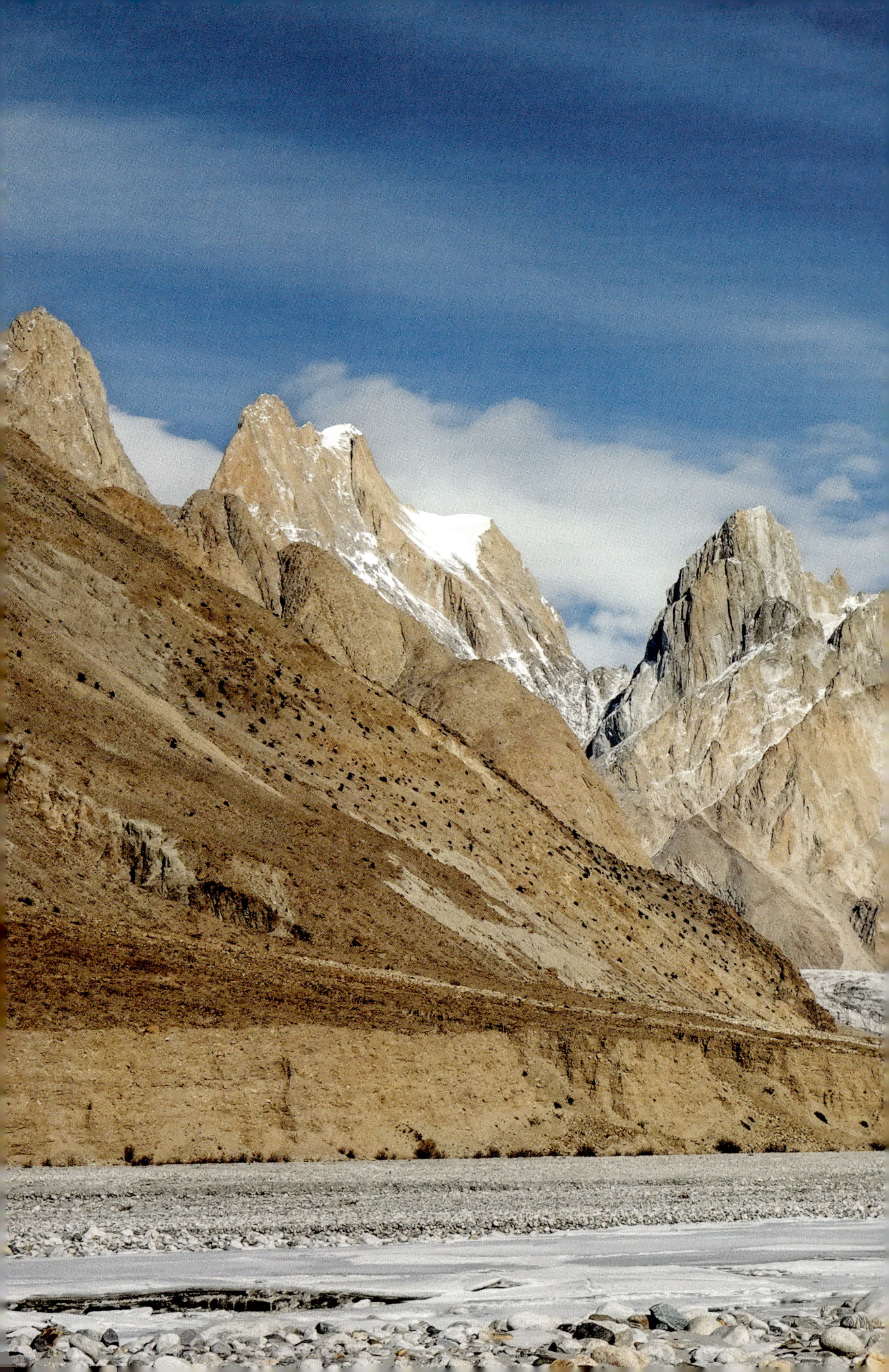

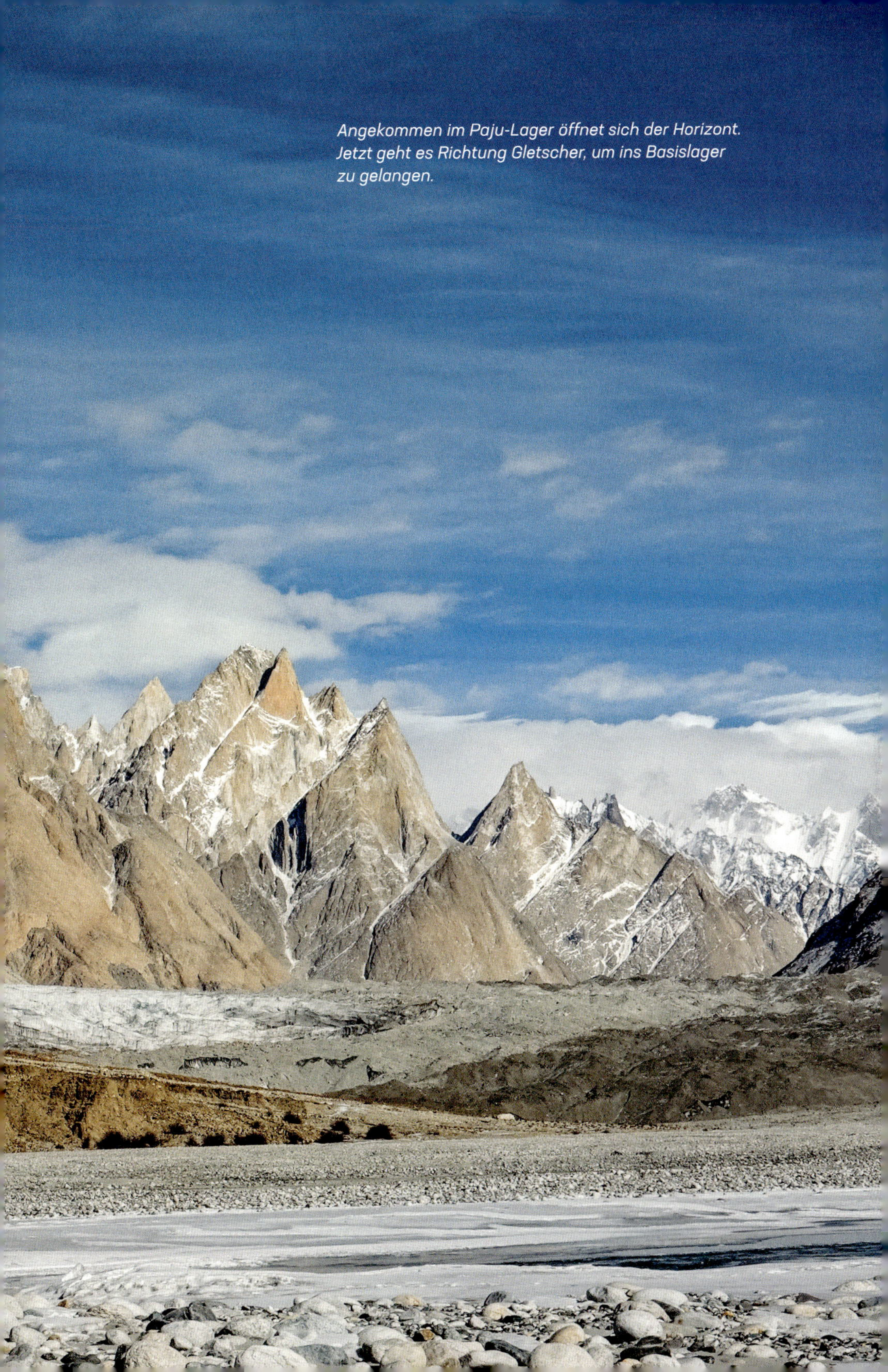

Angekommen im Paju-Lager öffnet sich der Horizont. Jetzt geht es Richtung Gletscher, um ins Basislager zu gelangen.

Die erste Tagesetappe. Man kann sagen, was man will: Mit der ganzen Organisation hier ist es wirklich sehr angenehm, auch wenn wir dann am Berg natürlich wieder autonom und auf uns selbst gestellt sein werden. Allerdings hätte ich mich nie für das All-Inclusive-Paket entschieden, das unter anderem einen oder mehrere Sherpas einschließt, die uns zusätzlichen Sauerstoff weit hinauftragen würden. Einfach weil es mit meiner Auffassung vom Höhenbergsteigen unvereinbar wäre. Mit einer solchen Herangehensweise hätte all dies keinen Sinn für mich.

Ich denke nach, während ich die Ansammlung von Zelten in diesem Lager betrachte, die sich unter mir ausbreitet. Es werden hier wohl über 300 Personen sein: Träger, Sherpas, Köche, Hilfsköche und Bergsteiger. Davon sind etwa 60 Bergsteiger und Sherpas. Es scheint mir unglaublich, dass sich so viele Menschen ernsthaft an der Besteigung jenes Berges versuchen wollen, der allgemein als der schwierigste der Über-Achttausender gilt. Und dass sie alle vorhaben, dies im Winter zu schaffen, erscheint mir geradezu absurd. Denn in den letzten Jahren haben das bereits die besten und erfahrensten Himalaya-Bergsteiger versucht – alle ohne Erfolg. Ich frage mich, ob all diese Menschen hier auch nur die leiseste Vorstellung davon haben, was sie dort oben erwartet. Ich glaube kaum; niemand, der es nicht bereits erfahren hat, kann sich vorstellen, wie sich eisige Winterkälte auf über 8.000 Meter Meereshöhe anfühlt. Sie ist kaum zu beschreiben, diese unsägliche Kälte. Und wenn man sie bereits kennt, sie bereits einmal erfahren hat, kann man sie nur aufs Äußerste fürchten. Jeder Bergsteiger weiß ganz genau, dass auf jedes noch so kleine Detail intensiv zu achten ist. Wenn schon im Sommer jeder kleinste Fehler, jede unbedeutend erscheinende Unachtsamkeit in diesen Höhen tödlich sein kann, verdoppelt und verdreifacht sich die Gefahr mindestens, die der Winter mit allen zusätzlichen Problemen und Hindernissen mit sich bringt. Und die Chancen, es am Ende wirklich zu schaffen, sind so minimal, dass es schwerfällt, selbst daran zu glauben.

Vielleicht wäre ich gar nicht hierhergekommen, hätte ich vorher schon gewusst, dass all diese Leute hier sein würden. Aber eine Expedition nur für mich allein konnte ich mir nicht leisten, und so hatte ich mich eben für die gesamte Logistik an jene Agentur gewandt – nicht ahnend, dass dies die Anwesenheit einer derartigen Menge Menschen bedeuten würde. In Wahrheit habe ich mich bisher mit den organisatorischen Aspekten einer Expedition nie wirklich im Detail befassen müssen. Normalerweise kümmerte ich mich wenig darum, und dieses Mal noch etwas weniger. Ich hatte nur im Kopf, endlich hierherzukommen, zum K2, und diese Winterbesteigung zu versuchen, die meine Gedanken bereits seit Monaten ausfüllt. Und nun, da ich endlich hier bin, will ich diesen Traum – den ich bis jetzt nur als den meinen empfand – auch verwirklichen, zusammen mit meinem Seilkameraden Alex.

Am Berg selbst liegt alles in meinen Händen, und diese Unabhängigkeit, dieses Gefühl, Herrin meines eigenen Schicksals zu sein, ist alles was ich will. Endlich bin ich am Ausgangspunkt all meiner Träume angelangt. Genau das habe ich mir im Grunde schon seit Jahren gewünscht. So zeigt sich, dass ein Traum mitunter einige Zeit benötigt, um geboren zu werden, zu reifen, zu wachsen, sich in uns drinnen weiterzuentwickeln, um dann schließlich Realität zu werden.

Die Idee und der Zeitpunkt, irgendwann ohne Simone zu einer Winterexpedition aufzubrechen, war schon eine ganze Weile in meinem Kopf herangereift ... jetzt war es soweit!

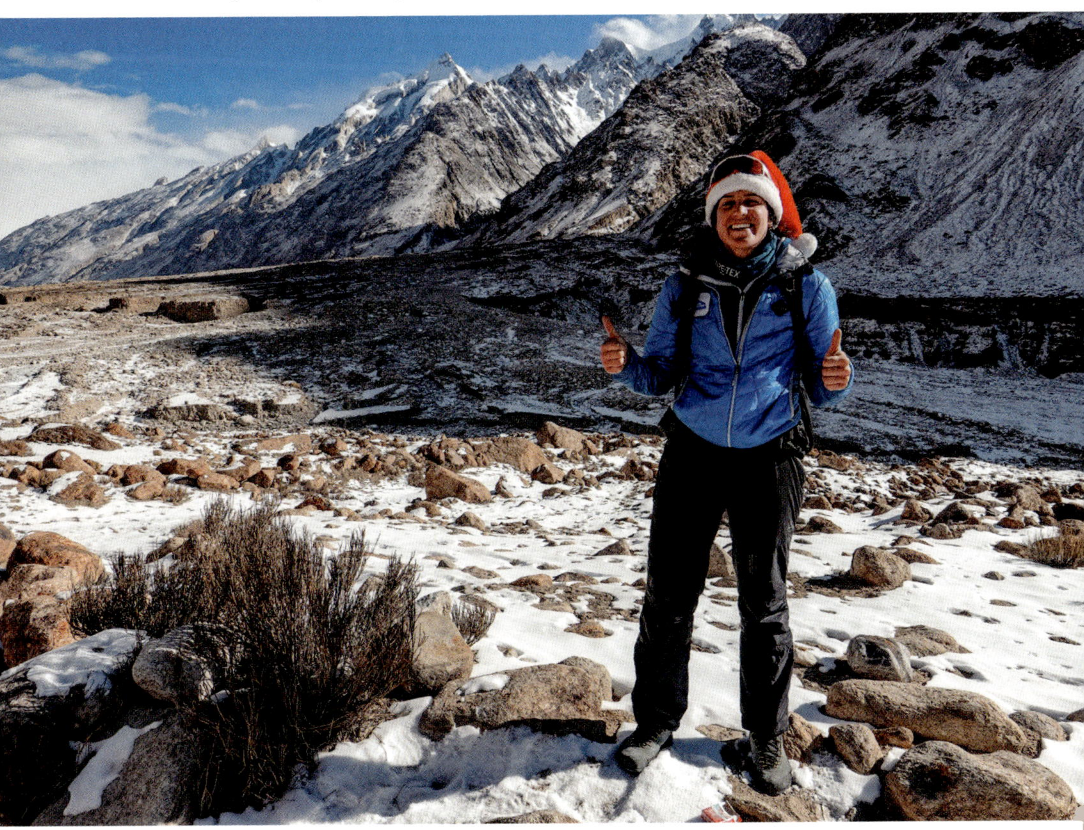

Mit meinen 34 Jahren finde ich nun zum ersten Mal selbst meinen ganz eigenen Weg an den Achttausendern. Seit 2015 hat mir Simone so viel beigebracht und mich wachsen lassen, doch nun ist der Moment gekommen, auf eigenen Füßen zu stehen und meinen ganz eigenen Weg zu gehen.

Mit Simone handelt es sich nicht um die einzige Trennung, die ich für diese Expedition auf mich nehmen musste. Auch von Davide musste ich mich, zumindest vorübergehend, verabschieden. Für mich ist es so unglaublich, dass ich mit ihm nun die Person gefunden habe, von der ich immer träumte. Er ist geistreich, tiefgehend und liebt es, mit mir zu reden. Er versteht mich und nimmt mich so an, wie ich bin. Ich bin fest davon überzeugt, dass es kein Zufall war, dass wir uns gerade in dieser Lebensphase kennengelernt haben. Denn auch er hat mir vieles, für mich sehr Bedeutsames, zu sagen und zu geben. Am Tag unseres Abschiedes sagte er zu mir: „Halte mir immer eine Tür zu deinem Herzen offen, und es wird so sein, als ob ich stets bei dir wäre. Ganz gleich, was passieren mag: solltest du mich brauchen, komme ich zu dir und werde für dich da sein. Und mit all meiner Kraft dafür sorgen, dass es dir gut geht."

Wir leben schon seit über einem Monat zusammen und so erwache ich seit über einem Monat mit diesem Lächeln, das mein Herz jeden Morgen zum Schwingen bringt. Es drückt Liebe aus, Zuneigung und Respekt. Ihm verdanke ich es, mich selbst als Frau wahrzunehmen. Er fragt nach, ob es mir gut geht und was ich fühle. Er trägt mich auf Händen, und all dies erfüllt mich mit einer tiefen Ruhe. Vor meinem Aufbruch hatte mir Davide dermaßen tiefgehende Dinge über meine innere Haltung, Einstellung und meine Gefühle in Bezug auf diese Expedition mitgeteilt, dass es mir fast schien, als ob jemand anderes durch ihn sprechen würde. Dies war eine unglaubliche Erfahrung für mich, und ich glaube immer noch, dass es Schicksal oder einfach großes Glück war, dass wir uns gerade in dieser Zeit getroffen haben.

Und dennoch bin ich aufgebrochen. Warum, kann ich mir selbst fast nicht erklären. Sicher ist, dass ich jetzt an keinem anderen Ort der Welt lieber wäre als hier. Auch wenn mir Davide sehr fehlt. Auch wenn nicht alles perfekt ist. So zum Beispiel mein Verhältnis zu Alex Gavan, meinem Seilpartner bei dieser Besteigung. Bereits bei unserem Treffen am Flughafen Islamabad liefen die Dinge nicht so, wie sie sollten, und es gab Streit. Wie auch in Skardu. Irgendwie hat alles falsch angefangen, und wir sind immer noch nicht auf der gleichen Wellenlänge. Doch darüber möchte ich jetzt gar nicht zu viel nachdenken. Vielleicht ist es nur die

Anspannung hinsichtlich der bevorstehenden Besteigung, die uns nervös macht. Ich möchte mir nicht zu viele Sorgen machen; auf solchen Expeditionen kommt es immer wieder vor, dass man manchmal streitet und sich dann alles wieder einrenkt.

Im Gegensatz dazu ist am Flughafen das Treffen mit Juan Pablo Mohr und Sergi Mingote zu meiner größten Freude verlaufen. Wir alle hatten ein Ticket für denselben Flug nach Skardu, und wie es gar nicht anders kommen konnte, befand sich mein Sitzplatz genau zwischen ihnen. Vom ersten Moment an kam es mir so vor, als ob wir uns bereits ewig kennen würden. Welch ein Glück, dachte ich bei mir, so wunderbare Menschen und Freunde gefunden zu haben. Ich wusste, wie lange wir vielleicht im Basislager ausharren müssten, und wie wichtig es war, dies in guter Harmonie mit den anderen durchzustehen. Es war mir wirklich eine große Freude, mit den beiden dort sein zu dürfen.

Beide sind ausgezeichnete Alpinisten mit umfangreicher Erfahrung im Himalaya. Juan Pablo „JP" Mohr Prieto, 33 Jahre alt, Chilene und Architekt, hatte von sich reden gemacht, als er 2019 den Lhotse und unmittelbar danach auch den Gipfel des Everest bestiegen hatte – alles natürlich ohne künstlichen Sauerstoff und in einer absoluten Rekordzeit von sechs Tagen und 20 Stunden. Zudem hatte er noch weitere drei Achttausender bestiegen: die Annapurna, den Manaslu und den Dhaulagiri. Sein Seilpartner, Sergi Mingote Moreno, 49 Jahre alt, Katalane, war Verantwortlicher von *Seven Summit Treks* für alle alpinistischen Belange, und hatte bereits den Cho Oyu, Sishapangma und Mount Everest bestiegen, Letzteren sogar zwei Mal: zuerst in einer Solobesteigung 2001 über die Nordwand, und das zweite Mal zwei Jahre später über die Südwand. 2018 war ihm dann das große Triple gelungen: die Besteigung des Broad Peak und K2 innerhalb von nur sieben Tagen im Juli, mit anschließender Besteigung des Manaslu im September. Im darauffolgenden Jahr hatte er sich dann sogar mit einem „Kleeblatt" beglückt, indem er Lhotse, Nanga Parbat, Gasherbrum II und Dhaulagiri bezwang. Alles ohne künstlichen Sauerstoff und mit einer spektakulären Leistung, wenn man bedenkt, dass er für diese sieben Gipfel insgesamt nur zwei Jahre brauchte.

Auch wenn es mir im Moment noch nicht bewusst ist: Den Großteil der Zeit im Basislager während dieser Expedition werde ich mit diesen beiden verbringen. Doch finde ich dort noch einen weiteren Freund, dessen Anwesenheit mich mit größter Freude erfüllt. Es handelt sich um Ali Sadpara, einen großartigen Menschen und ebenso fantastischen Alpinisten – eine wahre Legende in seinem Heimatland Pakistan. Mit ihm zusammen hatten Simone Moro und Alex Txikon unser Abenteuer der Winterbesteigung des Nanga Parbat gewagt, die ja wirklich eine wichtige Etappe in meinem Leben als Frau und Bergsteigerin darstellte. Und die auch eine Erfahrung war, die uns alle für immer zusammengeschweißt hat.

Dies ist eine der wichtigsten Besonderheiten des Bergsteigens: Befindet man sich in so extremen Situationen, in denen jede Entscheidung den Unterschied zwischen Leben und Tod ausmachen kann, werden die Bänder, die uns Schicksalsgenossen miteinander verbinden, untrennbar. Es bedarf keiner Worte, um dies zum Ausdruck zu bringen, man verbrüdert sich. Man wird zu einem Teil des anderen, zu einem Teil seines Lebens. Jedes Mal wenn dies geschieht, entsteht ein unglaublich starkes, allumfassendes Gefühl, das einen verstehen lässt, wofür man eigentlich hier und am Leben ist. Und es ist gleichzeitig auch eine der Antworten darauf, warum wir gefährliche Berge besteigen und uns dabei einem hohen Risiko aussetzen.

Jene Tage am Nanga Parbat, und vor allem jene Nacht, die der großartigen Winter-Erstbesteigung durch die beiden – und meiner Umkehr nur 70 Meter unterhalb des Gipfels – folgte, sind für immer unauslöschlich in unserer Erinnerung und in unseren Herzen eingebrannt.

Doch zurück ins Jetzt. Inzwischen haben wir Lager I verlassen und nähern uns weiter dem K2. Wir sind sehr früh aufgebrochen, als man seine majestätische Pyramide gerade erst hinter einem Nebelschleier ausmachen konnte. Dann, etwa gegen sieben Uhr morgens, färbt sich der Gipfel im Licht der aufgehenden Sonne orange. Dieser wunderschöne Anblick, gleichermaßen leicht und elegant, bringt mich mit Gott und der Welt in Einklang und beschert mir ein tiefes Gefühl des Friedens. Die Träger haben mich um etwas Wasser gebeten; da ich aber selbst nicht genug dabeihabe, kann ich ihnen leider keines abgeben. Ich fühle mich schlecht dabei, habe deswegen Schuldgefühle, und obendrein hat sich das Ganze auch noch unter den Augen meiner persönlichen Göttin zugetragen.

Hoffentlich erreichen wir das Basislager bald. Das Trekking ist heute ganz besonders anstrengend und scheint überhaupt kein Ende nehmen zu wollen. Auch habe ich etwas Kopfschmerzen. Das ist allerdings ziemlich normal, denn wir befinden uns mittlerweile schon auf über 5.000 Meter Meereshöhe – und ich bin noch nicht ausreichend akklimatisiert. Glücklicherweise ist es ein wunderschöner Tag. Von unserer jetzigen Position aus hat man eine ausgezeichnete Sicht auf die Anstiegsroute zum Broad Peak, jenem immensen Berg gleich neben dem K2. Alles leuchtet in den herrlichsten Farben und erscheint mir einfach traumhaft schön.

Dann, endlich im Basislager angekommen, liegt „unser Berg“ direkt vor uns, monumental und geradezu funkelnd, und gerade so, als hätte er die ganze Zeit nur auf uns gewartet. Sein Anblick raubt mir förmlich den Atem, der K2 scheint unendlich groß zu sein, und vollendet in einer perfekten Pyramide.

Ehrfürchtig genieße ich diesen Moment.

4 AM FUSS DES BERGES

30. Dezember 2020, Baltoro – Pakistan

Die erste Nacht im Basislager ist ausgesprochen hart. Obwohl ich zwei Schlafsäcke habe, ist mir unglaublich kalt – und das beunruhigt mich sehr. Ich bin bereit, weiß genau, worauf ich mich eingelassen habe. Immerhin ist das bereits meine fünfte Winterexpedition. Doch solange man nicht wirklich mittendrin ist, mit Haut und Knochen sozusagen, neigt man immer dazu, die extreme Kälte etwas zu unterschätzen. Man verdrängt diese Aspekte, das ist wie eine Art Schutzschild, das einem dabei hilft, solche Projekte nicht schon von vornherein für unmöglich zu halten und aufzugeben, noch bevor man sie überhaupt in Angriff genommen hat. Trotzdem fühle ich mich immer noch voller Energie: Genau hier will ich sein und genau dies will ich machen. Es ist nun mal Teil des Spiels: Man bekommt nur das gesamte Paket und kann sich nicht nur die Rosinen herauspicken.

Bevor ich einschlafe, schaue ich mir nochmals einige Fotos von Davide an. Ich spüre ihn nicht mehr so nah bei mir; es ist, als ob ich eine Distanz zwischen ihm und mir schaffen würde. Vielleicht ist es richtig so, denke ich bei mir. Ich muss mich voll auf mein Vorhaben konzentrieren, auf das Hier und Jetzt, auf alles, was mich hier umgibt und mir widerfährt. Vielleicht wollte er mir das auch mitteilen, als er sagte, ich solle meinen Mittelpunkt finden, mein Gleichgewicht halten. Wie ein Mantra wiederhole ich innerlich immer wieder sein Versprechen: „Ich werde immer bei dir sein." Es schenkt mir Kraft. Ich spüre, dass er mich liebt, auf mich wartet, und dass er alles Menschenmögliche tun würde, damit es mir gut geht.

Die Ankunft im Basislager bestätigte meinen Eindruck und ein Gefühl, das ich schon seit Tagen mit mir herumtrug: Es sind viel zu viele Leute hier, die viel zu viel Durcheinander schaffen. Einfach ein Zuviel an allem. Es ist das Gegenteil dessen, was ich von den Winterexpeditionen mit Simone gewohnt bin, das Gegenteil dessen, was ich mir erwartet habe. Ich kann einfach nicht verstehen, was all diese Leute hier machen wollen.

Da gibt es zum Beispiel dieses 19-jährige Mädchen aus London – ich hörte, sie plane, einen neuen Rekord am K2 aufzustellen. Unglaublich, denke ich. Manche Menschen bringen einfach enorm viel Mut auf. Später jedoch erfahre ich, dass sie mit „Nims" hier ist, und das eigentlich nur, um etwas Erfahrung zu sammeln; den Gipfel will sie also gar nicht besteigen. Besser für sie, ist mein erster Gedanke. Und da wir schon bei Nims sind, der eigentlich Nirmal Purja heißt und einer der Stars des Basislagers ist: Er ist 38 Jahre alt, Nepalese, und produzierte 2019 eine Schlagzeile nach der anderen – und dies weltweit und nicht nur in der Alpinpresse –, als er in nur wenig mehr als sechs Monaten alle 14 Achttausender bestieg. Er startete am 23. April 2019 mit dem Gipfel der Annapurna und beendete seine „Tour" am 29. Oktober desselben Jahres auf dem Gipfel des Shishapangma – dazwischen bestieg er die übrigen 12 Gipfel dieser Erde, die 8.000 Meter Meereshöhe überschreiten. Das war eine einzigartige Leistung, auch in logistischer Hinsicht. Auch wenn er künstlichen Sauerstoff verwendet hat, sich mit dem Hubschrauber von einem Basislager zum nächsten fliegen ließ und ihm an jedem Berg eine Mannschaft hochprofessioneller Sherpas zur Verfügung stand.

Natürlich ist das eine Methode, die ich, wie auch viele andere Bergsteiger, nicht befürworten oder gar gutheißen kann. Und auch wenn ich zwar die immense Leistung anerkenne, so zieht es mich selbst nicht im Geringsten an, es auf diese Art zu versuchen. Wenn ich mich einem Wettkampf stellen will, dann mache ich das mit einer Startnummer am Rücken und an dem Ort, wo dieser ausgetragen wird – so, wie ich es viele Jahre lang bei meinen Skitourenrennen gemacht habe. Nach meinem Verständnis vom Höhenbergsteigen gibt es darin keinen Wettkampf und kein Rennen. Meine Entwicklung während der letzten Jahre entspricht genau dieser Einstellung und hat mich haargenau an den Punkt geführt, an dem ich mich jetzt befinde. Dennoch freue ich mich auf die Gelegenheit, Nims näher kennenzulernen und herauszufinden, wie er so tickt. Im Moment allerdings scheint es mir, als ob er lieber etwas Abstand hält zu all den Leuten im Basislager.

Bei meiner Ankunft ging es hier zu wie in einem Ameisenhaufen. Überall wurde rastlos gearbeitet, jeder war damit beschäftigt, das persönliche Hab und Gut auszupacken oder die Zelte aufzubauen, bis sie schließlich fast alle schön geordnet in einer Reihe standen.

Mein natürlicher Instinkt bringt mich dann immer dazu, mich etwas von den Massen zu entfernen, dorthin, wo ich meine Freiräume habe und nicht inmitten der anderen hausen muss. Ich entschied mich also für den aus meiner Sicht am besten dafür geeigneten Platz und begann sofort damit, mein Zelt aufzubauen, wobei mir auch die Sherpas behilflich waren. Neben meinem Zelt stand das von Alex Gavan, und gleich neben diesem unser „Dom" – das ist ein etwas größeres Zelt, das zusätzlichen Raum bietet, sollten wir ihn benötigen. Auch ein noch größeres Zelt mit Kerosinofen und Teppichboden bauten wir gemeinsam auf – ein sehr wichtiger

Platz, an dem wir den Großteil unserer Zeit im Basislager verbringen würden, zwischen einem Akklimatisierungsaufstieg und dem nächsten.

Gerade die Akklimatisierung stellt, neben der Kälte, für mich auf dieser Tour das größte Problem dar. Mir ist absolut bewusst, dass ich keinesfalls dem Drang nachgeben darf, all denen zu folgen, die *vor* mir in die Höhenlager aufsteigen. Ich muss zuerst mich selbst spüren, verstehen, was richtig ist für mich, meine persönlichen Grenzen erkennen und respektieren und meine eigenen Zeiten einhalten. Das habe ich mir von Anfang an fest vorgenommen, wohlwissend, dass es dieses Mal noch schwerer sein würde, mich daran zu halten, als die anderen Male. Hier habe ich keinen Simone, mit dem ich mich beraten kann. Hier muss ich ganz allein mit mir selbst fertigwerden; auch wenn mir dies manchmal recht schwerfällt, baut mich doch gleichzeitig der Gedanke auch auf, dass ich es diesmal ganz allein schaffen muss und alle Entscheidungen nur bei mir liegen.

An Simone sende ich gleich eine Nachricht. Er antwortet, dass er an zwei Expeditionen gleichzeitig teilnehmen wird und scherzt, ich solle es niemandem verraten, da er sonst auch zwei Genehmigungen bezahlen müsse. Es ist wie immer ein gutes Gefühl, mit ihm zu kommunizieren. Ich fühle, dass er immer bei mir ist und gleichzeitig auch weit weg – genau wie es sein soll. Zurzeit befindet er sich ja am Manaslu, zusammen mit Alex Txikon, und Nepal ist sehr weit weg von hier.

Es wird langsam wirklich Zeit, mir die Mitbewohner dieses seltsamen Zeltlagers anzusehen, das in nur einem Tag entstanden ist. Insgesamt sind wir etwa 60 Bergsteiger und Sherpas, eine recht hohe Anzahl für diesen Berg, auch wenn jetzt Sommer wäre. Sicher ist der K2 ein lohnendes Ziel, ich finde diesen Ansturm aber nicht so gut: Zu viele Leute am Berg sind nie eine gute Sache.

Ali Sadpara, sein Sohn Sajid, der Isländer John Snorri Sigurjónsson und ihr Koch Mossim bilden eine kleine, aber sehr eingespielte und gut vorbereitete Mannschaft. Zudem ist wohl niemandem entgangen, dass Ali hier auch sein Heimatland Pakistan bestens vertreten möchte. In den Augen seiner Landsmänner ist er ja bereits eine Legende. Würde er nach dem Nanga Parbat auch noch diese Winter-Erstbesteigung schaffen, würde sein Ruhm noch weiter zu den Sternen emporsteigen.

Die bekannte nepalesische Agentur *Seven Summit Treks* stellt die größte Gruppe der Menschen hier am Berg. An der Spitze der ausgezeichneten Sherpas steht der Direktor der Agentur und Expeditionsleiter Chhang

Dawa Sherpa höchstpersönlich. Nach seinem Bruder Mingma Sherpa ist Chhang der zweite seiner Nation, der alle 14 Achttausender bestiegen hat. Er ist es also, der dafür verantwortlich ist, diese Gruppe sehr unterschiedlicher Bergsteiger, die das All-Inclusive-Paket gebucht haben, zu organisieren. Das beinhaltet die gesamte Logistik, die Dienste der Träger und den Aufbau der Zelte in den verschiedenen Lagern. Alex Gavan und ich hingegen, ebenso wie JP und Sergi Mingote, haben der Agentur lediglich den logistischen Teil der Expedition überlassen, der nur die Organisation der Transporte, das Trekking zum Basislager sowie dessen Aufbau vorsieht. Ansonsten sind wir völlig auf uns allein gestellt, vor allem natürlich in den höheren Lagen. Was wiederum bedeutet, dass wir all unser Hab und Gut selbst hinauftragen müssen, ebenso die Zelte, die wir in den verschiedenen Lagern dann auch selbst aufbauen müssen. Und selbstverständlich wird sich niemand von uns künstlichen Sauerstoffs bedienen.

Dann gibt es die Gruppe von Mingma G (Gyalje), der ebenfalls mit einigen seiner Sherpafreunde hier ist und diese Besteigung für Nepal machen möchte. Außerdem ist da noch die Gruppe von Nims, zu der der englische Filmemacher Sandro Gromen-Hayes gehört, ebenso Adriana Brownlee, das 19-jährige Mädchen aus London, das hier, wie bereits erwähnt, seine ersten Erfahrungen an den Achttausendern sammelt. Auch sie haben bei *Seven Summit Treks* nur den logistischen Teil der Expedition gebucht.

Gestern führte ich ein wunderbares Gespräch mit Tomaž Rotar, einem slowenischen Alpinisten und Zahnarzt. Er war bereits im vorigen Winter hier, als er an der Expedition von Mingma G teilnahm, genau wie John Snorri. Da er mich anfangs für verrückt erklärt hat, den K2 im Winter ohne künstlichen Sauerstoff besteigen zu wollen, versuchte ich ihm meine Beweggründe darzulegen, und erzählte von meinen Zielen und Träumen. Ich muss wohl sehr überzeugend gewirkt haben, da er am Ende doch einräumte, dass die Begeisterung und Liebe, die ich für diesen Berg empfände, wirklich eine sehr schöne Sache seien.

Ebenfalls eingetroffen waren mittlerweile der amerikanische Pop-Rapper und Liedermacher Mike Posner und der bulgarische Alpinist Atanas Skatov mit seiner Freundin Sheny Benzesh. Als Mike etwas zum Besten gab, war ich augenblicklich vollkommen hingerissen von Atanas' Tanzstil dazu. Der Sänger ist ausgesprochen berühmt in seiner Heimat, den Vereinigten Staaten. Seine YouTube-Videos werden von Dutzenden Millionen Menschen angesehen. Vor einiger Zeit begann er mit dem Bergsteigen, und sein Trainer, Jon Kedrowski, lud ihn ein, hier beim Trekking etwas Erfahrung zu sammeln – als Vorbereitung auf seine für das kommende Frühjahr vorgesehene Besteigung des Everest. Er wird bis zum 1. Januar bei uns im Basislager bleiben. Nach Paju hatten wir einen kleinen Teil des Trecks gemeinsam zurückgelegt. Mike ist mir sehr sympathisch, er ist einfühlsam und hat immer ein breites Lächeln im Gesicht. Er scheint ein wirklich toller Kerl zu sein.

Es ist schon irgendwie merkwürdig: Dieses Basislager ist voll von Menschen, die man hier gar nicht erwarten würde. Alle befinden sich irgendwie auf der Suche nach etwas, und jeder folgt einem Traum. Mit Alex läuft es übrigens mittlerweile besser. Wir sprechen viel, sind ausgeglichener. Er hat mir versichert, er würde meine Art, mein Wesen, respektieren. Und ich mache es umgekehrt genauso.

5 FRAU UND BERGSTEIGERIN

31. Dezember 2020, Baltoro - Pakistan

Ungefähr vor einem Jahr sagte mir eine Frau, ich solle mich sehr in Acht nehmen, denn entweder gelänge es mir, meine weibliche Seite stärker zum Vorschein zu bringen, oder ich wäre innerhalb der nächsten zwölf Monate tot. So also hatte ihr Urteilsspruch über mich gelautet, ganz trocken und sehr beunruhigend. Man kann solchen Aussagen nun Glauben schenken oder auch nicht, sicher ist aber, dass sie niemals spurlos an einem vorübergehen. Dieses Orakel und der Seitenhieb auf meine Weiblichkeit hatten mich doch sehr zum Nachdenken gebracht: An die Gefahren, die mit dem Bergsteigen einhergehen, war ich gewöhnt, die Erinnerung an mein Erlebnis am Gasherbrum-Gletscher war aber noch sehr frisch – Simones fataler Sturz in eine Gletscherspalte, die ihn und mich beinahe das Leben gekostet hätte. Diese Prophezeiung hingegen, wenn man sie so nennen möchte, hatte mit meiner Weiblichkeit zu tun, oder besser gesagt, mit dem Wiederfinden meiner weiblichen Seite, die augenscheinlich irgendwo verloren gegangen war. Es mochte auch damit zusammenhängen, dass die letzten Monate voller Emotionen gewesen waren, doch nun, hier im Basislager, kam plötzlich die Erinnerung an diese mysteriöse Aussage wieder ganz stark an die Oberfläche.

Als kleines Mädchen hatte ich mich regelmäßig mit den Nachbarsbuben geprügelt, später stand ich generell mit Männern in einem Konkurrenzkampf. Oft hatte ich mich früher fehl am Platz gefühlt und äußerst unwohl, vor allem dann, wenn ich so gekleidet war, wie man es von einem kleinen Mädchen erwartete. Auch habe ich mich oft selbst im Spiegel betrachtet, vor allem während meiner Studienzeit in Innsbruck, wo ich Sportwissenschaften studierte; immer war mir etwas an mir falsch erschienen. Ich fühlte mich irgendwie nicht als Frau, wollte mich auch nicht als Frau kleiden, denn das war meiner Meinung nach einfach nur wie eine Faust aufs Auge. Und um die ganze Wahrheit zu sagen, fühlte ich mich andererseits auch nicht wohl, wenn ich mich immer nur wie ein Junge anzog. Gewissermaßen fühlte ich mich weder richtig als Frau noch wollte ich ein Mann sein. Es war eine ziemlich schwere Zeit für mich. Die Frau stellte für mich das „schwache" Geschlecht dar. Das zumindest hatte man mir immer weismachen wollen, und es entsprach auch dem, was mir die meisten Frauen selbst immer wieder demonstriert hatten. Eine Frau sei beispielsweise nicht in der Lage, den großen, schweren Rucksack zu tragen. Einer Frau müsse bei allem geholfen werden, zumindest am Berg. Ich aber wollte das niemals akzeptieren, ich wollte nie schwach sein und deshalb wollte ich auch keine Frau sein. Auch das Tragen von Stöckelschuhen habe ich immer verabscheut. Das Geräusch, das sie beim Gehen produzieren, schien mir immer wie ein Heischen nach Aufmerksamkeit zu sein ... was mir wiederum absolut unangenehm war.

Nach unserer Expedition am Gasherbrum begann ich, mein eigenes Verhalten genauer unter die Lupe zu nehmen: Immer war ich es gewesen, die um jeden Preis den Gipfel erreichen wollte, die niemals aufgeben wollte und kaum einmal innehalten konnte. Simone war ruhig gewesen, konzentriert und ausgeglichen; er nahm die Dinge so an, wie sie eben kamen, ohne sich in irgendeiner Weise drängen zu lassen. Irgendwann war ich sogar eifersüchtig geworden auf diese Eigenschaft, die mir anfangs weiblich erschienen war. Er hatte sie und mir fehlte sie. Gleichzeitig dämmerte mir aber auch, dass man sich nicht von irgendwelchen Klischees einfangen lassen durfte, die mit uns selbst eigentlich gar nichts zu tun haben. Und dass Mut, Kraft und Einfühlungsvermögen weder rein männliche noch rein weibliche Eigenschaften sind.

Ich dachte auch an die Winterbesteigung des Nanga Parbat 2016. Bis dahin war ich einfach nur Bergsteigerin gewesen. Und Punkt. Doch von da an begann ich langsam zu verstehen, dass auch ich manchmal eine Umarmung benötige, Trost, ein liebevolles Wort. Und es schien mir plötzlich, dass ich meine weibliche Seite stärker ausleben und meine eigene Art finden müsste, mich als Frau zu fühlen.

Nach dem Erlebnis mit jener Frau und ihrer Prophezeiung habe ich Schritt für Schritt damit begonnen, mir meine Weiblichkeit wieder zurückzuerobern. Sie nicht mehr zu verstecken, sondern sogar stolz darauf zu sein, Frau sein zu dürfen. Doch was noch viel wichtiger war: Endlich konnte ich auch damit beginnen, ganz ich selbst zu sein. Damit einher ging auch diese Sensibilität, dieses Gespür, diese Intuition dafür, was ich wagen und wie weit ich gehen kann.

Dies war dann auch mein eigentlich größtes Ziel bei der Winterexpedition am K2: meine Grenzen zu erkennen und zu spüren, wozu ich in der Lage bin und wozu nicht. Dafür wollte ich ganz offen sein, geistig und emotional, offen für alles was mich umgibt, aufnahmefähig und sensibel, und dies auch in den schwierigsten Momenten. Ich hatte auch begriffen, dass ich

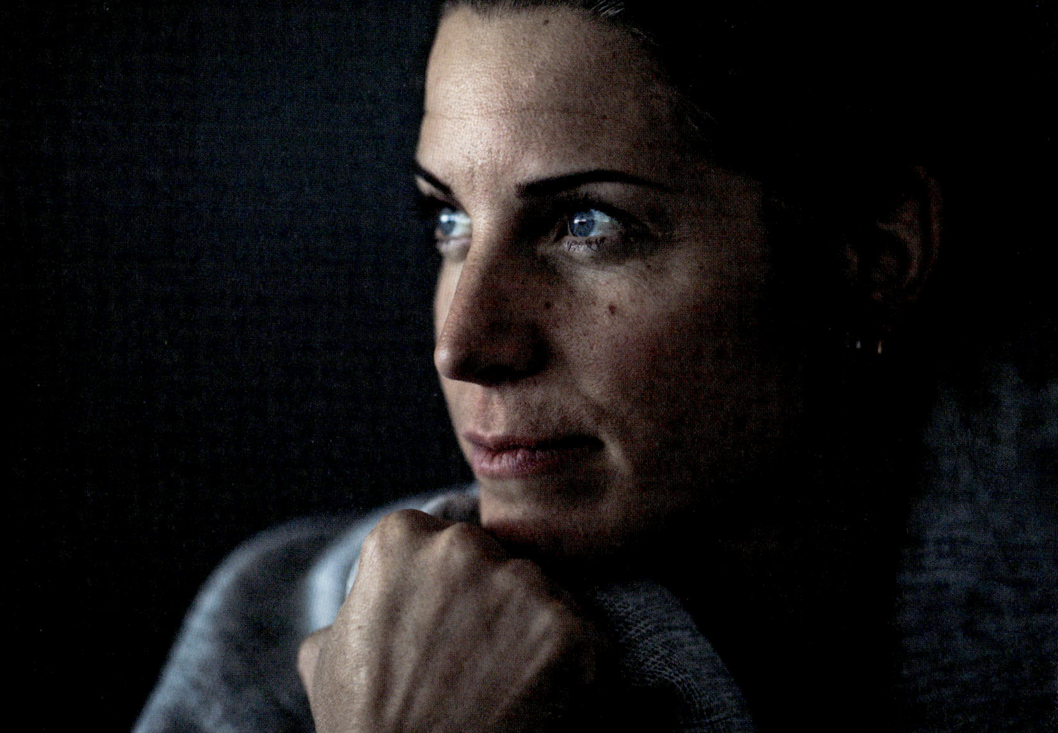

Jahrelang ist es mir sehr schwergefallen, mich als „Frau" zu sehen. Endlich kann ich nun meine weibliche Seite annehmen und lieben.

mich so annehmen muss, wie ich bin. Immer schon war ich auf der Suche nach mir selbst, und auf der Suche nach Freiheit. Ich wollte immer alles geben, jenen, die mich liebten und jenen, die ich geliebt habe. Viel zu oft hatte ich mich in der Vergangenheit letztlich aber doch den Erwartungen anderer angepasst, wollte Stereotypen und Klischees erfüllen, und versuchte somit auch ganz anders zu sein, als ich nun mal bin.

Zum Beispiel bei meinen Skitourenrennen und beim Bergsteigen: Immer wollte ich sein wie die Männer, gleich stark, gleich zäh, mit denselben körperlichen Leistungen. Und wenn dann jemand sagte: „Du bist stark wie ein Mann", dann war ich zufrieden, dann fühlte ich mich gut. Erst nach und nach wurde mir klar, dass das so nicht richtig war. Dass ich „wie ein Mann wäre", oder noch schlimmer „Eier in der Hose hätte" – wegen meiner Siege bei Skitourenrennen oder der Achttausender-Besteigungen. Ich selbst war es, die diesen Antrieb und diese Willensstärke hatte, und zwar ganz unabhängig davon, mit welchem Geschlecht ich auf diese Welt gekommen war.

Ja, so ist es schon von Geburt an gewesen: Es hatte mir schon immer gefallen, mich körperlich anzustrengen, mich abzumühen – als kleines Mädchen schon. Je schwieriger etwas war, umso mehr konnte ich mich dafür begeistern. Je mehr es zu entdecken gab, je ungewisser der Ausgang

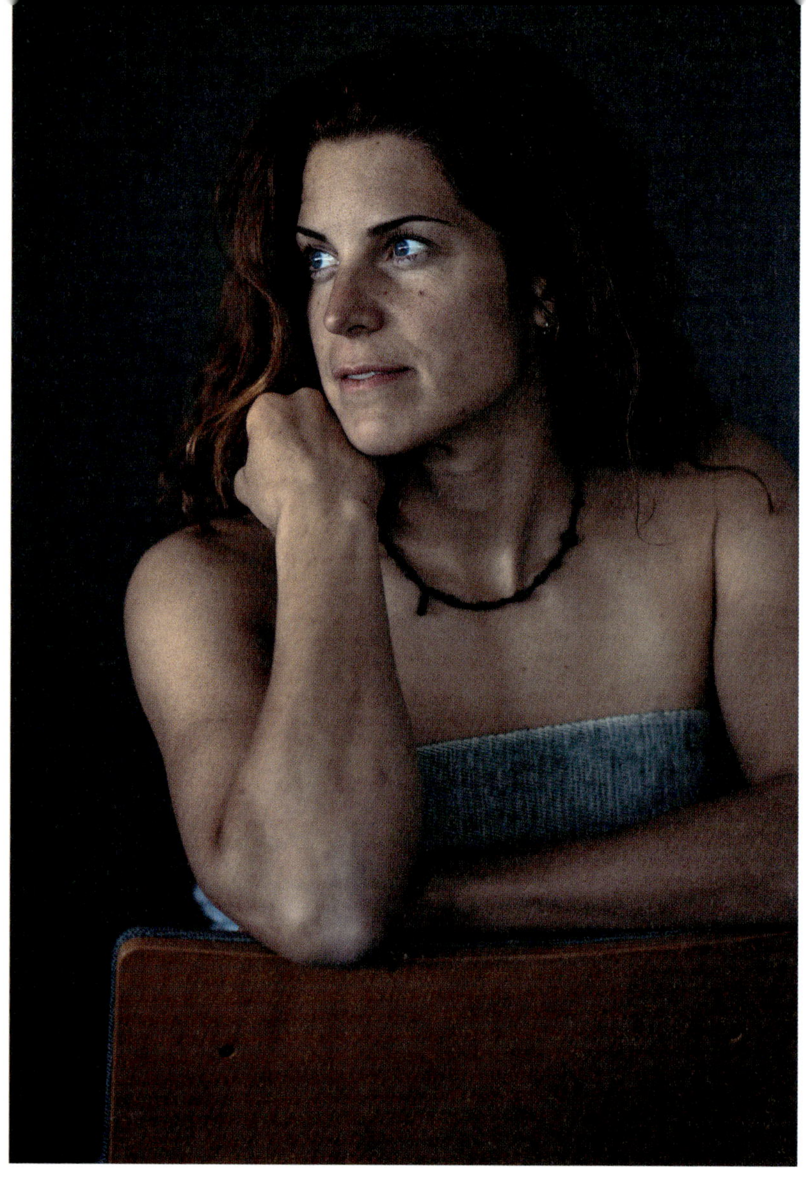

einer Unternehmung war, desto entschlossener stürzte ich mich mitten hinein. All dies, um herauszufinden, was im Verborgenen lag, und ob ich es schaffte, mit meinem Körper und Geist ein bestimmtes Hindernis zu bewältigen oder ein Ziel zu erreichen. All die Kraft und die Freude daran, so gewaltige Gipfel zu erklimmen, finden sich tief in mir selbst – und nicht etwa in einem fiktiven „Mann in mir", oder in einem, den ich zu imitieren versuche. Und der Traum, mich in die Lüfte zu erheben, mit einem Paragleiter zu fliegen: auch dies wünschte ich mir schon als kleines Mädchen. Die Berührung mit dem Element Luft lässt mich ebenfalls

mich selbst ganz intensiv spüren. Ich liebe es von ganzem Herzen, frei zu sein. Ich liebe die Berge und die Natur. Ich bin vielleicht etwas wild, eine wilde Frau – dieses Recht beanspruche ich für mich.
In einer Welt wie der des Bergsteigens, die auch heute noch stark von Männern dominiert wird, ist eine Frau gewissermaßen ein Fremdkörper, etwas, das nur sehr schwer einzuordnen ist. Oft lehren Bergsteigerinnen so manchem Mann sogar das Fürchten, wenn sie zeigen, wozu sie in der Lage sind – vor allem im Himalaya, bei den großen Expeditionen. Die Geschichten großer Bergsteigerinnen zeigt uns das.
So zum Beispiel jene von Wanda Rutkiewicz, der großartigen polnischen Alpinistin, die im Jahr 1986 (in dem ich geboren wurde) als erste Frau den Gipfel des K2 erreichte, natürlich ohne künstlichen Sauerstoff. 1978 hatte sie bereits den Everest bestiegen, als dritte Frau und erste Europäerin. Wandas Traum war es, als erste Frau alle vierzehn Achttausender zu bezwingen. Unnötig anzumerken, dass sie dies auch geschafft hätte, wäre sie nicht im Alter von 49 Jahren beim Versuch, den Kangchenjunga zu besteigen – ihren neunten Achttausender – ums Leben gekommen. Mit ihr ging eine echte Kämpferin von uns, eine Frau, die es mit jedem aufnehmen konnte.
Eine weitere Bergsteigerlegende ist die Britin Alison Hargreaves. Eine Frau, die imstande war, allein den Eiger, das Matterhorn, die Grandes Jorasses, den Petit Dru, den Piz Badile, die Große Zinne – also die sechs berühmt-berüchtigten großen Nordwände der Alpen – zu erklimmen, und das in nur einem Sommer. Eine alpinistische Glanzleistung. Doch das reichte Alison nicht. Im Jahr 1995 plante sie drei weitere Sologänge, und zwar auf die drei höchsten Gipfel der Erde. Am 13. Mai 1995 erreichte sie den Gipfel des Everest, ohne künstlichen Sauerstoff. Genau drei Monate später, am 13. August, stand sie auf dem Gipfel des K2. Es war 18:45 Uhr, und an jenem Abend erreichten noch weitere fünf Bergsteiger den Gipfel. Keiner der sechs überlebte den gewaltigen Sturm, der sie während des Abstiegs traf. Der K2 war seinem Ruf als Berg, der keinen Fehler verzeiht, wieder einmal gerecht geworden. Alison konnte den Kangchenjunga, den dritthöchsten Gipfel der Erde, und auch keinen anderen Berg mehr besteigen. Sie ist nur 33 Jahre alt geworden.
Es gibt weitere Bergsteigerinnen, die uns allen ein Vorbild sind. Darunter auch die Amerikanerin Lynn Hill, die die gewaltige The Nose-Route des El Capitan als erster Mensch überhaupt freikletternd bezwungen hat – sie ist die unumstrittene Herrin des Wettkampfkletterns. Dann gibt es die Französin Catherine Destivelle, eine geniale Kletterin und Alleinbesteigerin vieler berühmter und schwierigster Gipfel der Alpen. Unter den

Italienerinnen, die mich am meisten beeindrucken, befindet sich Nives Meroi, die zusammen mit ihrem Ehemann Romano Benet einen „Grand Slam" (Anm.: im Tennis alle 4 großen Tourniere gewinnen) der Himalayagipfel hinlegte, indem sie alle 14 Achttausender ohne künstlichen Sauerstoff bestiegen hat. Ich beneide sie um ihren Aufstieg am K2: an jenem Tag war sie ganz allein mit ihrem Mann am Berg – einfach nur großartig.

All diesen wunderbaren Alpinistinnen habe ich viel zu verdanken. Ihre spannenden Lebensgeschichten und großartigen Besteigungen waren mir immer eine kleine Inspiration. Tief in mir hatte ich immer gewusst, dass auch ich eines Tages auf die Achttausender steigen würde. Ich erinnere mich noch ganz genau daran, wie ich von der Besteigung des Mount Everest durch Manuela Di Centa erfuhr, der ersten Italienerin, der dies gelang, wenngleich mit künstlichem Sauerstoff. Sie war eigentlich keine Bergsteigerin, sondern eine berühmte Langläuferin, die sich zwei Mal Olympisches Gold geholt hatte. An jenem Tag nahm ich mir vor, dass auch ich eines Tages diese Berge erklimmen musste. Das war 2003, und ich damals siebzehn Jahre alt.

Apropos Frauen – hier im Basislager am K2 gibt es fünf von uns. Außer mir sind dies noch: Josette Vallotton, eine sechzigjährige Bergführerin aus der Schweiz, die bereits sieben Achttausender bestiegen hat und die, meiner Meinung nach, die am besten für dieses Vorhaben gerüstete „Kundin" von *Seven Summit Treks* ist; die Polin Magdalena Gorzkowska, eine ehemalige 400-Meter-Läuferin, die bereits drei Achttausender bestiegen hat, darunter den Everest; Adriana Brownlee, das Mädchen aus London aus Nims' Team; und Sheny Benzesh, die Freundin von Atanas Skatov, die einfach nur an der Seite ihres Freundes etwas Zeit im Basislager genießen möchte.
Heute scheiterte die geplante erste Akklimatisierungsrunde in die Höhenlagen. Das Wetter ist miserabel, es ist kalt und der Berg wird von Wolken vollkommen umhüllt. Ein richtiges K2-Winterwetter. Ich nutze die Zeit und versuche mir in einer Art Dusche die Haare zu waschen. Auch das ist kein einfaches Unterfangen hier. Darüber hinaus ist heute der letzte Tag des Jahres 2020, das wir alle am liebsten vergessen würden, hat uns doch das Coronavirus ziemlich zu schaffen gemacht und unsere Pläne durchkreuzt. Heute Nacht wird auch hier noch, soweit es eben möglich ist, gefeiert. Wir alle hoffen auf ein besseres neues Jahr.

6 BEGEGNUNGEN

1. Januar 2021, K2-Basislager

Heute bin ich mit leichten Kopfschmerzen aufgewacht. Das kann an der Höhe liegen, oder vielleicht auch ein bisschen am Fest letzte Nacht. Ein eigenartiger Tag, der gestrige. Was man getrost auch vom ganzen letzten Jahr behaupten kann. Es ist nicht das erste Mal, dass ich den ersten Tag eines neuen Jahres in einem Basislager verbringe. Dieses Mal ist es jedoch anders. Es mag daran liegen, dass hier wirklich extrem viele Menschen sind, wenn man bedenkt, dass es um eine Winterbesteigung geht. Vielleicht liegt es auch daran, dass ich mich erst noch an meine neuen Bergkameraden gewöhnen muss, jedenfalls fühle ich mich doch ziemlich angespannt. Ich glaube, das ist normal, vor allem, weil ich es einerseits kaum erwarten kann, endlich mit dem Aufstieg zu beginnen, andererseits aber auch alle damit verbundenen Schwierigkeiten sehe. Meine ziemlich gemischten Gefühle scheinen mir also mehr als verständlich.

Auch aus diesem Grund habe ich gestern zusammen mit Alex meinen Freund Ali Sadpara besucht. Er war bereits am 5. Dezember im Basislager angekommen und hatte mit seinem kleinen Team sofort mit der harten Arbeit am Berg – die Fixseile bis hinauf zum Lager I anzubringen – begonnen. Eine sehr anspruchsvolle Aufgabe, die dann von der Sherpa-Mannschaft von *Seven Summit Treks* sowie von Nims' Team fortgesetzt und vervollständigt wurde. Ein essenzieller Beitrag, ohne den es keiner von uns weiter nach oben schaffen würde. Ich bin sehr glücklich, Ali wiederzusehen: seine Anwesenheit ist für mich ein zusätzlicher Sicherheitsfaktor. Ebenso freut es mich, seinen Expeditionspartner John Snorri kennenzulernen: er scheint ein sehr entspannter und netter Mensch zu sein, mit einem Lächeln, das sein ganzes Gesicht zum Leuchten bringt. Er ist Isländer, 47 Jahre alt und hat bereits große Erfahrung an den Achttausendern: 2017 erreichte er innerhalb von nur drei Monaten die Gipfel des Lhotse, des K2 und des Broad Peak, eine echte Glanzleistung. Im Jahr 2019 bestieg er dann auch noch den Manaslu. Er erzählt mir von seiner Familie, seinen sechs Kindern, seiner Frau Lìna. Er macht einen sehr ausgeglichenen Eindruck, scheint bestens vorbereitet und gut strukturiert, ein Mann, der genau weiß, was er will, ohne sich selbst dauernd infrage zu stellen. Ein positiver und hilfsbereiter Mensch. Und jemand, der sofort den Eindruck erweckt, sich in der Gegenwart anderer Menschen wohlzufühlen.

Alis Team wird von seinem Sohn Sajid vervollständigt, der 21 Jahre alt ist und mit viel Engagement und Hingabe in die Fußstapfen seines Vaters tritt. Ein würdiger Vertreter seiner Zunft, wenn man bedenkt, dass der „Junge" im Sommer 2019 der jüngste Bergsteiger war, der jemals den K2 bestiegen hat. Charakterlich unterscheidet er sich sehr von seinem Vater. Während Sajid äußerst schüchtern und in sich gekehrt ist, ist sein Vater Ali ziemlich extrovertiert. Sajid spricht wenig, ist aber sehr respektvoll, ruhig und konzentriert. Was höchstwahrscheinlich auch auf seine kulturelle Herkunft zurückzuführen ist. Und natürlich hat er sich auch zu einem sehr starken Mann entwickelt. Ein weiteres Vergnügen ist es für mich, Mossim, ihren Koch, wiederzusehen. Ich habe ihn im Jahr 2016 am Nanga Parbat kennengelernt. Zu Mittag genießen wir gegrilltes Rindfleisch, ein wahres Festmahl. Wir unterhalten uns über die Notwendigkeit, uns gut zu akklimatisieren, um den Gipfel ohne künstlichen Sauerstoff zu erreichen. Wir entwickeln gemeinsam die besten Strategien, um jede der seltenen Chancen zu nutzen, die uns der Berg mit all seiner Kälte, dem Wind und Wetter, geben würde. Falls er uns überhaupt eine solche gewähren sollte.

Ali ist absolut von der Notwendigkeit überzeugt, ein viertes Lager auf der „Schulter", auf ungefähr 7.800 Meter Meereshöhe, zu errichten. Zumindest ein „touch camp four", wie er ständig wiederholt. Denn auf den Gipfel zu gelangen wäre äußerst hart, und es sei höchstwahrscheinlich gar nicht möglich, dies am selben Tag zu versuchen, an dem die Fixseile angebracht werden. Ich stimme seiner Einschätzung der Lage absolut zu und bin mindestens genauso überzeugt von den extremen Schwierigkeiten, die uns noch erwarten werden. Wir alle wissen, dass seit 1987/88 mehrere Teams, die sich aus den stärksten und erfahrensten Himalaya-Bergsteigern zusammensetzten, bereits versucht hatten, im Winter den Gipfel zu erreichen. Weder Kosten noch Mühen waren gescheut worden, und doch war niemand höher als bis auf 7.650 Meter Meereshöhe gekommen, die bereits im Winter 2002/03 von einer Expedition erreicht worden waren, die der legendäre polnische Alpinist Krzysztof Wielicki anführte – ein absoluter Experte, der bereits den Everest, Lhotse und den Kangchenjunga im Winter erstbestiegen hatte. An diesem Erfolg war neben Marcin Kaczkan auch Denis Urubko beteiligt, jener Bergsteiger, der im Winter 2018 über den „Abruzzensporn" – der Erstbesteigerroute am Südostgrat des K2 – im Alleingang die 7.600-Meter-Marke erreicht hatte. Diese Chance für ihn hatte sich im Rahmen einer Expedition ergeben, die aus den besten polnischen Alpinisten bestand, unter ihnen auch der sehr starke Adam Bielecki.

Urubko gehört zu den leistungsfähigsten Himalaya-Bergsteigern aller Zeiten. Nachdem er alle vierzehn Achttausender „gemacht" hatte, startete er mit der erneuten Begehung und schaffte es so bis zu insgesamt 22 Gipfeln über 8.000 Meter; dabei eröffnete er auch noch fünf neue Aufstiegsrouten. Zusammen mit Simone Moro war ihm die Winter-Erstbesteigung des Makalu und des Gasherbrum II gelungen; bei letzterer war auch der Amerikaner Cory Richards mit von der Partie. Es versteht sich von selbst, dass kein künstlicher Sauerstoff eingesetzt worden war. Bielecki, der ebenfalls zwei Achttausender im Winter erstbestiegen hatte – Gasherbrum I und Broad Peak –, ist ein würdiger Vertreter der langen und erfolgreichen Geschichte des polnischen Höhenbergsteigens und polnischer Winterbesteigungen.

Genau darum geht es hier also. Dies wollen wir wagen. Etwas, das den meisten fast oder überhaupt unmöglich erscheint, und das über alle Maßen gefährlich ist.

Gestern, am Silvesterabend, hatte man im Camp eine kleine Party auf die Beine gestellt. Samt Torte, um das Jahr würdig ausklingen zu lassen. John und Ali waren dabei und feierten mit, ebenso ich selbst. Und irgendwann trug uns Mike Posner eines seiner Lieder „a capella" vor, machte es uns zum Geschenk. Tagelang hatten wir ihn darum schon gebeten. Zuvor sagte er noch, dies sei auch gleich sein Abschiedsgeschenk, denn bereits am nächsten Tag würde er zum Trekking zurück nach Skardu aufbrechen. Als Gegenleistung sollten wir alle mitsingen, wenigstens den Refrain, einen leichten Kehrreim, den er uns beibringen würde. Was dann geschah, war einfach wunderschön. Alle zusammen sangen wir, und es war für mich eine unglaublich tolle Erfahrung. Ich geniere mich meistens zu singen, und schon gar nicht in der Öffentlichkeit. Doch mit Mike war es ganz anders, eine sehr spezielle Sache. Im Zelt entstand eine geradezu magische Stimmung, und für einige Zeit waren alle geeint – es fühlte sich fast so an, als ob wir uns in unserer eigenen Dimension befinden würden. Es war ebenso emotional wie berührend. Das ist der Zauber dieser Kunst. Und Mike ist ein wirklicher Künstler, ein Meister seiner Zunft.

Irgendwann gingen Ali und ich dann zum Zelt von Nirmal Purja, der mittlerweile für alle nur noch „Nims" hieß – bei ihm wird immer gefeiert. Als wir dort eintrafen, war es, als würden wir in eine andere Welt eintauchen. Fast schien es mir, als befänden wir uns in einem Club in der Stadt. Die meisten saßen um einen Tisch und beobachteten die Tanzenden. Es gab sogar Lampen, deren Farben wechselten, genauso wie in einer richtigen Diskothek. Man trank Whisky, und jemand legte Musik auf wie ein DJ. Es war fast ein wenig befremdlich.

Ich weiß nicht mehr genau, was man mir da zum Trinken vorgesetzt hatte, irgendwann fühlte ich mich jedenfalls ein wenig beschwipst. Es fiel mir zunehmend schwer zu tanzen, denn mir fehlte dazu der Atem. Allerdings war ich auch erst zwei Tage zuvor hier eingetroffen und die Höhe machte sich natürlich bemerkbar. So dachte ich bei mir, dass dies eigentlich auch eine Art Akklimatisierungstraining wäre. Ich kann mich nicht erinnern, wie lange der Abend letztlich gedauert hat … Irgendwann meinte Ali: „Kaki, wir müssen gegenseitig auf uns achtgeben" – so als ob wir schon am Berg wären. Nein, an diese Art von Feiern sind wir in diesen Höhenlagen wirklich nicht gewöhnt.

Abgesehen von Nims waren auch Chhang Dawa Sherpa und Mingma G hier. Ich stand gerade zwischen ihnen, als sie darüber sprachen zusammenzuarbeiten, und gemeinsam zu versuchen, den Gipfel zu erreichen. Alle waren an dem Abend so freundlich gestimmt und voller Gefühl. Auch ich selbst, weshalb ich es für eine richtig gute Sache hielt, dass letztlich drei nepalesische Mannschaften beschlossen, gemeinsam etwas zu versuchen, das noch niemand vor ihnen getan hatte. Es schien mir, als ob gerade etwas Wichtiges im Gange sei – darüber war ich sehr glücklich und freute mich mit ihnen.

Mit den Sherpas und Trägern habe ich mich immer verbunden gefühlt. Genau wie mit allen Völkern, die an diesen hohen Bergen leben. Sie waren mir immer ganz nah – ein Gefühl der Verbundenheit unter Bergmenschen. Es ist mir klar, dass ich im Vergleich zu ihnen sehr privilegiert bin, doch auch ich bin in den Bergen geboren, und alle, die in der Umarmung der Berge zur Welt gekommen sind, teilen eine gewisse Verwandtschaft, ähneln sich im Wesen und verbrüdern sich leicht. Wir alle sind mit einem Drang zum Aufstieg geboren und dem Wissen, dass wir uns anstrengen müssen, um den Gipfel zu erreichen.

Über Nims wusste ich anfangs ehrlich gesagt fast gar nichts. Natürlich waren mir seine Erfolge bekannt, seine Achttausender-Besteigungen in nur sechs Monaten und sechs Tagen mit künstlichem Sauerstoff und all dies. Doch was für ein Typ Mensch sich dahinter verbarg, wusste ich noch nicht wirklich. Deshalb freute ich mich aufrichtig, als er mich einlud, ihn am nächsten Tag erneut zu besuchen.

So kehre ich also heute in sein Zelt zurück und wir plaudern ein wenig. Mit meiner ganz eigenen Diplomatie sage ich zu ihm: „Nims, ich weiß zwar, wer du bist, doch ich bin zu dir gekommen, um dich mit meinen eigenen Augen zu sehen und um zu verstehen, welcher Typ Mensch du bist." Er reagiert sehr freundlich und erzählt mir viel aus seiner Vergangenheit als Gurkha (Anm.: nepalesische Soldaten, die Indien und England dienen) in London und darüber, welches enorme Trainingspensum sie tagtäglich absolvieren mussten. Angesichts dessen fühle ich mich fast ein wenig „klein" im Vergleich mit ihm, doch insgesamt scheint er ein guter Kerl zu sein.

Alles hier im Camp wirkt sehr intensiv auf mich. So auch der Kontakt mit den Menschen. Der Umgang mit all diesen neuen Leuten. Es ist einerseits einfach, sich hier wie zu Hause zu fühlen, doch andererseits auch sehr schwer. Mir fällt auf, dass sich meine gesamte Konzentration und all meine Gedanken ausschließlich *hier* befinden, dass mich diese Expedition vollständig vereinnahmt. Sie entwickelt sich zu meinem einzigen, vollkommenen Universum. Vielleicht ist auch das etwas, was mir am Bergsteigen so gut gefällt: es reißt dich mit und entführt dich in eine andere Welt – in eine Welt, in der nur du und der Berg existieren.

Der polnische Alpinist Waldemar Kowalewski kehrt gerade von einer Tour am Berg zurück und betritt unser Essenszelt, ohne den Klettergurt und seine übrige Ausrüstung vorher abzulegen. Er setzt nur den Rucksack ab und zieht natürlich die Steigeisen aus. Er wirkt sehr angespannt, bedrückt und aufgeregt. Man sieht ihm an, dass er mit seinen Gefühlen kämpft. Also berichtet er uns von seinem Problem. Dabei tauchen in seinem polnisch gefärbten Englisch die Worte „ball next to penis" auf. Ich verstehe nicht, was er uns damit sagen will. Also versucht er uns genauer zu erklären, was los ist. Und so begreifen wir schließlich, dass er sich einen Leistenbruch mit einer „ballartigen Ausstülpung ganz in der Nähe seines Penis" zugezogen hat, mit der er aber schon zu Hause zu kämpfen hatte. Seine Stimme verrät, dass es sich dabei nicht um etwas handelt, mit dem man scherzen könnte. Sein Bruder, der Arzt ist, hatte gemeint, diese Hernie (Bruch) könne ihm eine Menge ernsthafter Probleme bereiten, sollte sie sich nicht innerhalb kurzer Zeit wieder in den Unterleib zurückziehen. Sonst könnte das im schlimmsten Fall binnen zwölf Stunden zum Tod führen. Für mich ist das ein Schock, der erste Schock im Basislager. Er aber sieht die Sache auf einmal doch nicht mehr ganz so ernst, beinahe als ob es nur ein Spiel wäre. Wir raten ihm aber dringend, den Rettungshubschrauber zu rufen, denn mit so etwas sollte man nicht scherzen – doch er will nicht auf uns hören. Auf keinen Fall möchte er seine zweite Chance verpassen, nachdem er schon im letzten Winter die Expedition mit Alex Txikon hier am K2 abbrechen musste, weil er von einem herabfallenden Stein an der Schulter verletzt worden war. Plötzlich, als sei überhaupt nichts geschehen, bittet er die Köche darum, ihm einen Balti-Tee zuzubereiten. Er weiß genau, dass diese Prozedur mindestens eine Stunde dauert, und fügt scherzhaft hinzu, dass er ja morgen bereits tot sein könnte. Er wirft diese Worte mit einer Leichtigkeit hin, die mir fast Angst macht. Ich kann darüber jedenfalls nicht lachen, seine Worte treffen mich tief. Dieses Verhalten von ihm ist manchmal typisch für uns Bergsteiger. Aber nach weiteren Diskussionen muss Waldemar am Ende doch nachgeben: morgen wird er mit dem Rettungshubschrauber ausgeflogen.

Einen Großteil des Neujahrstages nimmt das Packen unserer Rucksäcke in Anspruch, denn morgen starten wir endlich zum ersten Akklimatisierungsgang am Berg. Die Wettermeldungen sagen eine Abschwächung des Windes voraus, der in den Höhen schon den ganzen Tag lang fürchterlich wütet. Wir hoffen auch darauf, nicht das gesamte Basislager in Lager I anzutreffen, was sicherlich geschehen wäre, wenn wir bereits gestern mit all den anderen gestartet wären.

Mit Alex gibt es einige Diskussionen und Spannungen. Wir sind ganz einfach an sehr unterschiedliche Vorbereitungsmethoden gewöhnt, und jeder von uns beiden ist überzeugt, dass die eigenen die besten wären. Ich zum Beispiel bin nicht in der Lage, eine so dermaßen langwierige und akribische Vorbereitung der Ausrüstung für mich zu übernehmen, wie er sie praktiziert. Wir werden sehen; als Team müssen wir wohl erst noch richtig zusammenfinden. Ich denke, das ist zwingend erforderlich, um ein Vorhaben wie das unsere wagen zu können. Ich weiß auch, dass wir schon bald feststellen werden, ob das mit uns funktionieren kann – und dass wir das nur herausfinden können, indem wir baldmöglichst höher hinaufsteigen. Auch aus diesem Grund kann ich es kaum erwarten, endlich loszulegen, ich brauche jetzt Aktion und auch Bestätigung. Die Wettervorhersagen für morgen sind gut. Ich schlüpfe glücklich und gleichzeitig ein wenig angespannt in meinen eiskalten Schlafsack.

7 DER ERSTE AUFSTIEG

2.-4. Januar 2021, Basislager - Japanisches Lager - Camp I

Heute geht es endlich los. Es ist unsere erste Akklimatisierungsrunde. Es handelt sich also um einen jener Aufstiege, die der Körper benötigt, um sich nach und nach an diese Höhe zu gewöhnen. Damit ein solcher Aufstieg auch wirklich etwas bringt, sollte man mindestens eine Nacht in den höher gelegenen Lagern verbringen, dort aber auch wirklich schlafen können. Alex und ich haben uns zum Ziel gesetzt, bei diesem ersten Akklimatisierungsaufstieg das Lager I zu erreichen, dort zu übernachten, und dann – falls wir uns noch gut fühlen – weiter zum Lager II aufzusteigen. Außer mir und Alex wird auch der Mailänder Alpinist Mattia Conte mit aufsteigen, außerdem JP, Sergi, Atanas und der griechische Alpinist Antonis Sykaris. Jeder von uns hat hier zwar sein eigenes Ziel und seinen eigenen Rhythmus, doch ich habe nichts dagegen, diese erste Tour zusammen mit den anderen zu unternehmen. Im Moment tut es mir gut, Teil einer größeren Gruppe zu sein.

Es ist kein Zufall, dass wir erst heute gemeinsam starten, und nicht schon gestern mit all den anderen, denn wir wollten nicht mit der gesamten Meute im Lager I sein müssen. Deshalb ist es schade, dass die anderen

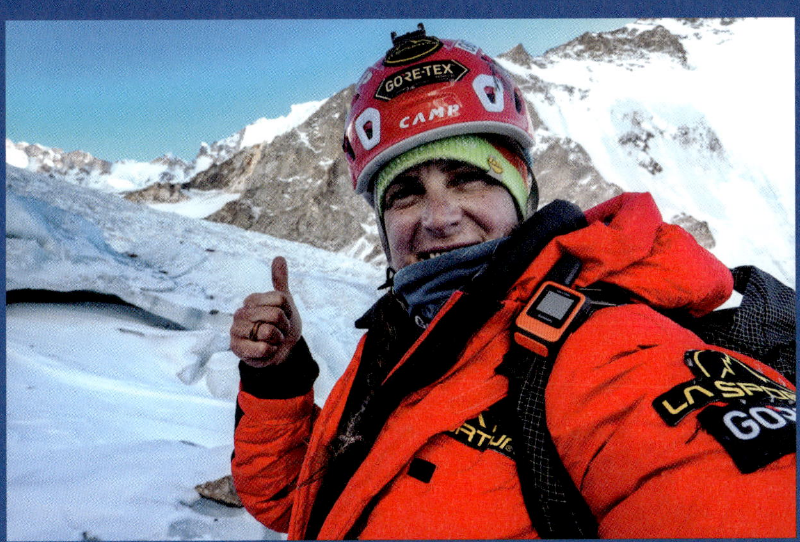

Die erste Rotation Richtung Lager I. Was für eine Freude, nach scheinbar endloser Wartezeit endlich weiter aufzusteigen ...

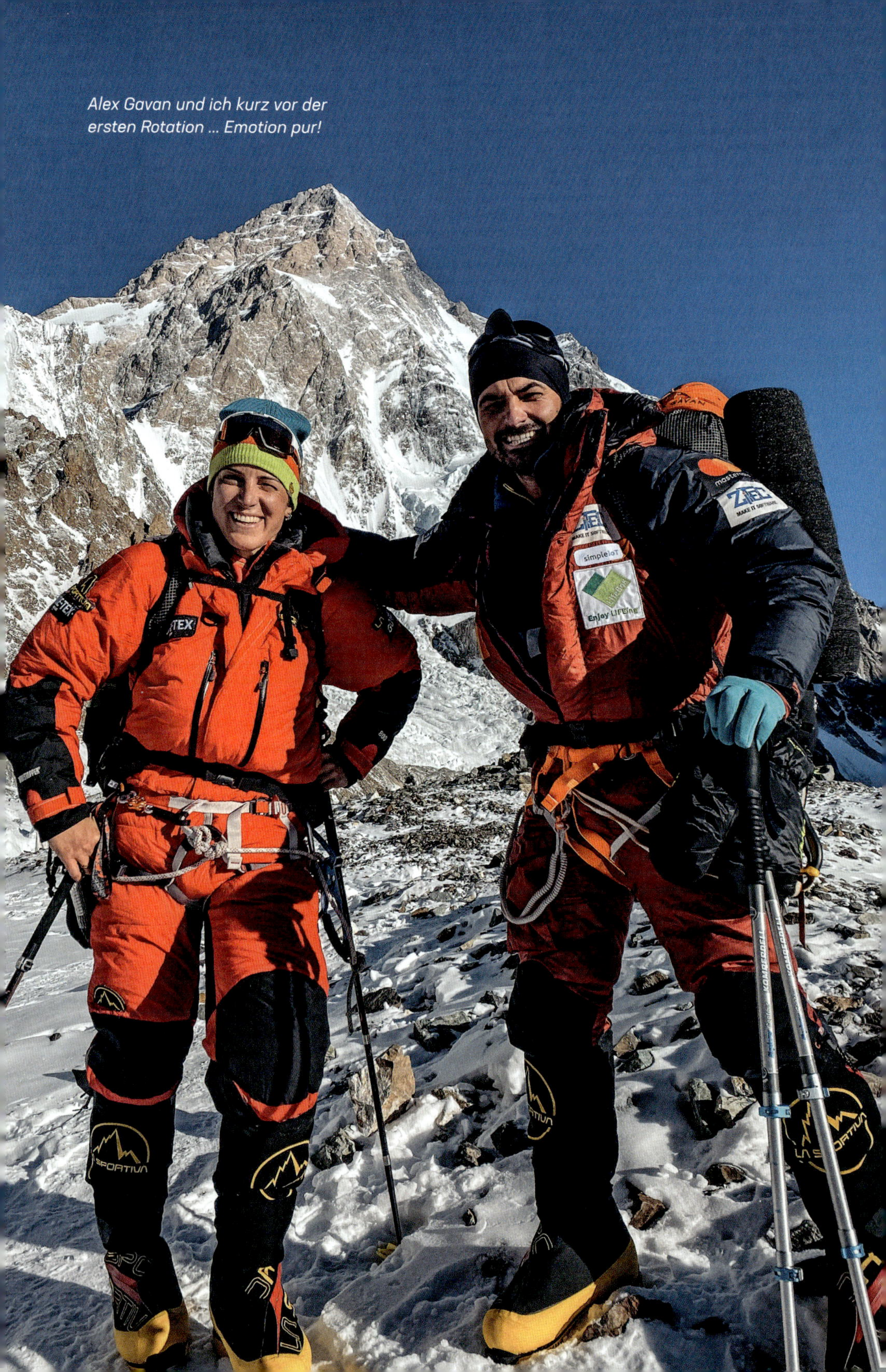

Alex Gavan und ich kurz vor der ersten Rotation … Emotion pur!

gestern doch nur bis zum ABC *advanced base camp* aufgestiegen sind – dem vorgeschobenen Basislager –, und deshalb ebenfalls erst heute, am 2. Januar, weiter ins Lager I aufsteigen werden. Es ist klar, dass dort oben nicht genug Platz für alle sein wird, denn es gibt nur wenige Zeltplätze. Maximal reicht es für sechs Zelte. Ein weiteres Merkmal am K2: Die Lager sind alle sehr unbequem, manchmal auch ziemlich gefährlich und äußerst exponiert.

Alex und ich ziehen erst mit einiger Verspätung vom Basislager los, was mich eigentlich schon als Erstes ein wenig aus der Bahn wirft und mich zornig macht, da eben im Lager I nur ganz wenige übernachten können, und ich mir auch ganz ohne Stress zum ersten Mal im Winter diese Flanke anschauen wollte. Aber ich versuche, mich so wenig wie möglich darüber aufzuregen, da solche unvorhersehbaren Situationen oder Verzögerungen manchmal einfach Teil des Bergsteigens sind. Und ich drücke auf den *Reset*-Knopf und finde auch sofort meinen Rhythmus. Ich bin ungeduldig und kann es kaum erwarten, unsere Route in Angriff zu nehmen: die Südostflanke – oder besser gesagt, den berühmten „Abruzzensporn". Alex lasse ich bald hinter mir, und schon nach kurzer Zeit, am Gletscher, kann ich vor mir Antonis Sykaris und Mattia klar erkennen.

Plötzlich befinden wir uns inmitten eines sehr schroffen, von Eisformationen übersäten Teil des Gletschers. Wir versuchen, die Richtung zum Lager I auszumachen. An einem von Eis überzogenen Felsbrocken hat man ein drei Meter langes Fixseil angebracht, mit dessen Hilfe man sich hinunterlassen und eine kleinere Eiswand überwinden kann, um wieder etwas gemäßigteres Gelände zu erreichen, und den Weg Richtung ABC fortzusetzen. Die ins Eis wie einzementierten Felsbrocken und das Eis selbst bilden jedoch eine Art Reibeisen, an dem man sich fast haltlos rutschend, beladen mit dem schweren Rucksack, heruntergleiten lassen muss. Dabei geschieht es, dass wir fast alle unseren *Down Suit*, also unseren hochalpinen Daunenanzug, beschädigen. Das Loch in meinem Anzug ist klein im Gegensatz zu dem von Antonis Sykaris, der sich ordentlich über sich selbst ärgert. Wütend schimpft er vor sich hin: „Wie soll ich bloß diesen Riss reparieren? Ich habe ja nicht einmal einen Fetzen Stoff dabei, mit dem ich ihn irgendwie flicken könnte." Niemand von uns hat etwas dabei, das geeignet wäre, den Riss zu reparieren. Antonis kramt seine Erste-Hilfe-Ausrüstung hervor und versucht, das Loch mit Pflastern zu schließen, was aber natürlich nicht funktioniert. Dann gelingt es Alex, den Riss notdürftig zu reparieren, allerdings mit einer Methode, die wohl auch nur sehr kurz einer Belastung standhalten wird. Der Vorfall mag

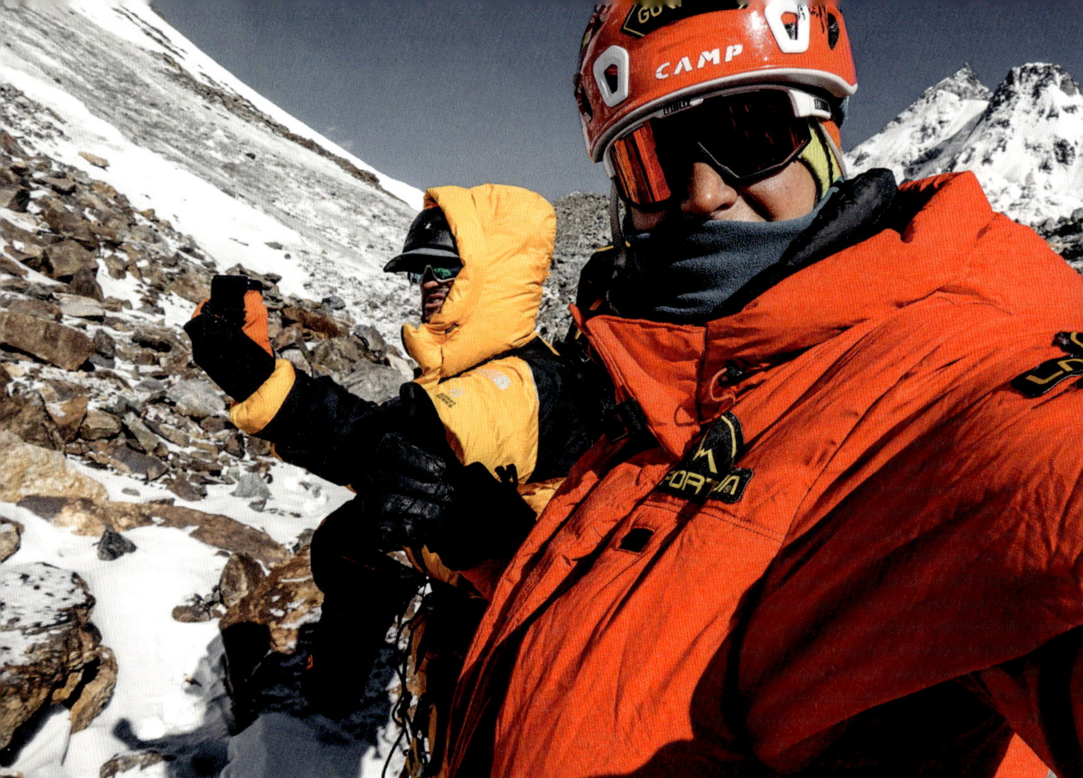

Angekommen mit JP Mohr im vorgeschobenen Lager ABC auf 5.300 Metern. Von jetzt an geht es nur noch steil bergauf!

irgendwie lustig erscheinen, doch führt er uns wieder vor Augen, dass wir hier selbst vom allerkleinsten Detail abhängig sind. Den Daunenanzug auf dieser Höhe noch mehr zu beschädigen, würde zwar „nur" bedeuten, dass man an diesem Akklimatisierungsaufstieg nicht mehr teilnehmen kann. Sollte dasselbe aber in höheren Lagen und bei kritischen Wetterverhältnissen passieren, wäre die gesamte Situation gleich wesentlich dramatischer.

Beim vorgeschobenen Basislager angekommen, warten wir auf die anderen. JP friert bereits ordentlich an Händen und Füßen. Als ich mir letztere genauer ansehe, scheint mir der Grund dafür klar: Er hat nur ganz normale Socken aus Baumwolle an, wie jene, die man beispielsweise zum Tennisspielen verwendet. Um ihn ein wenig zu necken, frage ich ihn, warum er denn nicht Socken aus Merinowolle trägt. Als ich keine Antwort darauf bekomme, biete ich ihm an, seine Hände unter meinen Achseln etwas aufzuwärmen. So funktioniert das nämlich in solchen Höhenlagen: man hilft sich gegenseitig, so gut es eben geht. Ich verspreche auch, dass ich ihm ein Paar meiner Merinosocken geben werde.

Vom ABC ziehen wir dann weiter zum japanischen Lager I, über dem sich dann das Lager I befindet. JP geht voraus, danach folgen Sergi, ich, Alex und die anderen. JP ist unglaublich schnell. Eine regelrechte Maschine, trotz der Tennissocken. Mein Rhythmus hingegen entspricht ungefähr dem von Sergi. Und doch habe ich das Gefühl, etwas langsam zu sein. Nicht dass ich meine Geschwindigkeit mit der des Sommers vergleichen möchte, trotzdem kommt es mir so vor, als sei ich jetzt doch ziemlich langsam. Der Weg zum Lager I besteht aus einer sehr langen Rutschbahn aus Eis, auf der man über 700 Höhenmeter überwinden muss und ständiger Steinschlaggefahr ausgesetzt ist. Deshalb sollte man sie auch möglichst schnell hinter sich bringen. Zum Glück sind hier bereits Fixseile angebracht worden, zum Großteil von Ali, John Snorri und Sajid, während überhalb des Lagers I schon die Sherpas von *Seven Summit Treks* tätig waren, zusammen mit dem Team von Nims. Die drei nepalesischen Teams hatten sich ja auf eine Zusammenarbeit geeinigt, die sogar die Absicht beinhaltet – und das ist der wichtigste Teil dabei –, den Gipfel gemeinsam zu erreichen.

Alex Gavan zwischen ABC und Lager I.

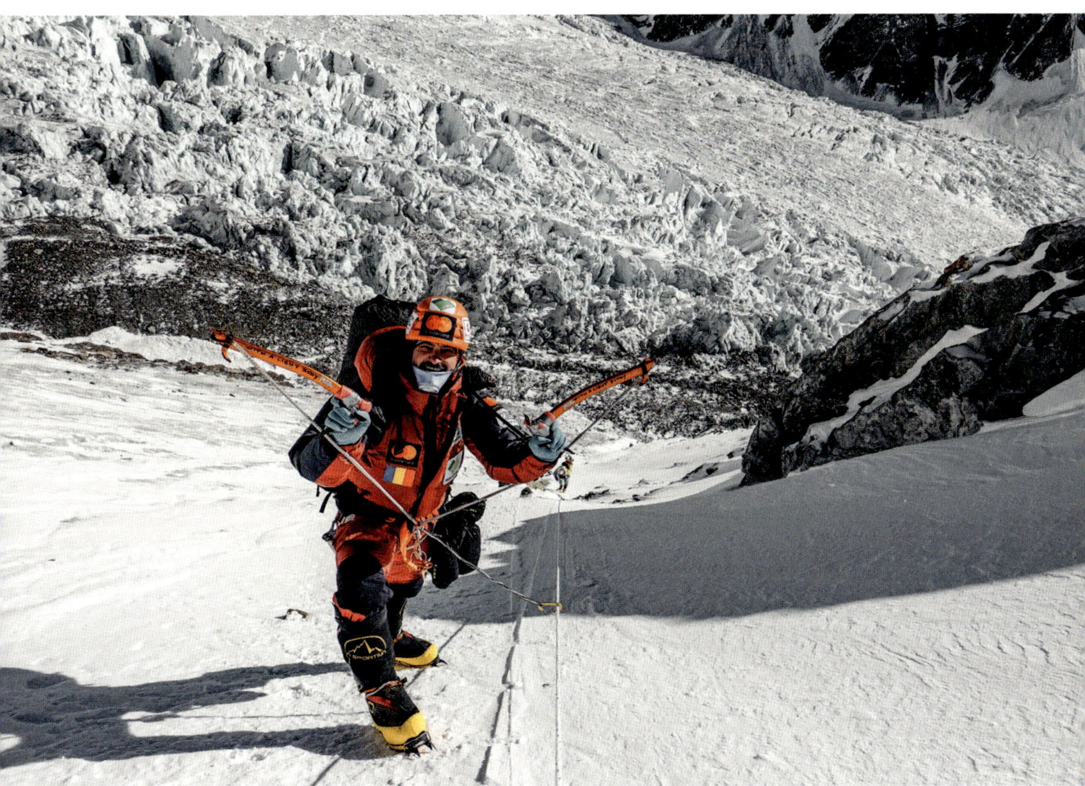

Uns poltern jedenfalls schon in diesem ersten Teil des Aufstieges zum Lager I jede Menge Steine entgegen. Ich glaube nicht, im Sommer 2014 dasselbe Problem gehabt zu haben. Der Steilhang ist im Sommer wesentlich weniger vereist, und ich kann mich an richtig schwere Spurarbeit bis zum Lager I erinnern. Herabfallende Steine werden dann vom Schnee abgefangen und gebremst. Doch die Steine heute springen und verursachen ein Geräusch, das dem Zischen eines Projektils ähnelt, das haarscharf am Ohr vorbeistreift. Jeder Bergsteiger kennt dieses „Lied der Steine" zur Genüge: er muss es nur ein einziges Mal gehört haben, um es den Rest seines Lebens zu fürchten; jeder herabfallende Stein gleicht einer Bombe, die ihn unvermittelt treffen kann – mit weitreichenden oder gar katastrophalen Folgen.

Um drei Uhr nachmittags befinden wir uns auf 5.800 Meter Meereshöhe, und damit am *japanese camp* I. Noch bevor wir das japanische Lager I erreichen, kann ich weiter oben schon die Menge Menschen sehen, die bereits eine Schlange bilden, um weiter zum Lager I aufzusteigen und dort zu übernachten. Das bedeutet also tatsächlich, dass alle, die gestern gestartet sind, heute erst zum Lager I aufsteigen. Es ist uns allen klar, dass dort oben nie und nimmer genug Platz für alle sein wird. Zudem ist es bereits sehr spät, 15 Uhr, und so denke ich, während ich abwärts blicke: Hier warte ich auf Alex. Es sind noch ca. 300 Meter Höhenunterschied bis zum Lager I, und bei unserer derzeitigen Geschwindigkeit brauchen wir dafür mindestens weitere drei Stunden. Was bedeutet, dass wir erst nach Einbruch der Dunkelheit im Lager I eintreffen würden, mit allen damit verbundenen Problemen und Schwierigkeiten. Sergi, mit dem ich den Weg bis hierher gemeinsam zurückgelegt habe, trinkt noch einen Tee mit mir, beschließt dann aber doch, bis zum „richtigen" Lager I aufzusteigen, da JP inzwischen wahrscheinlich schon fast oben angekommen sein wird.

Das japanische Lager I steht auf felsigem Untergrund und ist alles andere als gemütlich. Ich warte auf Alex, dann stellen wir gemeinsam unser Zelt auf. Ganz anders als bei den Expeditionen mit Simone kümmere ich mich hier um die Arbeiten, die außen zu erledigen sind, wie zum Beispiel das Verankern des Zeltes und Anbringen der Abspannleinen. Eigentlich hatte ich mir gewünscht, die Aufgaben übernehmen zu dürfen, die ich gewohnt bin, aber Alex wollte sich lieber um die „Innenausstattung" kümmern. Ich blase meine Isomatte auf und reiche sie Alex ins Zelt. Als er mit dem Einrichten soweit fertig ist, ist mir schon sehr kalt, und ich setze mich drinnen auf meine Isomatte. Diese reißt sofort, und die ganze darin enthaltene Luft entweicht. Ein wahrer Alptraum für mich. Vor allem im Winter. Ich sehe bereits eine äußerst harte und unbequeme Nacht auf mich zukommen, doch nachdem ich meinen Daunenanzug untergelegt habe, wird die Sache doch noch einigermaßen erträglich.

Mit Alex gibt es allerdings gleich noch einige Diskussionen darüber, wie man sich in einem Hochlager zu verhalten hat. Natürlich ist es für mich nicht leicht, mich an einen neuen Seilkameraden zu gewöhnen, nach so vielen gemeinsamen Expeditionen und Abenteuern mit Simone Moro. Zum Beispiel gebe ich zu bedenken, dass wir in den nächsten Tagen etwas schneller sein müssen, da es im Winter viel früher Nacht wird als im Sommer, und man auf solch technisch schwierigen Routen unbedingt jedes bisschen Tageslicht braucht – doch er erwidert nur, dass nicht er zu langsam, sondern ich zu schnell sei. Die Nacht verläuft letztlich sogar einigermaßen warm und nicht total unbequem, ganz anders also, als ich befürchtet hatte.

Am nächsten Tag beschließen wir, zum Lager I aufzusteigen. Obwohl wir wie vereinbart bereits um sieben Uhr aufstehen, gelingt es uns wieder erst um 9:15 Uhr loszuziehen, was heute aber weniger schlimm ist, da wir nur um die 300 Höhenmeter vor uns haben. Während wir aufsteigen, beginnen der Belgier Peter Moerman, der 51-jährige Deutsche Bernhard Lippert, der Ire Noel Hanna und der Slowene Tomaž Rotar, die mit ihren Sherpas im Lager I übernachtet haben, langsam ihren Abstieg. Ihre erste Akklimatisierungsrunde mit zwei Nächten in Höhenlagern ist beendet, und somit wird im Lager I etwas Platz für uns frei. Sehr schön!

Ich fühle mich nach wie vor zu langsam. Und auch noch unzureichend akklimatisiert. Schwerfällig. Es mag auch daran liegen, dass ich Ali, Sajid und John schnellen Schrittes nach oben steigen sehe, doch ist das ja eigentlich normal, wenn man bedenkt, dass sie schon seit einem guten Monat hier sind. An einige Passagen dieser Strecke kann ich mich noch von meiner Sommerexpedition her erinnern und weiß also, dass es nicht mehr so weit sein kann. Schließlich treffen wir gegen Mittag im Lager I ein. Es erscheint mir immer noch überfüllt mit Leuten. Doch haben sich Sergi und JP, die ja bereits gestern Abend hier angekommen sind, inzwischen schon einen besseren Platz gesichert, nachdem sie sich zunächst nur ganz unbequem und abschüssig in die verbliebene Lücke zwischen den übrigen Zelten gezwängt hatten. Diese sind alle von den Sherpas belegt, die entweder Material hier heraufgebracht haben oder die Fixseile zu den oberen Lagern legen müssen.

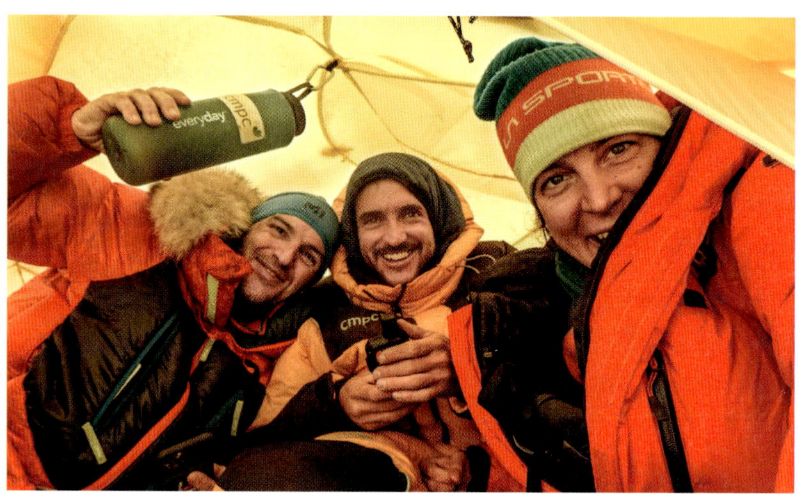

Sergi Mingote, JP Mohr und ich erholen uns im Zelt vom anstrengenden Aufstieg zum Lager I (erste Rotation).

Ich gehe zum Zelt von JP und Sergi, um mich dort etwas auszuruhen. Wir schmelzen auch Schnee mit ihrem kleinen Gaskocher, was eine langwierige, aber unerlässliche Aufgabe in dieser Höhe ist. Gleichzeitig überlege ich, wo ich am besten das Zelt für mich und Alex aufstellen kann.

Sergi und JP haben schließlich die rettende Idee. Die letzte Nacht verbrachten sie in ihrem kleinen Zelt, das sich in unmittelbarer Nähe eines anderen Zeltes befand. Es bot nur wenig Platz und drückte aufs andere Zelt. Aus diesem Grund übersiedelten sie am Morgen in ein Zelt, das bisher von den Sherpas genutzt worden war. Ihr kleines Zelt könnten wir jetzt nutzen, schlagen sie vor. Es bietet zwei Personen allerdings viel zu wenig Platz, und geradezu lächerlich ist jeder Versuch, etwas schlafen zu wollen, und zum Scheitern verdammt. Also sagen wir uns: na gut, wir teilen uns auf. Einer von uns schläft mit den beiden im großen Zelt, der andere allein im kleinen. Auch wenn im großen Zelt drei Personen wieder kaum Platz finden, da es nur teilweise eben steht und der Rest abschüssig.

Wir haben es versucht, aber an ein Ausruhen oder Schlafen war dort nicht zu denken. Also fragte ich in die Runde, ob ich nicht zu irgendjemand anders ins Zelt schlüpfen könnte. Jetzt schläft Alex im kleinen Zelt, während ich die Nacht in einem anderen Zelt bei den beiden Sherpas der amerikanischen Alpinisten Jon Kedrowski und Colin O'Brady verbringe. Ein äußerst luxuriöser Stellplatz, da er absolut eben ist. Die beiden schlafen in voller Montur: mit den Bergschuhen an den Füßen und in ihren

Daunenanzügen, sich einen Schlafsack teilend. Was bedeutet, dass ich spektakulär viel Platz für mich habe. Sie bieten mir auch noch etwas von ihrem Wasser an, und so geht es mir ausgezeichnet, auch wenn ich, aus welchem Grund auch immer, am Ende doch kaum Schlaf finde. Etwas Schuld daran mag der starke Wind haben, der mächtig durch das Lager pfeift. Alles in allem jedoch kann ich mich nicht beklagen – ich habe Glück gehabt. Die Nächte in den Hochlagern sind fast immer sehr unbequem.

Am nächsten Morgen, also am 4. Januar, beginnen die beiden Amerikaner mit ihren Sherpas bereits um acht Uhr mit dem Abstieg. Ich verabschiede mich von meinen beiden Zeltgenossen, die mir zum Abschied einen Marsriegel schenken, den ich als Frühstück verspeise. Alex und ich beschließen, noch bis Mittag hierzubleiben. Er kommt zu mir ins Zelt und wir schmelzen dort gemeinsam Wasser. Irgendwann kommen dann auch Ali, John und Sajid dazu und wir plaudern gemütlich. Während JP und Sergi noch bis ins Lager II aufsteigen, entscheiden wir, lieber wieder abzusteigen, weil man uns berichtet, dass es oben unglaublich stürmt. Mir sagt mein Gefühl, dass es so richtig ist; dass es besser ist, mit dem Abstieg zu beginnen. Alex schaut mich an und meint: „Lass dich nicht davon beeinflussen, dass die anderen weiter aufsteigen, lass das mit dem Konkurrenzdenken!“ „Nein,“ antworte ich ihm, „so bin ich nicht mehr, ich habe viel von Simone gelernt.“ Tatsächlich bin ich sehr glücklich, mich nicht mehr dauernd einem Konkurrenzkampf ausgesetzt oder sonst irgendwie minderwertig zu fühlen, was letztlich dasselbe ist.

Alex ist es im Grunde egal, ob wir auf- oder absteigen, also folgen wir unserem Vorhaben, wieder abzusteigen. Genauso haben wir es auch im Sommer 2014 gemacht. Und weil diese Expedition damals so gut lief, sind wir aus meiner Sicht auch jetzt schon mal auf dem richtigen Weg. Wir legen noch ein Material- und Vorratslager an, das wir kompakt am Fixseil verankern, damit es nicht vom Sturm davongefegt wird. Es soll uns bei unseren bevorstehenden Aufstiegen von Nutzen sein. In der Zwischenzeit ist es bereits ein Uhr mittags, und rundherum ist alles in ein wunderschönes Licht getaucht. Ich weise Alex darauf hin, dass er besonders vorsichtig sein soll mit seinen sehr leichten Steigeisen. Doch bin dann ich es, die eines verliert. Etwas, das ich nicht erwartet habe und das mir sehr merkwürdig scheint. Eigentlich sollte so etwas nie passieren und schon gar nicht hier, wo es doch so eisig ist. Glücklicherweise entdecke ich es wieder, lege es an und setze meinen Abstieg fort. Ich fühle mich sehr müde, regelrecht fertig, doch habe ich keinerlei Eile. Es besteht kein Grund dazu, weiß ich doch genau, dass ich die Zeit habe, die ich brauche, und so genieße ich jeden Augenblick meines Abstieges. Am Gletscher treffen wir schließlich auch Nims, der mit seinem Paragleiter hantiert. Er hat einen sehr kleinen, sehr aggressiven (Anm.: dynamischen, reaktionsschnellen) Schirm, der nicht leicht zu bändigen ist. Bewundernd schauen wir ihm eine Zeit lang zu, dann setzen wir unseren Abstieg ins Basislager fort.

Als wir zu John Snorris Zelt kommen, legen wir eine Pause ein, um ein wenig zu plaudern. Wir werden wieder zum Essen eingeladen, was mich wirklich sehr freut, denn ich habe noch immer die Wahnsinns Küche von Mossim im Kopf, und zudem ist man nach einem Aufenthalt in der Höhe wirklich sehr froh, wenn man etwas Gutes zu essen bekommt. Welch wunderbare Speisen Mossim doch aus den wenigen und sehr einfachen Zutaten zubereiten kann! Bei uns im Camp esse ich immer sehr wenig, meistens tut mir auch der Magen etwas weh.

Es ist immer ein gutes Gefühl, von den Hochlagern wieder ins Basislager und in das eigene Zelt zurückzukehren. Ich wickle mich in meinen Schlafsack und bin sehr glücklich und dankbar für einfach alles. Hier unten scheint es mir wirklich wie im 5-Sterne-Hotel zu sein, im Vergleich zu oben. Wir haben unsere erste Akklimatisierungsrunde hinter uns gebracht und alles ist gut gelaufen. Ich versuche, meinen Kopf freizumachen und ihn vor allem von negativen Gedanken zu befreien. Ich möchte einfach daran glauben, dass alles gutgehen wird, auch in meinen Träumen. Deshalb versuche ich jeden Tag mindestens ein Mal zu meditieren, was mir wirklich guttut.

Ich rufe Davide an und spreche eine gute halbe Stunde mit ihm, dank des Satellitenmodems, mit dem mein Handy verbunden ist. Dann rufe ich auch noch zu Hause an: „Ja, es geht mir gut!" Sergi schreibt uns mithilfe des *Garmin inReach* (Satelliten-Kommunikationssystem), dass oben sehr viel Wind ist. Ich denke an die beiden und bete auch für sie. Ich hoffe, dass es ihnen gutgeht, denn sie sind mir schon richtig gute Freunde geworden. Mattia und Antonis sind ebenfalls noch im Lager I. Atanas hingegen befindet sich im japanischen Lager I und der Spanier Carlos Garranzo im ABC. Ein Beweis dafür, dass jeder sein eigenes Ding durchzieht, jeder auf seine eigene Art unterwegs ist. Auch mir ist es sehr wichtig, dass jeder von uns jederzeit die Möglichkeit hat, das zu machen, wovon er glaubt, dass es das Richtige ist.

Ich bin ausgesprochen glücklich. Ich bin davon überzeugt, auf dem richtigen Weg zu sein und soweit alles richtig zu machen. Und ich habe den Eindruck, dass all dies hier auch ein spiritueller Entwicklungsprozess für mich ist.

8 PUJA, TÄNZE UND KÄLTE

5.-7. Januar 2021, K2-Basislager

Heute ist das Wetter alles andere als gut. Es ist windig und kalt. Trotzdem würde ich um nichts auf der Welt auf die *Puja* verzichten wollen, diese Zeremonie, die für mich einfach zu jeder Expedition dazugehört. Man betet zu den Göttern der Berge. Wir verneigen uns vor dem großen Berg, bitten um Segen und darum, dass uns erlaubt wird, ihn zu besteigen. Ich schließe meine Augen, konzentriere mich und warte auf eine Nachricht meiner Göttin. Ich spüre, dass das jetzt notwendig ist. Es ist mir auch bewusst, dass ich verschwindend klein bin, ihr gegenüber. Dass ich ein Nichts bin, inmitten all dieser unglaublich wilden und immensen Natur. Und es scheint mir, als könnte ich ihren Atem spüren, tief und in weiter Ferne. Ich bete zur Göttin, dass sie mich doch emporsteigen lassen möge, da es ehrlich und wahrhaftig mein Traum ist, seit vielen Jahren schon.

Ich liebe diese Zeremonie. Sie ist mir sehr wichtig – und einfach nur schön … Es ist einer der tiefgreifendsten und intimsten Momente jeder Expedition, der mit großer Sorgfalt von allen vorbereitet wird. Der Koch backt, die Sherpas stellen eine Art Altar auf und hängen Gebetsfahnen in alle Himmelsrichtungen und über den Zeltbereich hinaus auf. Für die Sherpas ist die Zeremonie unverzichtbar. Und auch für uns Bergsteiger ist es nicht viel anders, auch wenn dieses Ritual vom Hinduismus und Buddhismus abstammt. Anschließend wird noch eine kleine Geldspende geleistet, Reis geworfen, gebetet, eine Kleinigkeit gegessen und ein Schluck Whisky getrunken. Alle bleiben noch eine Weile zusammen. Und dann nehmen wir wieder unsere Gegenstände mit ins Zelt, die wir während der Zeremonie weihen ließen. Das, was ich immer von Gott berühren lassen möchte, sind meine Schuhe und mein Helm, der mit einem Jesus-Sticker versehen ist – weil ich sicher bin, dass mir das immer eine Unterstützung sein wird. Nach so einem feierlichen und heiligen Ereignis fühlen wir uns alle miteinander verbunden. Es ist immer ein sehr emotionaler und freudiger Moment. Eigentlich dürfte der erste Schritt auf den Berg aber erst *nach* der *Puja* getan werden – und das haben wir leider alle übergangen.

Gestern haben wir aber eindeutig die richtige Entscheidung getroffen. Wären wir nicht vom Lager I abgestiegen, hätten wir diese *Puja* versäumt, die für ein Uhr mittags geplant war. Von allen, die weiter aufgestiegen waren, hat nur Atanas es noch rechtzeitig heruntergeschafft, der im japanischen Lager I geblieben war. Weder Sergi noch JP – die vom *lower camp* III, dem unteren Lager III auf 7.000 Metern absteigen – konnten an der *Puja* teilnehmen, was mir ausgesprochen leidtut. Nur zu gerne hätte ich mit ihnen auch diesen schönen Moment geteilt. Als sie schließlich am Abend ins Basislager zurückkehren, bekräftigen beide, wie gern sie dabei gewesen wären. Auch für sie ist diese Zeremonie von äußerster Wichtigkeit. Mattia und Antonis waren ebenfalls nicht zugegen: sie waren um ein Uhr mittags vom Lager I gestartet und kamen erst nach Einbruch der Dunkelheit im Basislager an. Mattia hatte ein Steigeisen verloren, deshalb benötigten sie für den Abstieg sieben Stunden, denn dieser gewaltige Gletscher ist ohne Steigeisen nur unter größten Schwierigkeiten zu schaffen. Man muss äußerste Vorsicht walten lassen – jeder Schritt, jede Bewegung muss überlegt und exakt ausgeführt sein. Das Erste, was Mattia abends sagt, als ich das Zelt betrete, ist: „Tamara, du musst mir helfen. Hast du noch ein zusätzliches Paar Steigeisen? Andernfalls ist diese Expedition für mich beendet." Letztlich findet sich mit den Steigeisen von Carlos die Lösung. Aufgrund eines körperlichen Problems muss dieser die Expedition beenden.

Im Basislager herrscht eine gute Stimmung. Alle lächeln und sind glücklich, hier sein zu dürfen. Für mich ist es sehr wichtig, dass uns diese positive Energie erhalten bleibt. Schon zu Beginn hatte ich gespürt, wie wichtig es ist, dass hier im Basislager eine gute Energie ist, und dass sich die verschiedenen Teams gut leiden können, gemeinsam lachen und feiern und sich gegenseitig unterstützen und helfen. So versuche ich gleich von Anfang an, mich dafür einzusetzen, dass diese gute Grundstimmung bestehen bleibt. Ich möchte einfach meinen Beitrag dazu leisten. Es scheint mir irgendwie meine Aufgabe zu sein, jeden Morgen nach dem Aufstehen in das Kochzelt zu gehen, den Köchen zuzulächeln und mich bei ihnen zu bedanken, auch ein wenig mit ihnen zu plaudern und zu scherzen. Es kommt mir so vor, als würde dadurch alles schon gut beginnen, auf die richtige Art und Weise. Ich merke, dass die anderen das zu schätzen wissen, und selbstverständlich freue ich mich auch darüber.

An diesem Abend besuche ich nochmals Nims. Ich habe Lust, ihn näher kennenzulernen, und bin auch ein bisschen neugierig, ob der gute Eindruck, den er auf mich gemacht hat, sich weiterhin bestätigt. Wir reden sehr lange miteinander. Er erzählt mir wieder von seiner Zeit bei den nepalesischen Spezialeinheiten und den legendären Gurkhas, wo man einer außerordentlich harten Ausbildung unterworfen wird. Da ich ziemlich beeindruckt bin, dass ein Mensch, der so viel auf sich genommen hat, trotzdem so bescheiden geblieben ist, sage ich zu ihm: „Nims, es war mir wichtig, dich persönlich besser kennenzulernen, denn auf deinen Instagram-Bildern vermittelst du immer einen eher arroganten Eindruck." Daraufhin beginnt er zu lachen, und wir haben ein wirklich schönes, offenes und ehrliches Gespräch. Ich fühle mich geehrt, dass er mir so viel Zeit widmet, und mein Eindruck von ihm ist letztlich alles andere als arrogant. Ich begreife, dass er wirklich „einen Gang mehr draufhat", dass er fähig ist, in problematischen Situationen schnelle Entscheidungen zu treffen, und dass er auch in der Lage ist, eine Gruppe zu führen – ein echter *Leader* also, was er ja schlussendlich auch ist. Ein entschlossener und harter Kerl, der hier im Basislager allen anderen einiges voraushat.

6. Januar. Wir sind immer noch im Basislager. Ich stehe erst um 8:40 Uhr auf, was beinahe ein persönlicher Rekord ist. Dabei habe ich fast ein schlechtes Gewissen, denn zu Hause stehen immer alle zwischen sechs und 6:30 Uhr auf, ich selbst allerspätestens um sieben Uhr. Heute werde ich aber nicht viel versäumen, da es im Basislager nichts mehr zu tun gibt. Das schlechte Gewissen ist wieder einmal der Erziehung geschuldet, die dich formt und ein ganzes Leben lang begleitet.

Dieser 6. Januar ist auch der Tag, an dem mir die ganze komplexe Problematik dieser Expedition vollends bewusst wird, sollte ich noch Zweifel daran gehabt haben: Meine Menstruation setzt ein und wirft mich auf den knallharten Boden der Realität zurück. In kaum einer anderen Situation wird einem die unerbittliche Kälte, die im Winter an den Achttausendern herrscht, klarer, als in einem solchen Zustand eine der Expeditionstoiletten aufsuchen zu müssen, die an sich schon nicht angenehm sind. Es handelt sich dabei um ein winziges Zelt, das über einem Loch aufgestellt ist; hier begrüßt einen der eiskalte Wind schon von unten herauf, manchmal sogar mit einem schon benutzten Toilettenpapier. Ein sehr naturnahes Klo würde ich sagen, in dem eine unbeschreibliche Kälte herrscht. Wenn zu den im Basislager herrschenden Temperaturen von –35° C (ungefähr so kalt ist es im Sommer am Gipfel) dann noch dieser eisige Wind kommt, ist man praktisch geliefert – und man riskiert, sich schwere Erfrierungen zuzuziehen. Natürlich hatte ich vorher schon gewusst, dass die Regelblutungen während dieser Expedition einsetzen würden. Für mich ist es aber trotzdem ein Zeichen, dass nichts an dieser Expedition wirklich normal ist. Falls es so etwas wie eine „normale" Winterexpedition überhaupt geben sollte … Doch ich weiß auch, dass das vorübergeht. Und je länger wir hier sind und je besser wir uns akklimatisieren, desto erträglicher wird die Lage, auch hier im Basislager. Und nachdem man einmal auf

7.000 Meter Meereshöhe aufgestiegen ist, kommt es einem hier unten fast angenehm warm vor. Trotzdem haben mir Kälte und Wind einmal mehr gezeigt, wie herausfordernd unser Vorhaben ist. Die Abende im Basislager sind jedoch immer sehr unterhaltsam. Carlos stellt seinen tragbaren Lautsprecher zur Verfügung, und so tanzen wir oft bis in die Nacht hinein. Nach maximal drei Stunden bin auch ich dann immer total müde und geschafft.

Der 7. Januar verläuft ziemlich langweilig und ist auch noch ein äußerst kalter Tag. Nach dem Frühstück entscheiden sich einige von uns, eine Yoga-Session einzulegen. Wir sind zu neunt: Alex, Atanas, Magda, Carlos, JP, Sergi, Sheny, Antonis und ich. Wir nehmen dazu unser Zelt, wo es natürlich doch recht eng ist. Trotzdem wird es eine wunderbare Erfahrung. Atanas ist unser Lehrer, und wegen des Platzmangels konzentrieren wir uns hauptsächlich auf die Übungen und *Asanas* (bestimmte Körperhaltungen), die den Oberkörper betreffen. Zum Abschluss halten wir uns alle an den Händen und lassen unsere Energie ins Universum fließen, das uns hierher- und auf dieser Expedition zusammengeführt hat. Wir sprechen auch mit der Göttin des K2; ich bin sehr berührt und bewegt, beginne sogar zu weinen. Ich fühle eine starke Energie in mir.

Am Abend gibt es wieder Musik – noch nie habe ich bei einer Expedition so viel getanzt. Es ist fantastisch, wir sind alle entspannt, niemand scheint sich um das Morgen zu sorgen oder an den bevorstehenden Aufstieg zu denken. Ich genieße einfach nur den Moment, und das scheint mir das Normalste auf der Welt zu sein. Es ist wohl Mitternacht, als wir uns schließlich schlafen legen. Wie jede Nacht wache ich um drei Uhr morgens auf, um meine Blase zu entleeren. Es gefällt mir, im Basislager mitten in der Nacht in Unterwäsche kurz nach draußen zu gehen. Ich sehe dabei nach, wie das Wetter ist, betrachte die Sterne und spüre mich ganz intensiv in dieser kalten Umgebung, die ich mir selbst ausgesucht habe und die mich fasziniert, aber auch an meine körperlichen und mentalen Grenzen bringt. Im Gegensatz zu den Hochlagern muss ich hier nicht befürchten, irgendwo abzustürzen. Es fühlt sich schon fast an wie Heimat. Ich habe ein Lächeln im Gesicht, bin dankbar und verkrieche mich dann wieder schnell in meinen Schlafsack mit seinem Komfortbereich von -40° C.

9

ALLES ERSTRAHLT IM LAGER I

13. Januar 2021, K2

Mittwoch. Heute sind wir viele am Berg, denn fast alle steigen auf. Für uns ist es die zweite Akklimatisierungsrunde, unsere zweite Rotation. Gutes Wetter ist vorausgesagt, vier oder fünf Tage sollte es halten. Unsere einzige Sorge gilt aber dem nächsten Tag, für den in Lager II bis zu 60 Stundenkilometer Wind angekündigt sind. Auf 6.600 Meter Meereshöhe dürfen bei den derzeitigen Temperaturen so starke Winde keinesfalls unterschätzt werden. Sollte es uns trotzdem gelingen, bis zum Lager II aufzusteigen, wäre dies ein ordentlicher Schritt nach vorn für unsere Akklimatisierung. Wir werden sehen.

Nach einer Besprechung mit JP und Sergi sehen Alex' und meine Pläne folgendermaßen aus: Heute möchten wir das Lager I erreichen, morgen dann entweder den Tag dort verbringen oder bis zum Lager II weitersteigen, sollte der Wind das zulassen; dann, am 15. Januar, wollen wir bis zum Lager III auf 7.300 Meter Meereshöhe vorstoßen. Am 16. Januar müssen wir auf jeden Fall wieder zurück ins Basislager.

Wir starten vom Basislager zum vorgeschobenen Basislager. Vor mir geht zunächst Sergi, hinter mir in einiger Entfernung Alex. JP ist wie immer unglaublich schnell und befindet sich so weit vorn, dass er nicht mehr zu sehen ist. Zusammen mit Alex überquere ich dann den Gletscher. Er stoppt an einer Stelle, die von Gletschertürmen übersät ist, um eine Rast einzulegen; mich hingegen zieht es weiter. Keine Chance, hier haltzumachen, sage ich zu ihm. Wenn hier etwas herunterkommt, sind wir beide tot. In der Tat hat sich der Gletscher stark verändert. Während der letzten Meter im Gletscherbruch, der uns noch von einer Moräne trennt, bete ich regelrecht darum, dass wir es unversehrt bis zum ABC schaffen. Ich nehme mir ganz fest vor, jeden Schritt, jede Bewegung konzentriert und möglichst perfekt zu machen, meinem Instinkt zu folgen, auf meine innere Stimme zu hören und vor allem alle meine Sinne einzusetzen, um noch das geringste vom Berg kommende Geräusch oder Signal sofort aufnehmen zu können.

Auch an diesem Morgen, bevor wir mit dem Aufstieg begonnen haben, verweilte ich kurz am *Chörten* (sakrales Bauwerk), an dem wir die *Puja* abgehalten hatten. Wie immer bat ich den Berg darum, mir den Aufstieg zu erlauben und mich dabei zu unterstützen. Diese Augenblicke sind für

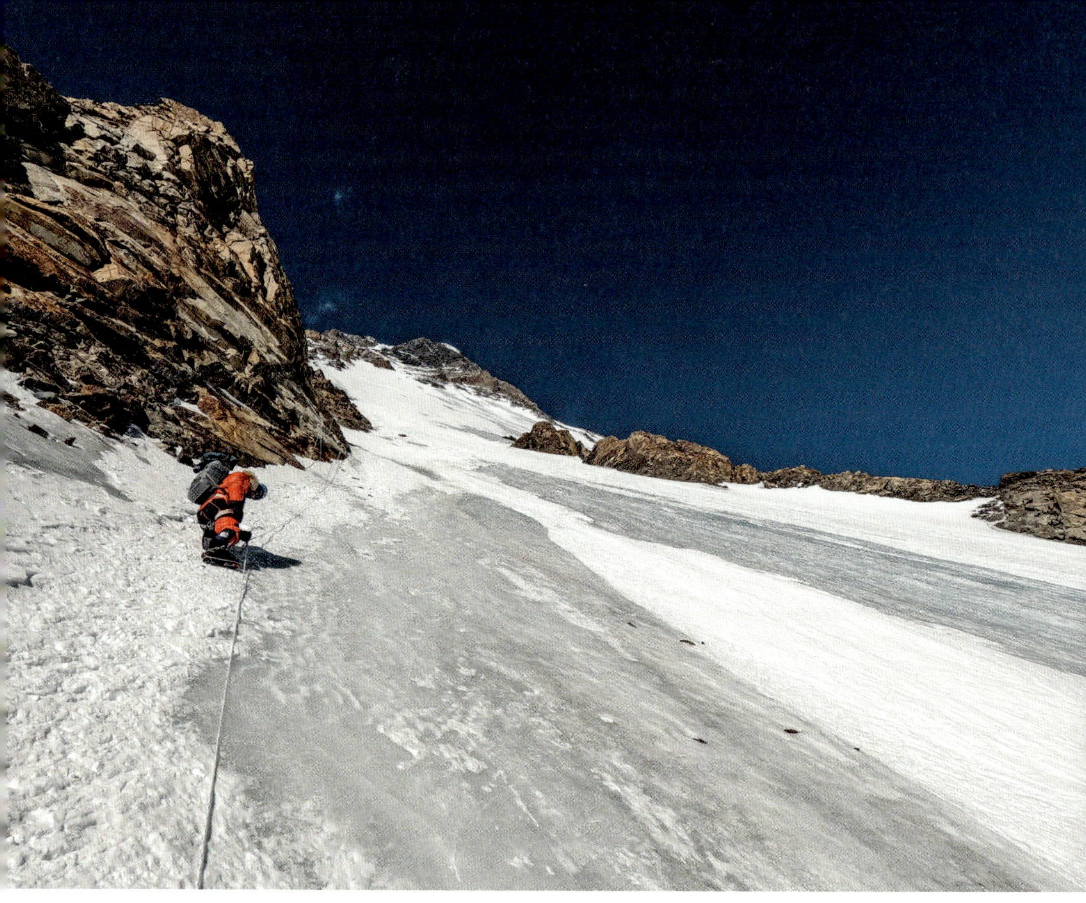

Sergi Mingote beim Aufstieg zum Lager I. Hier sieht man die Steilheit des Berges, und das ist erst der Anfang …

mich von äußerster Wichtigkeit. Sie helfen mir, mich daran zu erinnern, warum ich eigentlich hier bin, was ich hier tue und warum genau ich es überhaupt mache. Und sie helfen mir auch, mich daran zu erinnern, dass wir eigentlich nur den Mut haben müssen, auf die Verbindung zu uns selbst und jene zum Berg zu vertrauen, um uns hier inmitten dieser gewaltigen und wilden Natur richtig zu verhalten.

Nun sind wir also wieder hier, mitten in dieser unendlich langen Eisrutsche, die zum Lager I hinaufführt, und die wirklich nie zu enden scheint. Schaut man nach unten, ist das vorgeschobene Basislager zu sehen, und man wird sich erst so richtig bewusst, was es bedeuten würde, hier zu stürzen. Man würde genau dort landen, wo der steile Aufstieg begonnen hat. Doch daran darf man gar nicht erst denken. Man darf sich nicht ablenken lassen, muss konzentriert bleiben und alles genau so machen, wie es gemacht werden muss – und sollte dabei einfach diese Unermesslichkeit genießen, in die wir vorgestoßen sind.

Ich steige hier wieder mit Sergi auf. Und es gefällt mir. Wir haben unser System, unsere eigene Strategie: während einer von uns hochsteigt, hält der andere unten das Fixseil leicht gespannt. So braucht der Erste nur hochzuklettern, und kann dabei die Steigklemme (Jümar), durch die das Seil läuft, leicht weiterschieben, ohne dazu immer das Seil unten festhalten zu müssen. Der, der unten steht, hat nicht nur die Aufgabe, das Fixseil gespannt zu halten, sondern er muss dabei auch ständig nach oben schauen und nach herabfallenden Steinen Ausschau halten. Denn diese stellen wohl die größte Gefahr dar und bereiten uns in diesem Teil der Wand am meisten Sorgen. Bleibt der Vordermann dann stehen, um sich auszuruhen, folgt ihm der andere. Daraufhin wiederholt sich das Ganze wieder und wieder. Irgendwann wechseln wir dann unsere Positionen des Ersten und Zweiten.

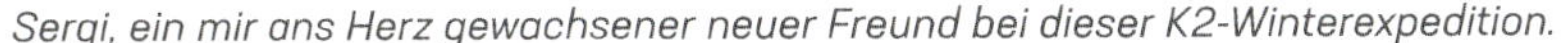

Sergi, ein mir ans Herz gewachsener neuer Freund bei dieser K2-Winterexpedition.

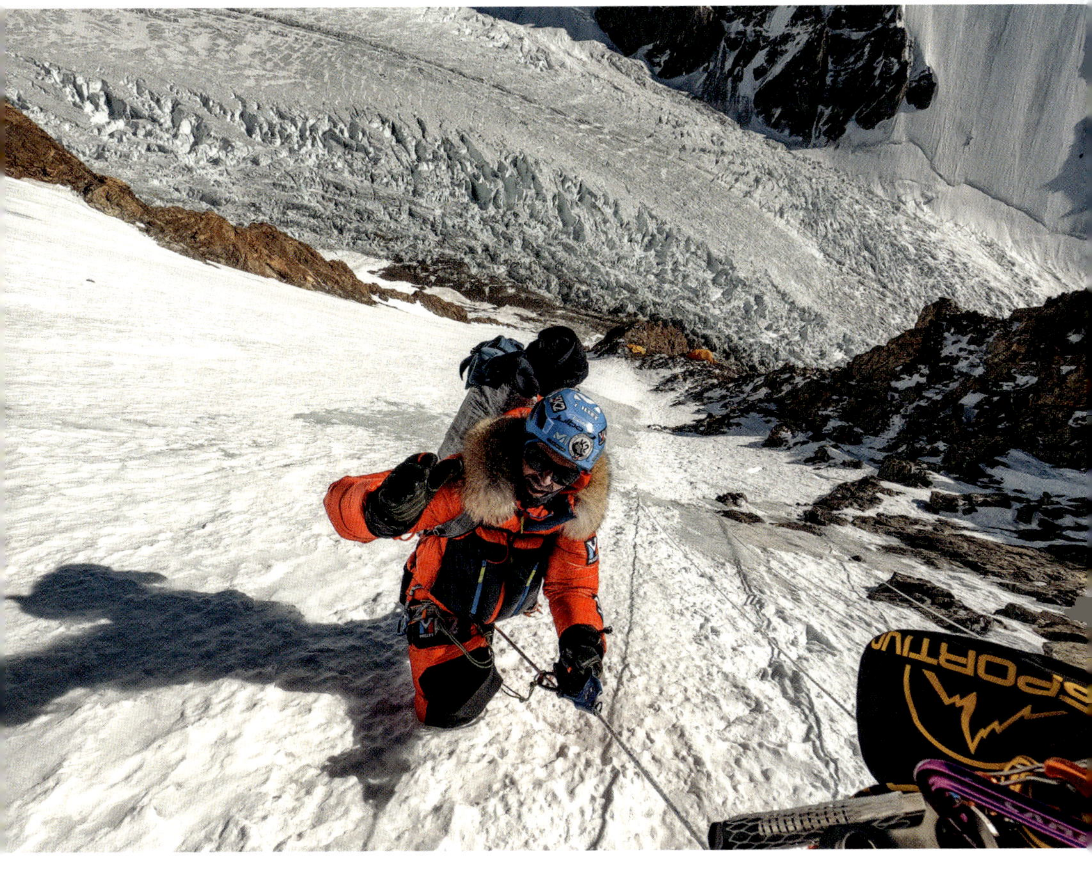

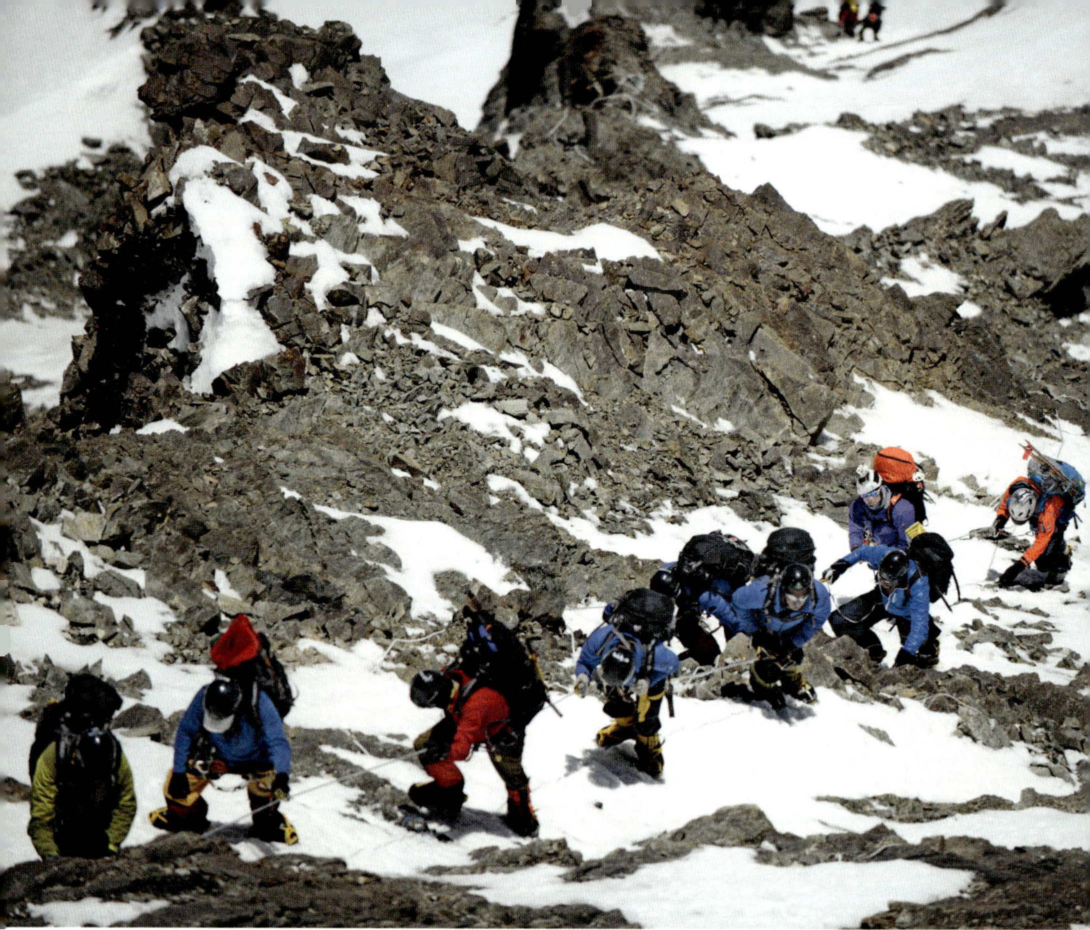

Ein Foto unserer K2-Expedition 2014: Klaus und ich am Ende der Reihe pakistanischer Hochträger der italienischen Expedition zum 60-jährigen Jubiläum der Erstbesteigung.

Für mich ist dieses System perfekt, ich hatte es bereits mit Klaus Gruber während unserer Sommerexpedition 2014 hier am K2 praktiziert. Auf diese Weise ist man nicht nur viel schneller und effizienter unterwegs, sondern man kann auch nur zu zweit gut aufsteigen, sich gegenseitig helfen und zur Hand gehen, wenn es nötig werden sollte. Zudem ist es einfach viel schöner so, fast, als ob noch ein weiteres unsichtbares Band die beiden Bergsteiger verbinden würde. Es gibt mir Sicherheit und Zusammenhalt, was auf den hohen Bergen ja nicht immer selbstverständlich ist, weil jeder gern mit seiner eigenen Geschwindigkeit unterwegs ist. Mir gefällt dieses *Teamplay* (aktive Teamarbeit) einfach immer. Auch bei den Skitourenrennen habe ich stets die Paar-Wettkämpfe den Einzelwettbewerben vorgezogen.

Das Wetter ist, wie vorhergesagt, gut. Und es soll ja noch ein paar Tage halten. Das ist genau das Zeitfenster, auf das wir für unsere zweite Rotation so gewartet haben. Die letzten Tage war das Wetter in der Höhe immer sehr schlecht. Am 8. Januar beispielsweise hatte ein Schneesturm das Lager II so gut wie zerstört. Das berichteten zwei Tage später die Sherpas des Teams von Nims und Mingma G, die zur Kontrolle hochgestiegen waren. Der starke Wind hatte alles davongetragen, inklusive Nims' Paragleiter. Also haben sie die ganze mühevolle Arbeit wieder von vorn beginnen und wieder Zelte hinauftragen müssen. Das Materialdepot von Sergi, JP, Alex und mir hing aber noch am Fixseil, erzählten uns die Sherpas. Glück gehabt! Denn am Nanga Parbat im Winter 2016 hatte uns der Wind ausgerechnet beim *summit push* (Gipfelsturm), trotz einer guten Befestigung im Lager II, zwei Isomatten und meine von Mama mit Liebe gestrickte lange Alpaka-Wollunterhose davongetragen. Die Nächte danach waren alles andere als erfreulich, denn wir lagen zu viert auf zwei Isomatten, der Untergrund nur Eis und Schnee. Seit diesem Ereignis weiß ich, dass im Winter einfach andere Gesetze herrschen, und dass man alles mit höchster Genauigkeit sichern und überprüfen muss, um nicht irgendwann vor verheerenden Konsequenzen zu stehen. Entsprechend erleichtert bin ich daher, als mir Mingma David aus Nims' Team nochmals versichert, dass unser Vorräte-Depot im Lager I noch da ist. Zwar hatte ich eine Unzahl starker Knoten verwendet, um unser Material zu sichern, doch das hatten sie auch im Lager II gemacht – und trotzdem hatte der Wind alles mit sich fortgerissen.

Im Moment gehe *ich* voran. Ich bin glücklich, hier sein zu dürfen. Mit Sergi fühle ich mich sehr wohl, er ist ein ganz wunderbarer Mensch und strahlt viel Ruhe und Sicherheit aus. Man erkennt sofort seine große Erfahrung. JP hat mir erzählt, dass er in den tieferen Lagen sehr viel schneller sei als Sergi, dass sich der Abstand zwischen ihnen jedoch mit zunehmender Höhe und Gipfelnähe verringert und ihre Leistung sich mehr und mehr angleicht. JP hegt große Bewunderung und eine Menge Respekt für Sergi. Er sieht in ihm einen großartigen Lehrer und Freund gleichermaßen. Sergi ist es immer wichtig, dass es einem gut geht und man sich wohlfühlt. Diese Eigenschaft empfinde ich als sehr angenehm, und sie bestätigt sich immer wieder.

So steigen wir also Zug um Zug aufwärts. Gemeinsam überwinden wir das steile, vereiste Teilstück, das zwischen zwei Felsstufen liegt. Als ich den letzten kleineren Kamm überwinde, erscheint oben am Lager I, das nun schon zu sehen ist, JP, der uns von dort grüßt und etwas zuruft. Nur noch ein kurzes Stück, und auch ich bin bei ihm angekommen.

Lager I, das sich auf 6.100 Metern befindet, ist immer noch genauso, wie ich es in Erinnerung habe: ein winziges Adlernest, in dem jeglicher

Ich, JP und Sergi beim Tanzen auf 6.100 Meter Höhe.

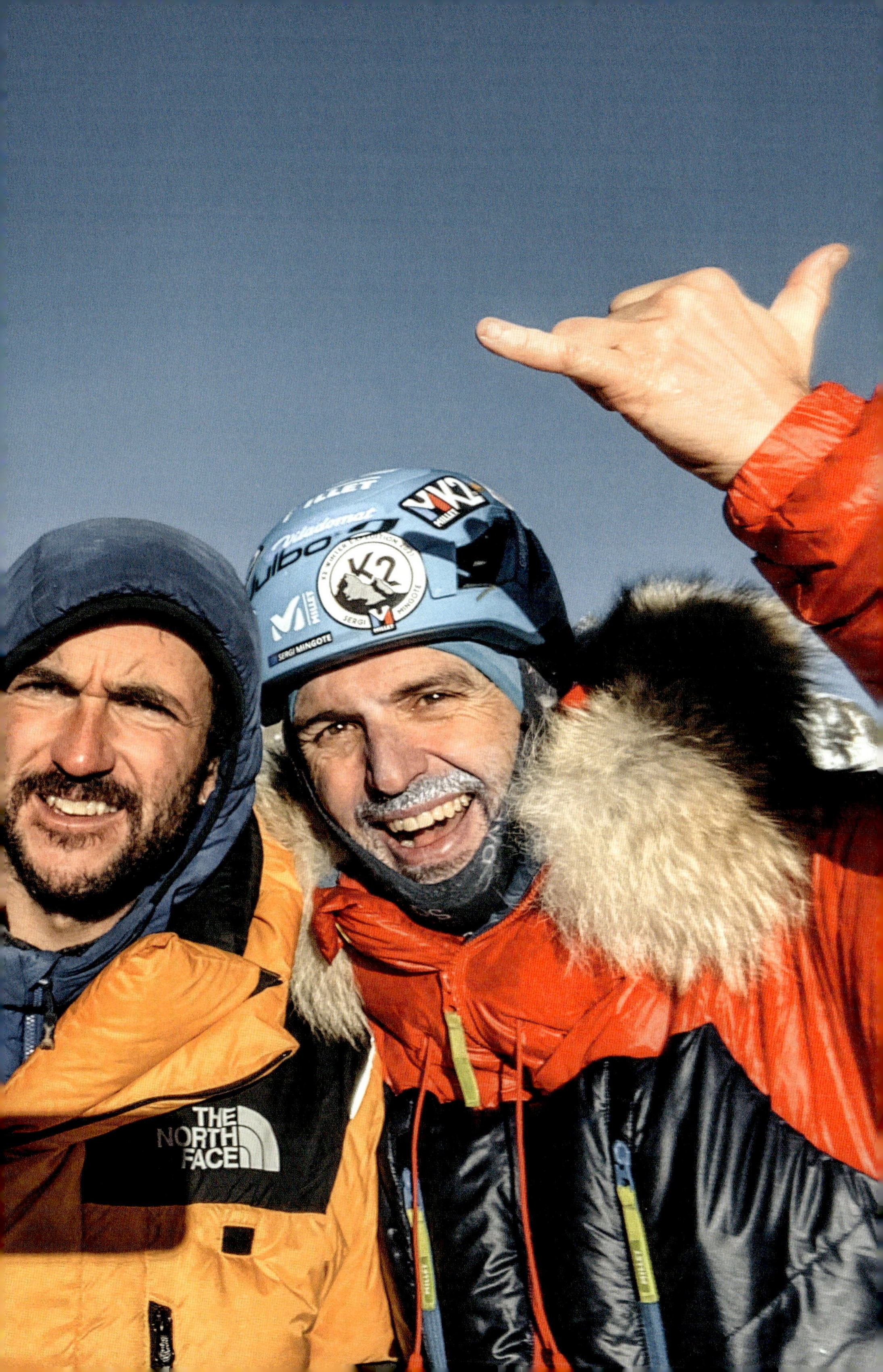
SERGI MINGOTE
THE
NORTH
FACE

Platzanspruch auf das äußerste Minimum reduziert ist. Jede Bewegung muss bedacht und mit aller Vorsicht ausgeführt werden. JP hat natürlich inzwischen keine Zeit verloren und sofort mit dem Aufbau seines Zeltes begonnen; allerdings sind noch einige Reparaturen nötig, vor allem an den Zeltstangen. Während ich noch mehrmals tief einatme, um mich vom Aufstieg zu erholen, denke ich an jenen Tag zurück, an dem ich ihn zum Bouldern an den Felsblöcken in der Nähe des Basislagers begleitet hatte. Damals hatte ich mich nicht besonders gut gefühlt, besser gesagt war es mir richtig schlecht gegangen: ich hatte starken Husten, möglicherweise auch Fieber, wollte mich nur ausruhen und hatte deshalb beschlossen, nicht mit ihm zu klettern. JP hatte seine Bergschuhe aus- und die Kletterschuhe angezogen, und bewegte sich auch gleich schon mit äußerster Eleganz am Felsen. Ich konnte ihm seine Liebe und Leidenschaft für den Berg und das Klettern förmlich ansehen, und selbst als er mit seinen leichten Kletterschuhen in den tiefen Schnee fiel, schien ihm das nichts auszumachen. Sofort kletterte er weiter, obwohl er an Händen und Füßen sicher sehr fror. Er war mir wie ein kleiner Junge erschienen, der einfach glücklich ist mit dem, was er hat und macht. Ich denke, JP ist einer jener Menschen, die immer zufrieden sind mit dem, was sie haben, und die nicht sehr viel benötigen, damit es ihnen gut geht. Ihm geht es immer ums Wesentliche, um den Kern der Sache. So machte es ihm damals zum Beispiel auch nichts aus, seine Thermounterwäsche auf Kniehöhe zu durchlöchern, um die Kabel zu den Batterien seiner beheizbaren Schuhsohlen durch sie hindurchlaufen zu lassen. Darüber trägt er dann immer lange pyjamaartige Hosen, die er bis zu den Knien aufrollt. Sein Style ist wirklich recht abenteuerlich. Es gefällt mir sehr gut, dass er anscheinend wenig Wert auf Äußerlichkeiten legt. Er ist ein einfacher und gleichermaßen tiefgründiger Mensch. Ganz sicher interessiert es ihn in keinster Weise, das neueste und modischste Kleidungsstück seines sehr bekannten Sponsors zur Schau zu stellen. Nur sehr selten habe ich bisher eine solche Unschuld und Reinheit an einer Person gesehen, die Achttausender besteigt; deshalb bin ich auch so besonders fasziniert von ihm.

Mittlerweile erreicht auch Sergi das Lager I. JP holt seinen tragbaren Lautsprecher und spielt seine Musik: Reggae. Im Laufe der Expedition ist mir diese Musik wirklich schon ans Herz gewachsen. Sie versprüht Leichtigkeit, Fröhlichkeit und hat doch Tiefe. Auch deswegen saßen JP und ich ganze Abende lang noch allein im kalten Essenszelt, während er mir die Liedtexte übersetzte und wir über Gott und die Welt, den Sinn des Lebens und unsere eigenen Leben sprachen.

Wir sind gerade ganz allein hier oben und beginnen zu tanzen. Und so tanzen wir drei, hier in diesem winzigen Adlerhorst auf 6.100 Meter Meereshöhe, tanzen unter der Sonne und hoch über der Welt, und durch und durch glücklich, hier oben sein zu dürfen. Ich fühle mich leicht und unbeschwert, noch nie habe ich mich während einer Expedition so sorglos gefühlt. Für kurze Zeit vergesse ich all die Schwierigkeiten und Unbekannten, all die Sorgen und Probleme, die mit diesem Abenteuer verbunden sind. Ich bin hier, und all meine Aufmerksamkeit gilt dem Jetzt, diesem grandiosen Schauspiel, das mir um mich herum geboten wird und das ich erleben darf.

Die Sonne scheint so wunderbar vom Himmel, dass alles erstrahlt. Den Broad Peak haben wir direkt vor unseren Augen. Den Hauptgipfel kann man zwar nicht sehen, dafür aber sehr gut Broad Peak Central und den Nordgipfel, also die beiden anderen Gipfel, die seinen langen Hauptkamm bilden.

Ich genieße die letzten Sonnenstrahlen im Lager I während unserer zweiten Rotation. Es ist nicht nur Erschöpfung, die ich verspüre …

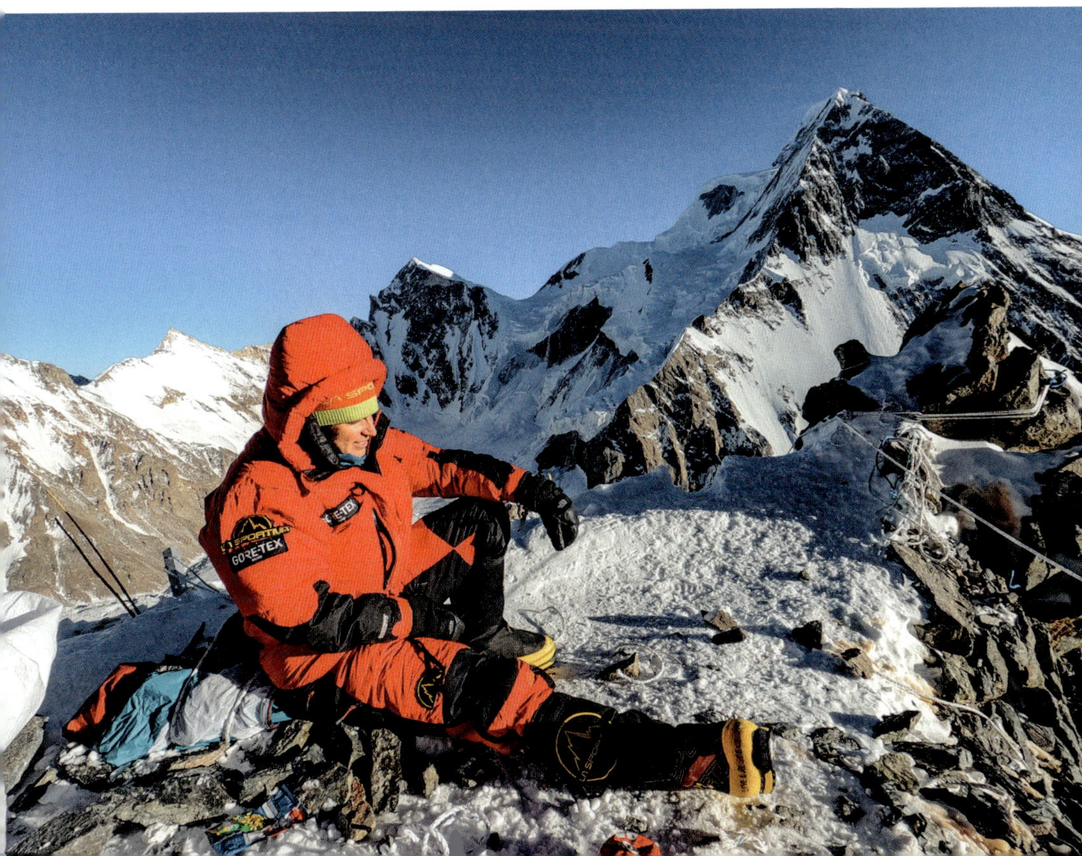

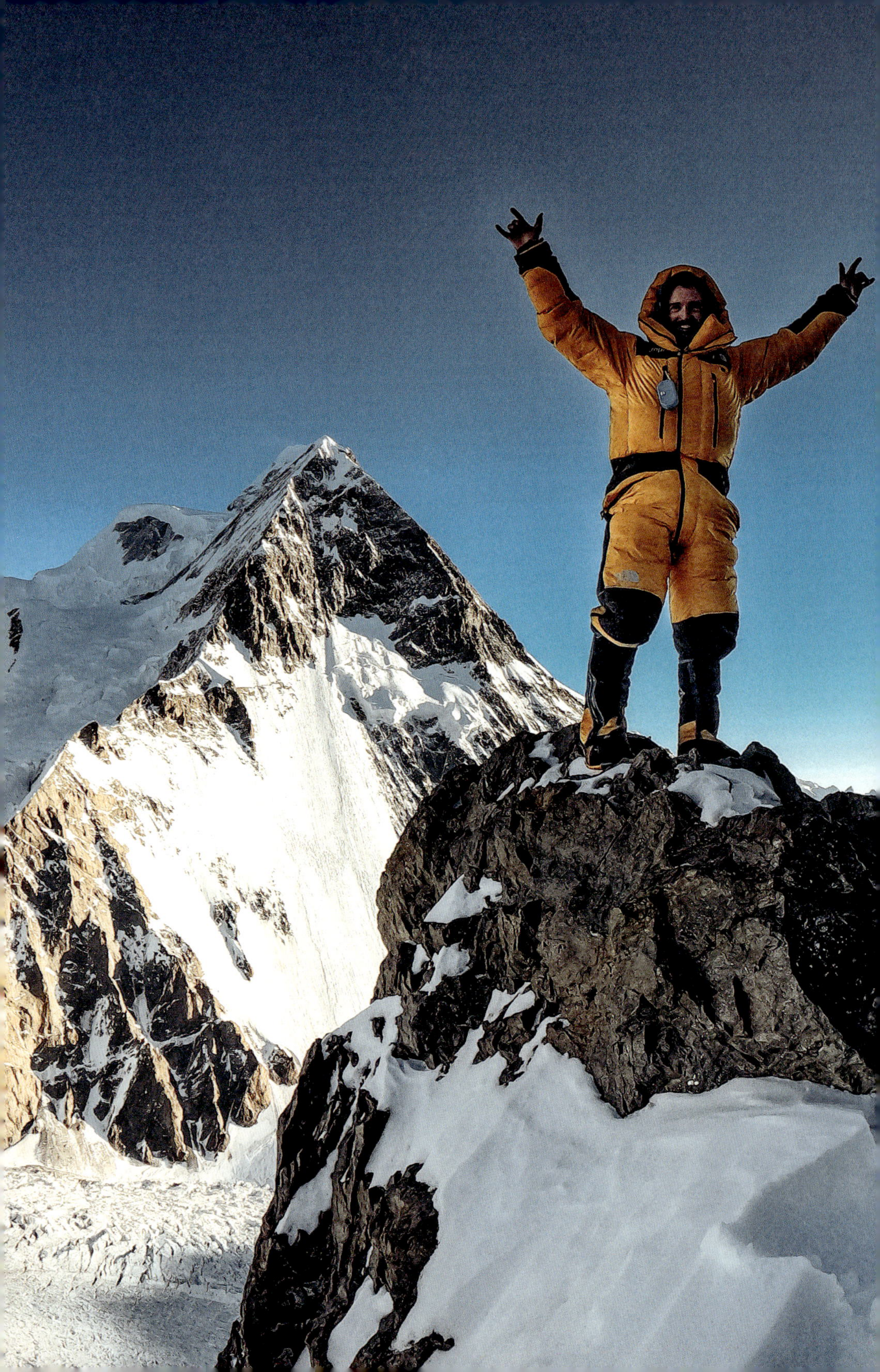

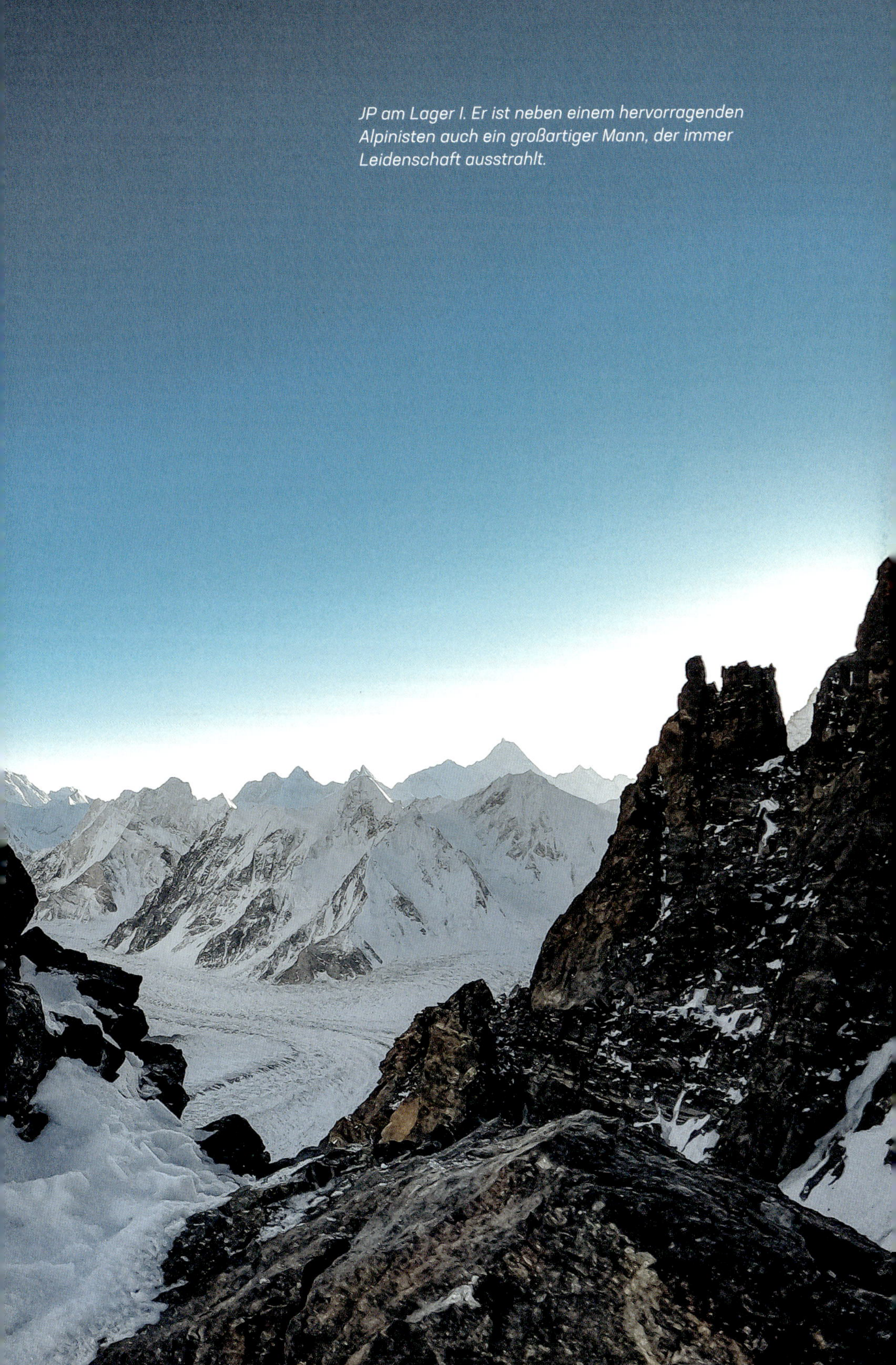

JP am Lager I. Er ist neben einem hervorragenden Alpinisten auch ein großartiger Mann, der immer Leidenschaft ausstrahlt.

Alles ist in ein ganz eigenes, wunderschönes Licht getaucht, und die Temperaturen sind überraschenderweise sogar sehr angenehm.

Irgendwann steigt JP auf einen Felsvorsprung, der ins Nichts abfällt; es ist gerade genug Platz, um sich auf diesen schmalen Grat zu setzen. Selbst die Strecke, um dort hinzukommen, ist sehr, sehr ausgesetzt. Es ist beinahe, als ob man in der Leere schweben würde, kein falscher Schritt ist erlaubt.

Nach einer Weile ruft er mir zu: „Komm schon, Tami, komm her zu mir!" Anfangs traue ich mich kaum dort hinauf, dann aber überwinde ich mich und sitze bald neben ihm; schließlich kommt auch Sergi nach. So etwas hätte ich mit Simone nie gemacht. Wir waren immer demselben Drehbuch gefolgt: ankommen, Zelt aufstellen, sich in den Schlafsack einrollen, die Socken wechseln. Das war die Vorgehensweise, so musste es gemacht werden. Sicher das einzig Richtige und auch Vernünftigste, um Energie zu sparen, und sich so gut wie möglich zu erholen. Heute jedoch erlebe ich etwas, das man sonst nur im Basislager machen würde, wo alles etwas mehr der Normalität entspricht. Es ist mir schon klar, dass wir so auch auf eine gewisse Weise unsere Energie verschwenden. Die meine zumindest. Und doch ist es genau das, was ich jetzt brauche. Immer wieder genieße ich einfach nur den Augenblick. Ich sauge ihn mit viel Freude förmlich in mich auf.

JP hat Noel und Tomaž um Erlaubnis gebeten, das Zelt nutzen zu dürfen, in dem die beiden die letzte Nacht verbracht hatten. Wir denken, es ist das Beste, wenn ich mit JP und Sergi in diesem Zelt schlafe, während Alex allein das Zelt nutzt, das JP gerade aufgestellt und repariert hat – es ist das einzige Zelt, das auf dieser kleinen Fläche noch Platz hatte. Wir haben es auch schon mit einer Isoliermatte, einem kleinen Wasserkocher und Essen ausgestattet und etwas Schnee zum Wassermachen geholt. Anschließend gehen wir hinüber zu unserem Zelt, hüllen uns in die Schlafsäcke und genießen noch diesen Moment im Freien. Denn erneut scheint mir alles wie von einem besonderen Zauber erfüllt zu sein. Es ist wirklich nicht kalt, und das Licht taucht alles in einen orangefarbenen Schimmer. Der Broad Peak liegt noch voll in der Sonne, während die letzten Sonnenstrahlen sanft und wohlgesonnen das Lager umzüngeln. Es ist wie im Traum; JP und ich umarmen uns in all dem Glücksgefühl. Wir sind so dankbar, dies alles hier gemeinsam erleben zu dürfen. Unser Glück ist sichtbar, greifbar und ich spüre es auch ganz tief in mir. Plötzlich verschwindet die Sonne hinter einem Grat, und sofort stellt sich die Kälte ein. Wir kriechen augenblicklich ins Zelt, als es auch schon dunkel ist.

Alex ist allerdings immer noch nicht eingetroffen, und allmählich beginne ich mir Sorgen zu machen. Er wird schon kommen, er hat seinen eigenen Rhythmus, gleich ist er hier, denke ich bei mir. Jetzt ist es dunkel. Stunden sind vergangen und meine Sorgen werden immer größer, doch habe ich zum Glück JP und Sergi hier, die mich ein wenig ablenken. Plötzlich höre ich etwas. Alex. Ja, es ist Alex. Zum Glück, ich bin erleichtert.

10

LAGER II

14.–15. Januar 2021, K2

Morgens brechen wir zum Lager II auf. Wie immer geht inzwischen JP voraus, ihm folgt Sergi, dann komme ich. Alex habe ich bereits aus den Augen verloren, da er als Letzter gestartet ist. Heute spüre ich nicht die gewohnte Energie in mir. Vielleicht liegt es daran, dass ich vorhin mal ausprobieren wollte, wie schnell ich sein kann, und daher versuchte, mit JP Schritt zu halten oder ihm zumindest in gleichmäßigem Abstand zu folgen. Ich habe es nicht geschafft, er ist einfach zu stark und zu schnell. Vielleicht ist es auch der wenige Schlaf, denn im Zelt war es dann doch ziemlich eng. Wie auch immer, es geht mir nicht besonders gut. Die letzten Tage hatte ich einige Probleme mit dem Essen und ein Husten hat an meinen Energien gezehrt. Zudem fühle ich mich in diesem Jahr allgemein körperlich etwas angeschlagener. Dieser Aufstieg zum *lower camp* II, zum unteren Lager II also, scheint einfach nicht enden zu wollen.

Anfangs zieht der Weg steil aufwärts, zwischen Fels und Eis. Dann muss man nach rechts eine vereiste Rinne queren. Und genau dort gibt es eine Stelle, die höchst gefährlich ist, denn wenn dort Steine herunterstürzen sollten, gibt es weder Platz noch Zeit, diesen auszuweichen. Und es kommt dort auch wirklich alles Mögliche herunter. Einmal streift mich fast ein 40 cm großer Felsbrocken. Wird man von so einem Geschoss auch nur leicht getroffen, erhält man einen Schlag, von dem man sich kaum mehr erholen wird. Nach der Querung dieser Rinne sind wir wieder im Fels. Und hier ist erneut äußerste Vorsicht geboten, um ja keine Steine loszutreten, die andere Bergsteiger treffen könnten, die weiter unten gerade auf- oder absteigen. Das ist vor allem auch deshalb so schwierig, weil hier kein Schnee ist und die Steine allesamt locker sind. Bei der kleinsten Berührung setzen sie sich schon in Bewegung. Das ist wirklich eine Stelle, über die man wie auf Eiern geht. Über zwei Seillängen geht das so, dann gelangen wir an eine weitere Eisrutsche. Es handelt sich dabei um hartes, blankes, blaues Eis. Auf halber Strecke muss auch noch das Seil gewechselt werden, was mit einem schweren Rucksack, in dieser Steilheit und bei diesem harten Eis nur sehr schwer zu bewältigen ist. Doch am Ende ist auch diese Stelle überwunden und wir steigen weiter hinauf, was allerdings leichter gesagt ist als getan; jedenfalls muss ich mir heute jeden Meter hart erarbeiten. Doch Schritt für Schritt komme ich weiter; zum Glück ist wenigstens das Wetter schön.

Der Ablauf dabei ist immer derselbe: Man klemmt das Fixseil in den Jümar ein, jene selbstschließende Spezial- oder Steigklemme, die am Klettergurt mit einer Bandschlinge befestigt ist, und klettert mithilfe der Steigeisen weiter, die sich tief ins Eis hineinbeißen. Sobald man dann den Bohrhaken oder die Eisschraube erreicht, womit das Fixseil im Fels oder Eis verankert ist, sichert man sich mit einer zweiten Bandschlinge, einem weiteren kurzen Seil also, am nachfolgenden Teil des Fixseils. Erst dann darf oder sollte der Jümar vom unteren Fixseil gelöst und direkt überhalb des Bohrhakens bzw. Ankerpunktes wieder ins Fixseil eingeklemmt werden. So ist man in jedem Moment am Fixseil gesichert. Dies ist das perfekte Verfahren, das man immer einhalten und unendlich oft wiederholen muss. Auch wenn ehrlicherweise hinzugefügt werden sollte, dass man es manchmal eben nicht so macht, um etwas schneller zu sein …

Je weiter wir nach oben gelangen, desto dünner wird die Luft, desto anstrengender wird das Atmen, und desto mehr Vorsicht ist nötig. Nichts am Aufstieg darf automatisch werden, jede Bewegung muss konzentriert und bewusst durchgeführt werden. So ist das eben in diesen Höhenlagen. Man befindet sich durchgehend in einem sehr fragilen Gleichgewicht. Die Luft hat immer weniger Luftdruck; somit stehen pro Kubikmeter Luft immer weniger Sauerstoffmoleküle zur Verfügung. Die Sauerstoffsättigung im Körper sinkt, weshalb zum Ausgleich die Atemtiefe und -frequenz erhöht werden, was ganz automatisch geschieht, um doch noch genügend Sauerstoff in die Lungen und damit ins Blut zu bekommen. Fakt ist: Die Anstrengung erhöht sich von Schritt zu Schritt. Wenn man dann besser akklimatisiert ist, fühlt man sich auch wohler, besser an diese Bedingungen angepasst und leidet weniger darunter. In einer Höhe über 7.500 Meter Meereshöhe, in der sogenannten „Todeszone“, wird Atemnot dann zum Normalzustand. Man versucht dauernd dagegen anzukämpfen, Minute für Minute. Deshalb greifen dann auch viele auf die Sauerstoffflaschen zurück. Doch damit wird auch alles „viel einfacher“. Der künstliche Sauerstoff senkt sozusagen die Höhe für den Körper ab; auf 8.000 Metern scheinen die Bedingungen dann gerade mal so, als befände man sich auf 6.500 Metern. Eine ganz andere Welt also. Überhaupt jetzt im Winter, wo durch ungemein niedrige Temperaturen und den starken Wind ohnehin alles nur noch viel problematischer und extremer wird. Dazu kommt, dass durch die verminderte Sauerstoffzufuhr im Blut, und somit im ganzen Körper, zunehmend nur noch die Funktionen der inneren Organe aufrechterhalten werden – die Extremitäten geraten da in ein Defizit. Somit steigt das Erfrierungsrisiko in Händen und Füßen und sogar bei der Nase. Man glaubt es kaum, aber bei mir leidet sogar mein Hintern unter diesen Bedingungen.

Ebenso wie nur wenige andere Bergsteiger dieser Expedition habe ich mich dazu entschlossen, keinen künstlichen Sauerstoff zu verwenden. Ich nutze nur den vorhandenen, den mir die Natur zur Verfügung stellt. Nur so habe ich das Gefühl, den Berg auf faire Art zu besteigen. Das ist meine ganz persönliche Entscheidung. Eine, die jeder für sich so treffen muss, wie er es für richtig hält. Tatsächlich war im Basislager bei allen Gesprächen das Hauptthema, dass es im Winter ganz einfach unmöglich sei, den K2 ohne zusätzlichen Sauerstoff zu besteigen. Ich habe genug von diesen Theorien. Ich will sie gar nicht mehr hören, da es für mich sowieso keine Alternativen zu meiner Entscheidung gibt. Vor fast einer Woche, am 8. Januar, habe ich aus diesem Grund fluchtartig Alis Zelt verlassen, denn ich hatte einfach keine Lust mehr auf diese Art von Gesprächen. An jenem Tag habe ich in meinem Tagebuch vermerkt: „Ich weiß nur, dass ich hier bin, weil ich hier sein muss. Und ich weiß, dass es möglich ist, auch ohne künstlichen Sauerstoff den Gipfel zu erreichen." Auch mit Alex habe ich mich darüber ausgetauscht. Ich war der Meinung, dass wir unseren Standpunkt verteidigen müssten, denn wenn wir uns von unseren Überzeugungen abbringen ließen, würde das etwas in uns zerstören. Er war ebenfalls davon überzeugt. Es war das Schicksal, das uns hierhergebracht hat. Hätten Reinhold Messner und Peter Habeler damals, am 8. Mai 1978, nicht stur an dem Glauben festgehalten, dass es möglich ist, ohne zusätzlichen Sauerstoff den Gipfel des Everest zu erreichen, dann hätten sie es auch nie geschafft, ebenso wenig die vielen anderen nach ihnen.

Ich gehe an dem felsigen Kamm entlang, dem dann jener vertikale Aufschwung folgt, über dem sich das untere Lager II befindet. Es scheint mir wirklich so, als ob der Weg nie ein Ende fände. Bis ich schließlich irgendwann eine Felskante umgehe und, nach weiteren 100 Metern, das untere Lager II erreiche. Danach kommt dann der berühmte *Camino Bill*, eine der bekanntesten Schlüsselstellen der Abruzzi-Route. In der Ferne erkenne ich gerade noch JP. Er macht an den Zelten von Ali und John Snorri halt, dann auch an jenem von Atanas. Und startet gleich wieder los. Als ich ihn noch so weit entfernt von mir sehe, denke ich wieder: Himmel, wie weit ist es denn heute bloß? Ich komme mit mir selbst nicht ganz zurecht. Ich fühle mich einfach nicht so wie 2014. Und ich frage mich, warum das so ist. Natürlich sind die Bedingungen im Winter um einiges härter, das steht außer Frage. Und auch der Umstand, dass JP so schnell unterwegs ist, wie ich noch nie jemanden am Berg erlebt habe, lässt mich vielleicht denken, dass ich einfach nicht schnell genug bin. Ich erlebe diesen Aufstieg als insgesamt ziemlich schwerfällig, so als ob meine gefühlt schwächere körperliche Leistungskraft auch meinen Geist in Mitleidenschaft ziehen würde. Es scheint mir jedenfalls so, als ob mir etwas Hingabe und Liebe fehlen würden.

Ich bleibe ebenfalls bei Ali und John stehen und nehme ein wenig Suppe zu mir, die mir die beiden anbieten. Dann mache ich auch bei Atanas halt und bespreche mit ihm unsere Akklimatisierungsstrategien. Er möchte noch eine zweite Nacht hier oben verbringen und anschließend wieder ins Basislager absteigen. Ich hingegen würde es gern noch ins Lager II und, wenn irgendwie möglich, auch ins Lager III schaffen, bevor ich wieder absteige. Er reicht mir einen Tee. Es ist schön zu sehen, wie sich hier eine große Familie gebildet hat, auch wenn jeder unabhängig vom anderen unterwegs ist. Und trotzdem kommt es mir immer noch seltsam vor, dass so viele Menschen hier oben sind. Während meiner letzten Winterexpeditionen mit Simone hatte ich mich ans Gegenteil gewöhnt, waren wir doch immer die Einzigen dort oben gewesen. Das hatte ich immer sehr geschätzt. Hier habe ich nun beschlossen, mich der Situation anzupassen, nach Möglichkeit jedoch immer meinen eigenen Stil und meine Autonomie beizubehalten.

Dann setze ich meinen Weg fort, ohne mich noch weiter aufzuhalten. Ich würde gern möglichst früh oben ankommen, damit ich noch bei

Der Camino Bill – von einigen schwierigen Abschnitten vielleicht der technisch anspruchsvollste.

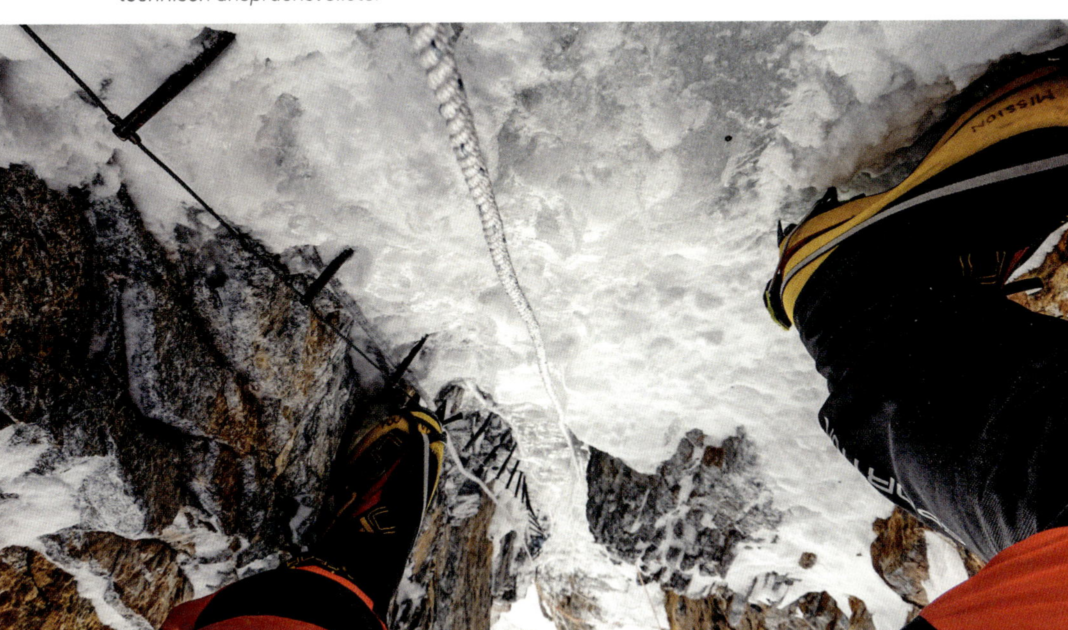

Sonnenschein und angenehmeren Temperaturen unser Zelt aufstellen kann. An den *Camino Bill* kann ich mich nicht mehr genau erinnern. Doch wundert es mich nicht, ihn noch genauso steil und vertikal emporstrebend vorzufinden, wie ich ihn aus dem Jahr 2014 im Gedächtnis habe. Vielleicht hatte er damals etwas mehr Schnee im unteren Teil.

Er ist ungefähr dreißig Meter hoch, sehr schmal und völlig vereist. Des Weiteren ist er von vielen Fixseilen überzogen, von denen einige schon sehr alt sind. Auch ein paar Kletterleitern sind noch hier, die aber nicht wirklich hilfreich sind. Man verheddert eher seine Steigeisen darin … Um diesen Abschnitt zu überwinden, ist es hilfreich, die Kletterkunst zu beherrschen. Und es schadet auch nicht, einen Eispickel dabeizuhaben. Nachdem ich den *Camino Bill* (Bill-Kamin) dann überwunden habe, ziehe ich weiter nach rechts, wo mich noch die letzte Flanke mit viel Eis und wenig Schnee erwartet. Mittlerweile sind es nur noch ungefähr 100 Meter bis zum Lager II. Nur ein einziger Gedanke geht mir durch den Kopf: Diese letzten Meter sind endlos lang. Ich bin einfach wahnsinnig müde. Im Ernst, ich fühle mich total erschöpft.

JP ist natürlich schon da und baut gerade sein kleines Zelt fertig auf. Sofort zeigt er mir, wo der beste Platz für mein Zelt ist, doch ich bin noch total kraftlos und muss mich auf meinen Rucksack setzen, um erst mal etwas Atem zu holen. Er hingegen springt herum, bewegt sich hin und her, arbeitet fleißig. Er scheint sich auf einem anderen Planeten zu befinden: Ich, die wie ein Fisch im Trockenen nach Luft schnappt, hier, und er, der sich in seinem idealen Umfeld zu befinden scheint, dort. Wie beneide ich ihn darum! Außerdem muss ich wirklich achtgeben, wie ich mich bewege, denn mir dreht sich ein wenig der Kopf. Ich muss alles langsam machen, meine Bewegungen mit Bedacht durchführen und darauf achten, nicht das Gleichgewicht zu verlieren. Ich fühle mich wirklich nicht in Bestform.

Während ich weiter versuche, zu Atem zu kommen, sehe ich mich um. Das Lager II ist ein sonderbarer Ort. Wegen des Gefälles wäre es kaum möglich, hier ein Zelt aufzustellen, gäbe es nicht diesen recht „speziellen" Untergrund, der aus all den Zelten besteht, die von Dutzenden Expeditionen im Laufe vieler Jahre hier zurückgelassen worden sind. Es sind wohl an die 100 Zelte, die hier, ganz vereist, die Basis für eine neue Zeltfläche bilden. Wäre nicht all dieses Material hier zurückgelassen worden, wäre der Hang sehr viel steiler, und es ließe sich wohl kaum ein geeigneter Zeltplatz finden. So wird alles bis aufs letzte Fleckchen genutzt, was aber alles andere als schön aussieht. Dazu kommen die vielen Firnanker, die um die kaputten Zelte herum eingeschlagen sind, um die neuen Zelte dann besser befestigen zu können. Dazu noch weiteres zurückgelassenes Material, das hier ein großes Durcheinander schafft.

Als ich mich etwas erholt habe, gehe ich zu dem Platz, den mir JP für mein Zelt empfohlen hat. Natürlich ist auch dieser alles andere als perfekt, aber sicher noch der beste, den man hier oben haben kann. Es wartet einige Arbeit auf mich, um die Fläche etwas auszuschaufeln, bevor ich mit dem Aufstellen des Zeltes beginnen kann. Zuerst muss ich noch viel Schnee beseitigen, um dann genügend Fläche für das Zelt zu haben. JP kommt mir schließlich zu Hilfe. Dann hole ich aus einiger Entfernung Schnee, um zu kochen. Den Schnee oder das Eis unmittelbar neben den Zeltplätzen zu verwenden, ist nicht gerade empfehlenswert, denn man sieht die gelben Flecke und riecht sogar jetzt im Winter bei den eisigen Temperaturen den Urin, der sich über die Jahre hier im Eis verewigt hat. Dann breite ich die Isoliermatte aus, lege meinen Schlafsack darauf und wickle mich sofort hinein. Da Alex den Wasserkocher dabeihat, bleibt mir keine andere Wahl, als auf ihn zu warten, bevor ich mit dem Schmelzen des Schnees beginnen kann.

JP kommt vorbei, um nach mir zu sehen. Ich bin wirklich sehr glücklich, dass er hier ist. Genau wie Sergis Anwesenheit gibt mir auch die seine

Es ist wahr, am K2 gibt es viel Müll ... Ich muss aber zugeben, dass es ohne die zurückgelassenen Zelte aufgrund der Steilheit nahezu unmöglich wäre, sein eigenes Zelt aufzustellen.

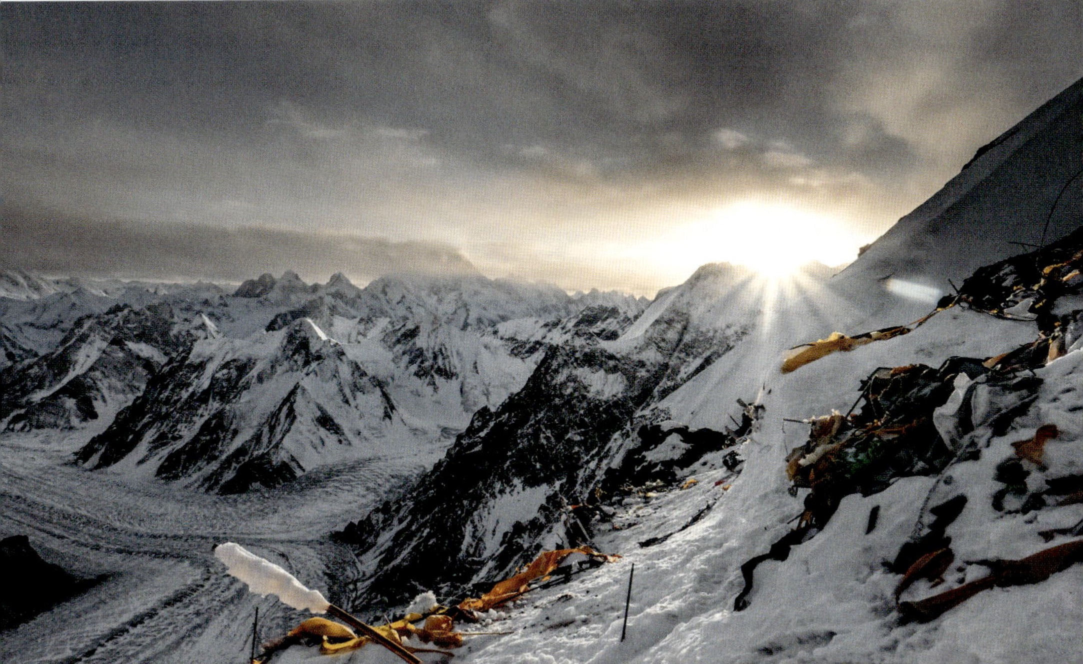

viel Sicherheit. Mit ihm fühle ich mich nicht allein, weiß ich doch, dass er im Notfall alles tun würde, um mir zu helfen. Mit ihm fühle ich mich „wie zu Hause". Er ist einer jener Menschen, bei denen man unweigerlich denkt: Was auch immer geschieht, der bringt mich wieder heim. Als Sergi eintrifft, gehen die beiden hinüber in ihr Zelt. In meinen Schlafsack eingewickelt fühle ich mich plötzlich sehr niedergeschlagen und allein.

Inzwischen ist es dunkel geworden. Wo bleibt nur Alex?, denke ich mir. Wie immer mache ich mir ein wenig Sorgen um ihn. Ich beginne zu weinen, denn diese Besorgnis ist für mich gerade einfach sehr schwer zu ertragen. Meine Energie möchte ich viel lieber ausschließlich für den Aufstieg verwenden. Auch mental so viel „Pulver zu verschießen", macht mich fertig und fast wütend.

Er kommt um 18:30 Uhr an. Nachdem wir auch seine Sachen in Ordnung gebracht haben, rede ich mit ihm. Aufgrund der Tatsache, dass wir uns sowohl vom bergsteigerischen Stil als auch menschlich sehr voneinander unterscheiden, schlage ich vor, dass nach dieser Rotation jeder seiner eigenen Wege geht. Natürlich endet es in einer härteren Diskussion. Alex wirft mir vor, dass mir unser Team egal sei, ich hingegen bin überzeugt, dass das Gegenteil der Fall ist, und ich meiner Meinung nach das mir Mögliche unternehme, um mich für unsere Seilschaft nützlich zu machen. Ich möchte einfach nicht in der Finsternis aufsteigen, und schon gar nicht dann erst das Zelt aufstellen. Das sind für mich Gesetze, die ich während meiner vielen Expeditionen vom Besten gelernt habe, von Simone Moro. Offensichtlich sehen Alex und ich die Dinge mit sehr unterschiedlichen Augen. Und daran lässt sich wohl auch nichts ändern …

Irgendwann gehe ich zu Sergi und JP in ihrem kleinen Zweimannzelt hinauf. Sergi schaut mich an und fragt: „Was ist los, Tamara? Es geht dir nicht sehr gut, oder?" „Nein. Im Moment ist es nicht sehr schön", antworte ich ihm. In kurzen Worten berichte ich, was gerade vorgefallen ist. Sie nehmen mich bei sich auf und Sergi sagt: „Beende jetzt in Ruhe diese zweite Rotation. Sobald wir wieder im Basislager sind, kommst du mit uns. Wenn du möchtest, kannst du auch morgen mit uns zum Lager III aufsteigen. Das ist alles kein Problem. Du kannst dich entscheiden, wie du möchtest." Diese Worte tun mir unendlich gut. Sergi ist ein sehr ausgeglichener und ruhiger Mensch. Ein Traum von einem Mann, wie ein idealer Vater. Er ist voller Mitgefühl und trägt eine tiefe Ruhe in sich. Er ist niemals nervös und nie gestresst. Er vermittelt einem ein Gefühl des Friedens, hat für jedes Problem eine Lösung parat und lässt jeden sich wohlfühlen in seiner Haut. Er gibt dir in jedem Moment genau das, was du gerade brauchst, und das ist meiner Meinung nach eine Gabe, die nur sehr wenige Menschen haben. In den letzten Jahren war ich nur mit Simone unterwegs. Wir verstanden uns immer gut, hatten unsere Routine. Jetzt nimmt Sergi eine sehr wichtige Rolle für mich ein, und ich bin sehr glücklich über das, was er mir gerade gesagt hat. JP und Sergi geben mir noch etwas zu trinken, dann sage ich, dass ich sie nun in Ruhe lassen und ihnen am nächsten Morgen meine Entscheidung mitteilen werde. Als ich ihr Zelt verlasse, bin ich ein anderer Mensch. Beim Betreten habe ich fast geweint, nun bin ich wieder zutiefst glücklich.

In meinem Zelt angekommen, will ich noch etwas Schnee schmelzen, doch der kleine Wasserkocher möchte heute seine Pflicht einfach nicht erfüllen. Im Basislager habe ich noch zwei davon, ich hatte beide getestet und sie funktionierten einwandfrei. Keine Ahnung, vielleicht hat sich beim Aufstieg ein Teil gelockert oder verbogen.

Ich nehme mir vor, den Wasserkocher am nächsten Tag zu reparieren, und bin mir sicher, dass ich das hinkriegen werde. Mir ist klar, dass es wohl nicht sehr schlau wäre, mit einem nicht funktionierenden Wasserkocher weiter aufzusteigen.

Am nächsten Tag erwache ich mit Kopfschmerzen und denke, dass es vermutlich besser sein wird, nicht bis zum Lager III aufzusteigen. Ich gehe zu JPs und Sergis Zelt und bettle um etwas Wasser, da mein Wasserkocher ja kaputt ist. Dann bereite ich für sie eine Nudelsuppe mit Thunfisch zu. Nachdem sie gegessen haben, brechen die beiden zum Lager III auf.

Zurück in meinem Zelt, versuche ich alles Menschenmögliche, um den Wasserkocher zu reparieren. Doch es flammt nur eine kleine, schwache Flamme auf. Er funktioniert schlecht bis gar nicht. Höchstwahrscheinlich ist die Dichtung des Behälters, in dem sich der Spiritus befindet, kaputtgegangen. Nun, denke ich, dann nehme ich von jetzt an eben den anderen Wasserkocher mit. Denn auch das habe ich von Simone gelernt: Geht es nicht wirklich ums Überleben, dann braucht man keine Energie in Dinge zu stecken, die man ohnehin nicht ändern kann. Ich verbringe den Rest des Tages damit, nur vier Liter Wasser zu schmelzen.

Alex und ich bleiben beide den ganzen Tag in unserem Zelt. Ich habe wenig Lust, es zu verlassen, und habe andauernd Kopfschmerzen. Die Stimmung zwischen Alex und mir ist auch nicht die beste. Ich versuche, ein wenig zu schlafen, doch auch diese Nacht verläuft nicht gut. Möglicherweise aufgrund des Wassermangels habe ich ständig Kopfschmerzen. Ich bin nervös, außerdem fehlen mir JP und Sergi schon jetzt. Ich kann den neuen Tag kaum erwarten.

11

SERGI

16. Januar 2021, K2

Im Lager II. Ich fühle mich niedergeschlagen. Frühmorgens habe ich überhaupt keine Energie. Zum Glück ist es vor dem Zelt leuchtend hell, es scheint die Sonne und ich genieße jeden ihrer Strahlen. Wie stünde es wohl um mich, wenn sie heute von dichten Wolken verdeckt wäre?

Wir haben entschieden abzusteigen: Es ist uns so gut wie nichts zu essen übriggeblieben, außer einem Müsliriegel, der irgendwo in meinem Rucksack verloren gegangen ist. Auch haben wir viel zu wenig Wasser zur Verfügung; schuld daran ist immer noch mein defekter Wasserkocher. Wir bauen unser Zelt ab und verstauen es in unserem Materialdepot. Auch das ist ein großer Unterschied zu den Sommerexpeditionen: Man kann sein Hab und Gut nie genug festzurren. Die starken Winterstürme reißen es sonst mit Leichtigkeit fort. Zusammen mit Alex versuche ich alles Menschenmögliche, damit uns das nicht passiert. Was nicht leicht ist. Es herrscht eisige Kälte, dazu bläst ein starker Wind. Man will einfach nicht aus den Handschuhen schlüpfen und macht wirklich nur das Nötigste.

Ich denke an Sergi und JP und frage mich, was sie wohl in diesem Moment machen? Vielleicht versuchen sie sogar noch, Lager III zu erreichen. Aber ich denke eher, dass sie absteigen. Und ich vermute, dass sich gerade jetzt Nims und Mingma G mit ihren beiden Teams am Gipfel versuchen, auch wenn ich das nicht hundertprozentig weiß – aber ich fühle es. Verdammt kalt und anstrengend muss es da oben sein.

10:45 Uhr. Ein letzter Blick Richtung Gipfel, dann steigen wir vom Lager II ab. Das geht relativ schnell, und schon bald treffen wir auf die beiden Amerikaner Jon und Colin. Wir bleiben hinter ihnen, da wir bald jenen Abschnitt erreichen, an dem die Gefahr so groß ist, Steine loszutreten. Also passen wir höllisch auf und warten überall dort erst einmal ab, wo sich unterhalb die gefährdeten Bereiche befinden. Denn auch heute sind wieder einige Menschen am Berg unterwegs. Weiter unten treffen wir dann auf Mattia, der vom unteren Lager II absteigt. Er sagt, dass es ihm gut geht, auch wenn er auf uns einen recht müden Eindruck macht. Wir sind allerdings alle sehr müde, nach vier Tagen am Berg. Wir überholen ihn und steigen weiter abwärts. Immer weiter hinunter.

Wir erreichen den nächsten besonders steinschlaggefährdeten Bereich. Antonis befindet sich genau unterhalb und schreit sofort laut: „Achtung! Vorsicht! Aufpassen!“ Trotzdem kommen immer wieder Steine ins Rutschen, auch überhalb von uns. Also werden Steine auch von denen losgetreten, die gerade erst vom unteren Lager II aufbrechen, und sie kollern alle in eine Art Trichter unter uns, in dem sich Antonis gerade befindet. Alex verliert sein Sicherungsgerät, das haarscharf an Colin vorbeizischt, der es nur um ein Haar nicht schafft, es aufzufangen. So ist Alex von nun an gezwungen, sich mithilfe eines Halbmastwurfs abzuseilen. Auch mir passiert es, dass ich zwei Steine lostrete, obwohl ich mich ständig selbst erinnere, ganz konzentriert und vorsichtig zu sein. Ich fühle mich sofort schuldig und ermahne mich: Tami, sei vorsichtiger!

Wir steigen dann durch die Eisrinne weiter ab Richtung Lager I. Dort angekommen, warte ich wieder einmal auf Alex, und mache mich inzwischen nützlich: Den Müll, den wir in unserem Depot hier zurückgelassen haben, packe ich in meinen Rucksack. Andere Dinge, wie zum Beispiel meine Isomatte, den Schlafsack oder Müsliriegel, gebe ich ins Depot, damit ich sie beim nächsten Aufstieg gleich wieder mitnehmen kann. Alex ist inzwischen auch hier, und so setze ich mich auf meinen Rucksack und gemeinsam warten wir auf Antonis. Auch die beiden Amerikaner sind hier,

Es ist immer wichtig, positiv zu bleiben. Egal wie es dir geht. Ein Lächeln auf den Lippen kann meist auch das eigene Gemüt etwas aufheitern …

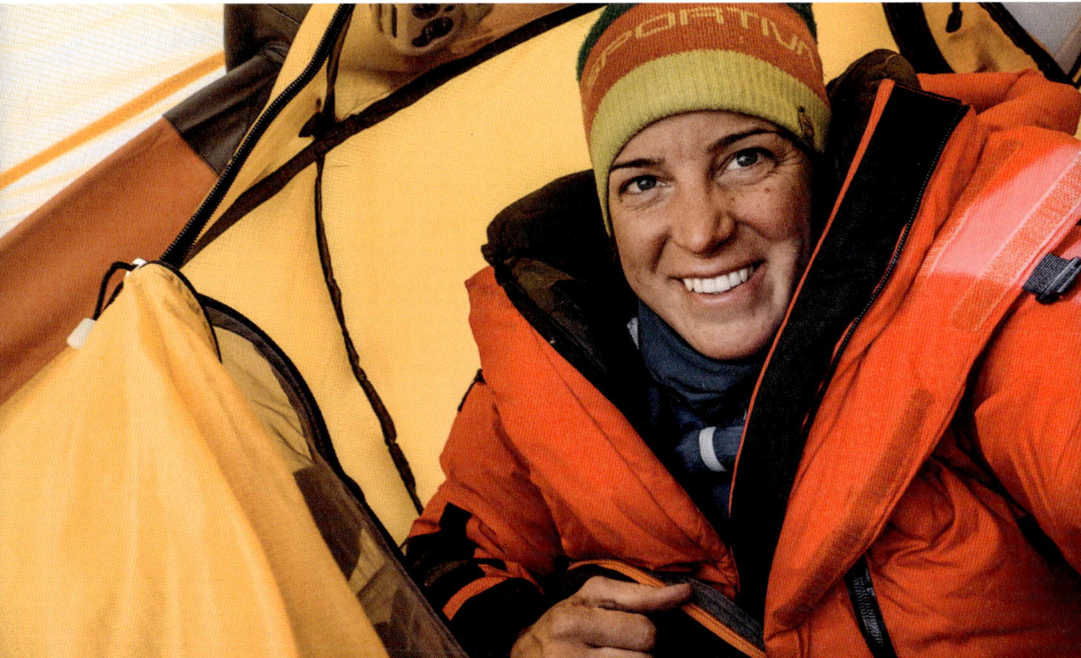

und wir plaudern ein wenig. Colin gibt Alex sein zweites Sicherungsgerät, der somit wieder etwas leichter und schneller weiter absteigen kann.

Antonis' Daunenanzug wurde von einem herabfallenden Stein aufgeschlitzt: Es ist ein mindestens 40 cm langer Riss. Der Stein hat ihn zum Glück nur am Ärmel gestreift und den Körper verschont. Einige Zentimeter näher, und er hätte ein echtes Problem gehabt. Antonis ist natürlich ebenso wenig erfreut über diesen Vorfall, wie über seinen erneut beschädigten Daunenanzug, der ein unersetzbarer Gegenstand hier am Berg ist. Im Rucksack habe ich ein Stück Gore-Tex Klebe-Patch, das für genau diesen Reparaturzweck gedacht ist, doch wäre es in diesem Fall nur ein Tropfen auf den heißen Stein, und somit total unnütz. Es ist wirklich besser, wenn ich den Flicken aufhebe für einen anderen Notfall. Bei Antonis fliegen nur so die Federn herum, was auch wieder irgendwie lustig aussieht. Ich schaue ihn an und habe eine geniale Idee: „Hast du kein zweites *Buff* bei dir, Antonis?", frage ich ihn. Er nickt und reicht mir das Schlauchtuch, das er am Kopf trägt. An seiner Stelle hätte ich es nicht abnehmen wollen, denn so warm ist es hier nun auch wieder nicht. Aber sicher ist ihm sein Daunenanzug in diesem Moment wichtiger. Zuerst ziehe ich das *Buff* über seinen Ärmel und möglichst hoch hinauf, dann befestige ich es noch mit einem kleinen Knoten am unteren Rand seines Kapuzenbandes, sodass es nicht herunterrutschen kann. Dann mache ich noch einen weiteren kleinen Knoten am unteren Ende am Arm, sodass der Anzug keine Federn mehr verlieren kann. Antonis ist überglücklich mit meiner Notlösung … Vor lauter Dankbarkeit strahlt er einfach so nett, dass auch ich wieder lachen muss. „Siehst du, Antonis", strahle ich ihn ebenfalls an.

Es ist bereits Nachmittag, doch das Wetter ist schön und das Licht noch stark, sodass keine allzu große Eile besteht. Allerdings ist es nach diesen vier Tagen am Berg auch keine schlechte Idee, möglichst bald wieder das Basislager zu erreichen, und so steigen wir stetig weiter ab. Wir müssen noch jene Eisrutsche bewältigen, über die man überhaupt erst an den Berg gelangt. Auch hier ist kein Fehler gestattet; rutscht man aus, landet man am Fuß des Berges, 700 Meter weiter unten. Ich sehe bereits das vorgeschobene Basislager und beschließe, wieder in meinem eigenen Rhythmus zu gehen, denn das ständige Warten so wie bisher macht mich nur noch müder. So gelange ich bis knapp überhalb des ABC und setze mich noch mal zum Trinken und Genießen hin, denn das ist hier ein so angenehmer, gemütlicher Platz. Da immer noch niemand nachkommt, beschließe ich, bis zum ABC weiterzugehen, denn dort unten scheint noch die Sonne, während ich jetzt schon im Schatten sitze. Als ich wieder im Sonnenlicht bin, freue ich mich richtig, denn hier oben ist die Sonne meiner Meinung nach etwas, das wirklich Wunder bewirken kann. Es ist immer noch einigermaßen warm, und so setze ich mich auf einen Stein und warte auf Alex. Als er ankommt, schießen wir ein paar Fotos und unterhalten uns. Wir sind entspannt und erleichtert. Wie immer lässt die ganze Anspannung nach, sobald man vom Berg herunterkommt.

Und dann höre ich es. Ich sitze dem Berg zugewandt, während Alex ihn im Rücken hat. Und ich höre, wie jemand schreit. Als ich nach oben blicke, kommt etwas den Hang heruntergestürzt. Augenblicklich ist mir klar, dass es sich um einen Menschen handelt. Ich rufe Alex zu: „Das ist ein Mensch, das ist ein Mensch!" Er dreht sich nur einen ganz kurzen Moment um und sagt dann: „Nein, das will ich nicht mit ansehen." Das möchte ich auch nicht, doch habe ich ihn bereits fallen sehen, diesen Körper, der sich immer wieder überschlägt und auf den Felsen aufschlägt. Somit ist mir klar, dass uns eine sehr unschöne Sache erwartet.

Okay, es ist endlich vorbei. Der Körper ist auf der Höhe des ABC angelangt. Adrenalin durchströmt meinen ganzen Körper, und mein Herz schlägt wie verrückt. Ich kriege beinahe keine Luft. Alex sagt schließlich: „Okay, wir müssen jetzt da hinübergehen!" Ich versuche noch dreimal tief Luft zu holen. Wir haben nicht gesehen, wo genau der Körper aufgeschlagen ist, aber es muss ganz in der Nähe sein. Also peilen wir die ungefähre Richtung an. „Ich kann das nicht, ich möchte das nicht sehen!" sage ich zu Alex, während ich ihm im Schockzustand wie ferngesteuert folge. Ich fühle mich elend, mir ist übel und nur mit äußerster Anstrengung schaffe ich es, die paar Meter bis dorthin zurückzulegen. Laufen kommt nicht infrage. Ich möchte zwar schnell dort sein, um zu helfen, doch gleichzeitig hält mich etwas mit aller Macht zurück.

Alex ist vor mir da, er kann ihn bereits sehen. Und nach ein paar weiteren Metern sehe ich ihn auch. Er trägt einen roten Daunenanzug der Marke Millet, und ich denke noch: Das ist Mattia, er war ja oben bereits so müde! Wir sind bei ihm angekommen. Ich kann es kaum glauben. Mein Körper und mein Geist sind nahezu betäubt. Er ist genau vor diesem großen Stein hier liegen geblieben. Wahrscheinlich hat dieser ihn sogar aufgehalten. Ich schaffe es nicht, hinzusehen. Die Daunenfedern sind überall verstreut. Er liegt auf dem Bauch, sein Helm ist kaputt. Ich habe Angst, mich weiter zu nähern. Ich gehe vor ihm auf die Knie, kann seinen Atem hören. Ein langer, sehr mühsamer Atemzug. Ich begreife, dass er am Kämpfen ist. Dass es für ihn noch nicht vorbei ist. Genau das war meine Angst, als ich mich ihm näherte – dass er sehr leiden muss.

Sofort können wir jetzt ausschließen, dass es sich um Mattia handelt, denn dieser Mann trägt einen grauen Rucksack, während Mattia's weiß ist. Es ist Sergi. Sein hellblauer Helm. Ich muss mich zwingen, tief Luft zu holen. Es ist Sergi – das ist das Mantra, das ich ständig wiederhole. Ich berühre ihn. Wir sprechen ihn an, doch er antwortet nicht. Er ist nicht bei Bewusstsein. Wir reden weiter mit ihm. Wir versuchen so, ihn bei uns zu behalten, streicheln ihn zärtlich, sodass er spürt, dass er nicht allein ist. Wir sind sicher, dass er uns hören kann, und ich versuche, mit Respekt und Liebe mit ihm zu sprechen, ohne dass er meine tiefe Verzweiflung heraushören kann. Ich weine nicht, es gibt jetzt anderes zu tun. Wir beide können ihn aber keinesfalls umdrehen, denn wir haben größte Angst, dass wir ihm damit das bisschen Leben nehmen könnten, das er noch in sich trägt. Was sollen wir also tun? Das Basislager anrufen? Einen Rettungshubschrauber rufen? Dann sehe ich, dass JP von oben herunterkommt, in seinem gelben Daunenanzug. Er rennt. Noch nie in meinem Leben habe ich einen Menschen in dieser Höhe so schnell rennen sehen. Auch Magda und Oswald, die beiden Polen, die hinter uns waren, kommen nach. Doch JP überholt sie alle.

Wir haben kein Funkgerät, um das Basislager zu kontaktieren. Normalerweise habe ich das Satellitentelefon dabei, doch heute nur das *Garmin inReach*. Als Magda und Oswald bei uns sind, rufen wir sofort das Basislager an und berichten, was passiert ist. JP ist nun ebenfalls da. Er schreit nur: „Fuck! Fuck! Fuck!" Ich versuche, ihn zu beruhigen. Ich sage ihm, dass es Sergi ist, dass er noch am Leben ist und noch atmet, und dass wir alles tun, um ihm beizustehen und zu helfen. Wir wollen auch versuchen, Simone anzurufen. Doch der ist gerade im Basislager des Manaslu, wo er nur einen Internetzugang hat und ausschließlich über WhatsApp erreichbar ist. Mit dem Satellitentelefon sind aber keine WhatsApp-Anrufe möglich. Also ruft JP seinen Cousin in Chile an, der dann Simone per WhatsApp kontaktieren und ihm mitteilen soll, dass wir hier wirklich in der Scheiße sitzen. Ich weiß, dass Simone gute Beziehungen zum pakistanischen Militär und auch jede nützliche Telefonnummer immer gespeichert hat. Er muss wirklich sofort alle seine pakistanischen Beziehungen spielen lassen, um einen Hubschrauber für uns hier oben zu bekommen, damit Sergi gerettet werden kann.

Mit zwei Satellitentelefonen versuchen wir parallel, alle Personen zu kontaktieren, die uns hier in dieser Situation helfen könnten. Ich stehe dermaßen unter Schock, dass ich mich nicht einmal mehr erinnern kann, welche Ländervorwahl Italien hat. Es ist alles so unwirklich – wir können zwar mit der ganzen Welt telefonieren, schaffen es aber trotzdem nicht, Sergi zu helfen.

Im Basislager hat auch Chhang Dawa Sherpa bereits alles in seiner Macht Stehende unternommen: Er hat die zuständige Armeeeinheit kontaktiert und gemeldet, dass es ein schweres Unglück gegeben hat. Doch es ist bereits 15:20 Uhr, und obwohl das Wetter noch hält, ist es möglicherweise zu spät, noch heraufzufliegen. „Vielleicht kommen wir morgen", teilen sie uns mit; doch so lange haben wir nicht Zeit – morgen wird es schon zu spät sein. Schließlich stößt auch Antonis zu uns. Sofort ruft er seinen Sohn an und jeden weiteren seiner Kontakte, die uns möglicherweise helfen könnten. Jeder von uns versucht, auf irgendeine Weise sein Bestes zu geben. Ich stehe noch immer unter Schock, bin vollkommen verwirrt. Wir sind alle total erschöpft, abgekämpft und mit dieser Situation überfordert. Trotzdem versuchen wir weiterhin, alles Menschenmögliche zu unternehmen. Magda holt die Isomatten aus ihrem Rucksack, dazu die Schlafsäcke, mit denen wir Sergi zudecken, und wir versuchen, ihm vorsichtig irgendwie die Matten unterzulegen. Wir ziehen ihm auch Handschuhe an, damit er nicht frieren muss. Alles nur irgendwie Mögliche eben.

Ich konzentriere mich voll auf Sergi, bin ganz nah bei ihm. Ich kann seinen Atem hören, und es scheint mir, als ob sich seine Atemzüge verlangsamen würden. Ich konzentriere mich auf seinen Atem – und dann hört er plötzlich auf zu atmen. JP fasst ihm an den Hals. Er versucht, einen Pulsschlag zu finden, doch da ist keiner mehr. Es ist nun an der Zeit, ihn umzudrehen. Seinen Zustand können wir nun nicht mehr verschlechtern. Ich gehe an die Beine. Es ist wirklich schwierig, einen Körper zu greifen, der so unzählige Knochenbrüche erlitten hat. Wir schaffen es dann doch, ihn umzudrehen. Und ich packe an, wo ich nur kann. Sergi liegt nun vor mir, ich schaue ihn mir an, von den Füßen bis zum Gesicht. Ich betrachte sein Gesicht ganz genau – plötzlich bin ich dazu in der Lage. So, als ob ich meine Gefühle einfach abschalten könnte … Es ist nur noch sein Körper, denke ich dabei.

Als wir zu Beginn das Basislager kontaktierten, haben wir sofort darum gebeten, dass Tomaž Rotar schnellstmöglich heraufeilt: Er ist Arzt, und der Einzige, der hier helfen könnte. Tomaž startete auch sofort, zusammen mit dem Iren Noel Hanna, und die beiden sind wirklich in Windeseile hier. Sie treffen nach einer Stunde und 15 Minuten ein – kurz nachdem Sergi aufgehört hat zu atmen. Sofort öffnet Tomaž Sergis Daunenanzug und prüft auf einen Herzschlag. Dann untersucht er ihn noch kurz und teilt uns mit, dass nichts mehr zu machen ist, allein schon wegen der schweren

Kopfverletzung, die er hat. Wir rufen also wieder im Basislager an und melden, dass es nun zu spät ist, dass niemand mehr Druck machen muss, um den Militärhubschrauber heraufzuschicken.

Gestern ist ein Sherpa namens Jangbu von einem Stein getroffen worden. Sein Helm ist dabei zerbrochen, und er trug eine große Wunde am Kopf davon. Tomaž musste ihn auf dem großen Esstisch einer Notoperation unterziehen. Jangbu sollte dann auch so schnell wie möglich abtransportiert werden, da er sonst vielleicht nicht überleben würde. Tomaž meinte, es wäre ein großes Glück, dass der Sherpa überhaupt noch am Leben sei.

Mittlerweile ist es dunkel. Die Sherpas treffen ein und tragen Sergis Körper zum ABC. JP wiederholt die ganze Zeit, dass er ihn nicht allein lassen möchte, dass er bei ihm bleiben will. Er ist am Boden zerstört. Sergis Frau Miriam hat er bereits angerufen, nun befindet er sich in einer anderen Welt, immer noch im Schockzustand. Die Sherpas entscheiden, Sergis Körper heute noch ins Basislager zu bringen. Pemba fordert uns auf, ebenfalls ins Basislager abzusteigen. Es ist mittlerweile acht Uhr abends, und keiner von uns kann hier noch etwas ausrichten. So starten wir zu fünft vom ABC in Richtung Basislager: Tomaž, Noel, Alex, Antonis und ich. JP bleibt bei den Sherpas und begleitet so Sergi hinunter. Ich frage ihn, ob ich zumindest seinen Rucksack tragen darf, aber er lehnt ab.

Obwohl ich völlig erschöpft bin, nähern wir uns einigermaßen schnell dem Basislager, es ist nicht mehr weit. Als wir am *crampon point* sind, wo man die Steigeisen deponiert, kann ich mich ihrer endlich entledigen. Es geht mir miserabel. Bernhard Lippert, der Deutsche, kommt uns aus dem Lager entgegen. Er fragt, ob wir Hilfe benötigen. Mich fragt er, ob er meinen Rucksack tragen soll. Nein, antworte ich, aber danke, Bernhard. Es ist eine nette Geste, die beweist, dass er eine gute Seele in sich trägt. Es sind nur noch wenige Meter bis zum Basislager. Dort werden wir endlich auch etwas zu essen bekommen, und ich muss dringend aufs Klo. Den ganzen Tag habe ich nicht daran gedacht, alles andere war wichtiger. Es tut mir überhaupt nicht gut, alles so lange in mir zu halten, manchmal bekomme ich davon eine Art Blasenentzündung, die man echt nicht braucht. Aber heute ist noch etwas geschehen. Ich habe schon wieder meine Tage bekommen, obwohl ich sie erst vor nicht einmal zwei Wochen hatte. Es ist erstaunlich. Wie damals am Gasherbrum, genau dasselbe. Auch dort hatte ich durch den Schock bereits nach zwei Wochen wieder meine Tage. Der menschliche Körper überrascht mich immer wieder. Und ich verstehe, dass ich wirklich mit meinem ganzen Sein von diesem schrecklichen Ereignis eingenommen bin. Auch meine Hormone leiden mit mir.

Atanas und Sheny begrüßen uns. Wir umarmen uns und wir berichten, was passiert ist. Ich trage noch meinen Daunenanzug, als ich wieder ins Freie trete, um meine Mutter und Davide anzurufen. Ich denke auch daran, Marianna, meine Freundin und Managerin anzurufen, doch sie weiß bereits Bescheid. Sie war es auch, die Davide informiert hat, der somit ebenfalls bereits im Bilde ist. Inzwischen weiß es die ganze Welt. Sergis *LiveTrack*-Funktion hatte den Sturz registriert und praktisch live in die ganze Welt übertragen, aber nicht nur sie. Immer wenn irgendetwas Schlimmes passiert, und mag es noch so abgeschieden sein, dann erfährt davon sofort die ganze Welt. Geradezu erschreckend.

Heute gehen zwei Nachrichten via Internet in die ganze Welt. Die erste ist grandios: Zehn nepalesische Bergsteiger meistern erfolgreich diese historische Winterexpedition am K2 und erreichen den Gipfel. Die zweite liest sich fast wie eine Anmerkung zur ersten: Sergi Mingote, ein 49-jähriger katalanischer Alpinist, stirbt am selben Tag beim Abstieg vom Lager I. Er hinterlässt seine Frau Miriam und Tochter Julia. Abgesehen davon, dass er ein Weltklasse-Alpinist war, war er auch ehemaliger Bürgermeister seiner Gemeinde Parets del Vallès.

Alle wissen Bescheid oder glauben zumindest, alles zu verstehen. Nur wir hier im Basislager sind nach wie vor absolut ratlos und können nicht begreifen, was vorgefallen ist. Ich fühle mich in meinem Zelt verzweifelt und verlassen. Auf ein Stück Karton schreibe ich eine Nachricht für JP: „Falls du mich brauchst, bin ich immer für dich da. Zu jeder Stunde. Bei Tag und bei Nacht.“ Doch ich treffe ihn persönlich, noch bevor ich es schaffe, die Nachricht in sein Zelt zu legen. Wir umarmen uns und halten uns ganz fest.

12 DER TAG DANACH

17. Januar 2021, Basislager am K2

Die Nacht zieht vorüber wie ein Gewitter. Scheinbar kurz und dennoch unendlich langsam. Schlaf kann ich fast überhaupt nicht finden. Am Morgen kommt es mir kurz so vor, als sei überhaupt nichts passiert, als wäre alles nur Einbildung gewesen. Verdrängungsmechanismen nach einem starken Schock. Es ist schon 6:30 Uhr; ich muss mich beeilen, denn um sieben Uhr treffe ich mich mit JP, um Sergis Hab und Gut zusammenzupacken und für den Abtransport vorzubereiten. Also ist doch alles wahr. Sergi ist nicht mehr hier.

An JP's Zelt angekommen, das neben dem von Sergi steht, versuche ich zuerst, ein bisschen Ordnung zu schaffen. Und dabei realisiere ich alles nach und nach. Gestern war wirklich der grauenhafteste Tag meines Lebens. Ich habe noch nie so etwas erlebt. So intensiv. So grausam. So nah. Sergis Tod hat mich in eine andere Dimension katapultiert. Es scheint mir, als ob ich in einer Art Blase leben würde. Ich möchte nichts an diesen Schmerz und diese Ungläubigkeit gegenüber dem, was vorgefallen ist, heranlassen. Shenys Unfall beispielsweise, der sich gestern auch noch ereignet hat, nahm ich kaum wahr. Ich befand mich gerade mit JP und Alex in unserem großen Essenszelt, das wir den „Dom" nennen, als wir plötzlich jemanden schreien hörten. Ich trat vor das Zelt und sah, wie Sheny mit lichterloh brennenden Hosen aus dem Essenszelt stürmte. Alle liefen ihr nach, doch niemand hatte den Mut, etwas zu unternehmen. Also warf sie sich in den Schnee und konnte so die Flammen löschen, glücklicherweise ohne größere Verbrennungen davonzutragen. Die Hosen selbst waren natürlich ganz verbrannt. So eine kleine Explosion mit anschließendem Feuer käme durchaus öfters vor, wenn man einen Kerosinofen habe, erklärte mir jemand. Ich sah diese ganze Szene nur wie einen Film an mir vorbeiziehen; ich war in meiner eigenen Welt, nichts schien mich mehr berühren zu können. Und noch ein eigenartiges Ereignis hat sich zugetragen: Gestern, gerade als wir nach Sergis Absturz ins ABC zurückgekehrt waren, trat plötzlich eine Art Mondfinsternis ein. Möglicherweise waren es nur Wolken, auf jeden Fall verdunkelte sich der Mond plötzlich und alles Licht war komplett weg. Der Mond verschwand und Sheny stand in Flammen. Der gestrige Tag ist wirklich kaum zu begreifen.

Während ich darauf warte, dass JP aus seinem Zelt kommt, grabe ich schon die Steine aus, die rings um Sergis Zelt liegen und es am Boden halten. Dann ist JP da und zieht, nicht ganz mühelos, die Haken heraus, die tief im gefrorenen Schnee verankert sind. Inzwischen packe ich Sergis Habseligkeiten in seine Tasche. Es fällt mir nicht leicht, Sergis Zelt zu betreten, jetzt wo ich weiß, dass es ihn nicht mehr gibt. Es kommt mir vor, als würde ich einen heiligen Ort stören. Ich möchte all die Arbeiten hier mit Würde und größtem Respekt erledigen. So schwer es mir auch fällt, das jetzt tun zu müssen, so weiß ich doch auch, dass es eben gemacht werden muss.

Es ist, als ob er anwesend wäre. Jeder Gegenstand, den ich berühre, lässt mich an ihn denken und erinnert mich an seinen Blick, ganz so, als ob er mir jetzt zusehen würde. Er fehlt mir sehr, alles an ihm fehlt mir. Sogar seine Nivea Creme für Männer. Ich hatte ihm einmal gesagt, dass mir der Geruch gefällt, und von da an hatte er sie mir – sowohl im Scherz als auch aus purer Freundlichkeit – jeden Morgen vorbeigebracht. Es war immer lustig mit Sergi. Man fühlte sich wohl in seiner Gegenwart. Und vor allem wunderbar entspannt.

Wir kommen schnell voran. Auch deshalb, weil schließlich weitere Freunde aus dem Basislager mithelfen. Sherpas und Expeditionsteilnehmer von *Seven Summit Treks*. Ich habe den Eindruck, dass sich jetzt alle um menschliche Nähe bemühen, zumindest mehr, als es zuvor der Fall war. Vor allem Noel und Bernhard helfen uns nach Leibeskräften. Gegen acht Uhr steigt JP gemeinsam mit einigen Sherpas zu Sergi auf. Denn letztlich haben sie ihn gestern dann doch nicht mehr bis ganz ins Basislager getragen. Als es schon sehr dunkel war, hatten sie sich, am Ende des Gletschers angekommen, dafür entschieden, das letzte Stück, etwa eine halbe Stunde Gehzeit, dann doch erst am Morgen bei Tageslicht zurückzulegen. Ich gebe JP das Feldbett aus meinem Zelt mit, das sich aus meiner Sicht am besten dafür eignet, Sergi ins Basislager herunterzubringen. Außerdem nimmt JP auch noch Sergis Daunenjacke mit und einen Schlafsack. Seine Wärmflasche behalte ich, denn sie erinnert mich an Sergi, und ist deshalb für mich ein Gegenstand von unschätzbarem Wert. Es ist mir sehr wichtig, irgendetwas von Sergi zu haben. Etwas zu essen bringe ich jetzt nicht hinunter, mir genügt etwas *Chai*, jener asiatische Tee, der mit Milchpulver versetzt wird. JP und die Sherpas benötigen mehr Zeit als geplant, und ich halte schon die ganze Zeit Ausschau nach ihnen.

Als sie schließlich eintreffen, legen sie Sergis Körper neben dem Hubschrauberlandeplatz ab. Ich bin in Gesellschaft von Ali und John Snorri, und so frage ich Mossim, deren Koch, ob wir nicht eine kleine Zeremonie abhalten könnten, so etwas wie eine Begräbnis- oder Gedenkfeier, denn der Lama aus Nims Team ist derzeit hoch oben am Berg. Mossim ist einverstanden, was mich unheimlich glücklich macht. Es ist mir egal, welcher Gott hier angerufen wird. Hauptsache, Sergis Seele kann in Ruhe ihren Weg gehen.

Wir, fast das gesamte Basislager, versammeln uns um Sergi. Mossim spricht ein Gebet in Urdu (Anm.: Amtssprache Pakistans, zusammen mit Englisch). Ich verstehe natürlich nichts, aber das ist ganz egal. Der Gedanke zählt. Noch immer bin ich nicht in der Lage zu weinen. Alles spielt sich außerhalb der Normalität ab, alles scheint jetzt so absurd. Ich stehe immer noch unter Schock.

Gleich nach unserer Zeremonie landet schon einer der Militärhubschrauber, die aus der Gilgit-Baltistan-Region einfliegen, mit einem pakistanischen Heeresgeneral an Bord. Die meisten hier scharen sich um ihn, jeder möchte ihn berühren, fast so, als ob er ein Rockstar wäre. Sherpas und Pakistani bitten auch uns darum, uns in einer Reihe aufzustellen und nacheinander den General zu begrüßen. Ich bin von dieser Ehrerbietung alles andere als begeistert, was man mir vermutlich auch ansieht. Diese VIP-Aufläufe gefallen mir grundsätzlich nicht, und besonders jetzt bin ich nicht in der Stimmung für so etwas, also ziehe ich mich in das kleinere Essenszelt zurück. Dorthin, wo die Flammen, die Shenys Hose verbrannt haben, auch ein großes Loch im Dach des Zeltes hinterlassen haben. Alles das zusammen ist eine einzige Katastrophe. Einfach alles kommt zusammen, und es scheint mir fast so, als wäre die Expedition irgendwie schon vorbei.

Im großen Essenszelt war schon alles vorbereitet worden, um den General und seine Gefolgschaft gebührend zu bewirten. Sogar Sauerstoffflaschen wurden bereitgestellt für den Fall, dass der illustren Gesellschaft die Höhenluft nicht bekommen sollte. Zum Schluss werden wir dann alle noch zum Gruppenfoto gebeten. Obwohl die gestrigen Gipfelsieger noch nicht ins Basislager zurückgekehrt sind, glaube ich, dass der eigentliche Grund für diesen Auflauf an militärischen Würdenträgern in erster Linie darin liegt, dass er als feierlicher Empfang der nepalesischen Bergsteiger aus den Teams von Nims und Mingma G gedacht war. Am Ende dieses Besuches wird Sergis Körper in einen der Hubschrauber geladen, während Jangbu in den anderen steigt, jener Sherpa, der von einem Stein am Kopf getroffen und von Tomaž Rotar hier einer Notoperation unterzogen worden war. Und schon verschwinden die Hubschrauber wieder. Genauso schnell, wie sie gekommen sind.

Gegen fünf Uhr abends treffen Nims und Mingma G mit allen anderen ein, die den Gipfel erreicht haben. Ich will sie nicht belästigen, indem ich gleich zu ihnen laufe, sicher haben sie im Moment Wichtigeres zu tun und brauchen einen Moment für sich. Die Namen der zehn Gipfelstürmer sind mittlerweile schon in aller Munde. Gestern haben also zum ersten Mal in der Geschichte der Menschheit folgende Personen den Gipfel des K2 im Winter erreicht: Nirmal „Nims" Purja, Mingma David Sherpa, Mingma Tenzi Sherpa, Geljen Sherpa, Pem Chhiri Sherpa, Dawa Temba Sherpa, Mingma G, Dawa Tenjin Sherpa, Kili Pemba Sherpa und Sona Sherpa. Auch aus meiner Sicht haben sie eine gewaltige Leistung vollbracht. Bemerkenswert finde ich vor allem, dass sie unter dem Gipfel aufeinander gewartet haben und die letzten Meter gemeinsam gegangen sind, als ein Team: Das ist eine sehr interessante Aktion und zudem ein wunderschöner Zug, der diesen historischen Erfolg noch mehr zu etwas Besonderem macht.

Ich habe allerdings das Bedürfnis, mich dem ganzen Rummel zu entziehen. So besuche ich zusammen mit JP unseren Freund Ali. JP scheint allmählich wieder ein wenig herunterzukommen, sich zumindest ein bisschen zu entspannen, auch wenn ich gar nicht definieren kann, was der Ausdruck „sich entspannen" unter diesen Umständen bedeuten soll. Ich spüre, dass ich für JP da sein sollte, er braucht jetzt Unterstützung.

Alis Verhalten hingegen erscheint mir doch recht eigenartig. Er wirft mir sogar vor, dass ich nur vom Hals aufwärts eine Frau sei, während ich vom Hals abwärts ein Mann wäre. „Schau dir mal deine Armmuskeln an", sagt er, „die sind größer und stärker als die meinen!" Und dass ich viel zu wenig Busen hätte … „Was soll ich denn mit riesigen Brüsten?", antworte ich. Und schließlich lachen wir dann doch noch darüber. Sicher meint er es nicht wirklich böse. Oder vielleicht möchte er mir, so ganz auf seine Art, sogar ein Kompliment machen, keine Ahnung. Wie ich bereits erwähnte, habe ich Ali sehr gern. Seit unserer Zeit am Nanga Parbat ist er mir ein teurer Freund geworden. Trotzdem nehme ich seine Worte nicht wirklich gut auf: Dieses „Wie ein Mann sein" verfolgt mich immer und überall, Tag für Tag, fast schon mein ganzes Leben lang. Natürlich habe auch ich meinen Teil dazu beigetragen, dass mich die Leute so wahrnehmen. Aber es wird zunehmend störender für mich. Immer wieder erreicht mich von irgendwoher wieder so ein Kommentar. Auch von sehr unterschiedlichen Seiten und Menschen. Und es gefällt mir überhaupt nicht, es macht mich manchmal sogar richtig wütend. JP beschwichtigt und sagt zu mir, dass er überhaupt nicht so empfinde,

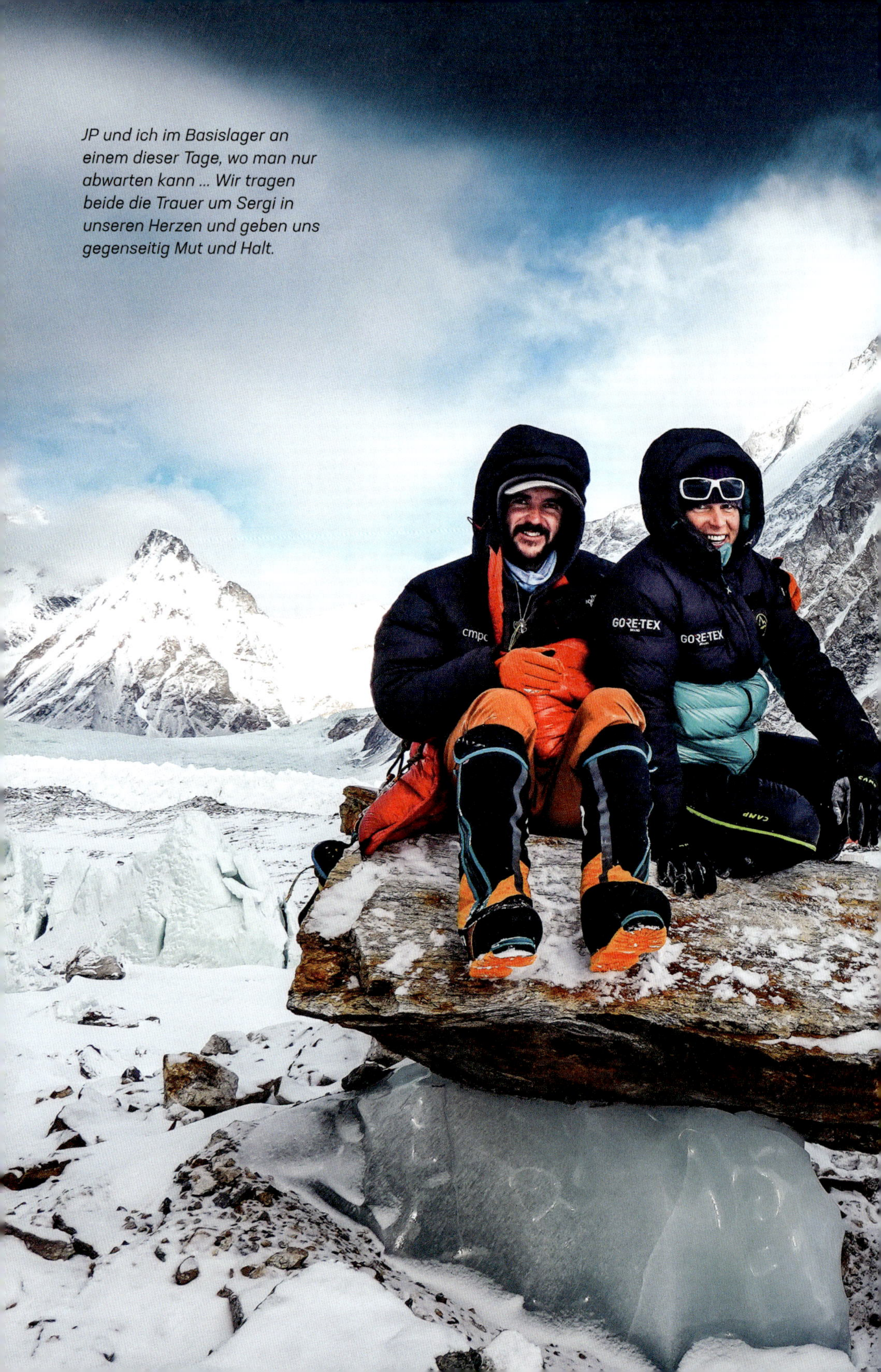

JP und ich im Basislager an einem dieser Tage, wo man nur abwarten kann … Wir tragen beide die Trauer um Sergi in unseren Herzen und geben uns gegenseitig Mut und Halt.

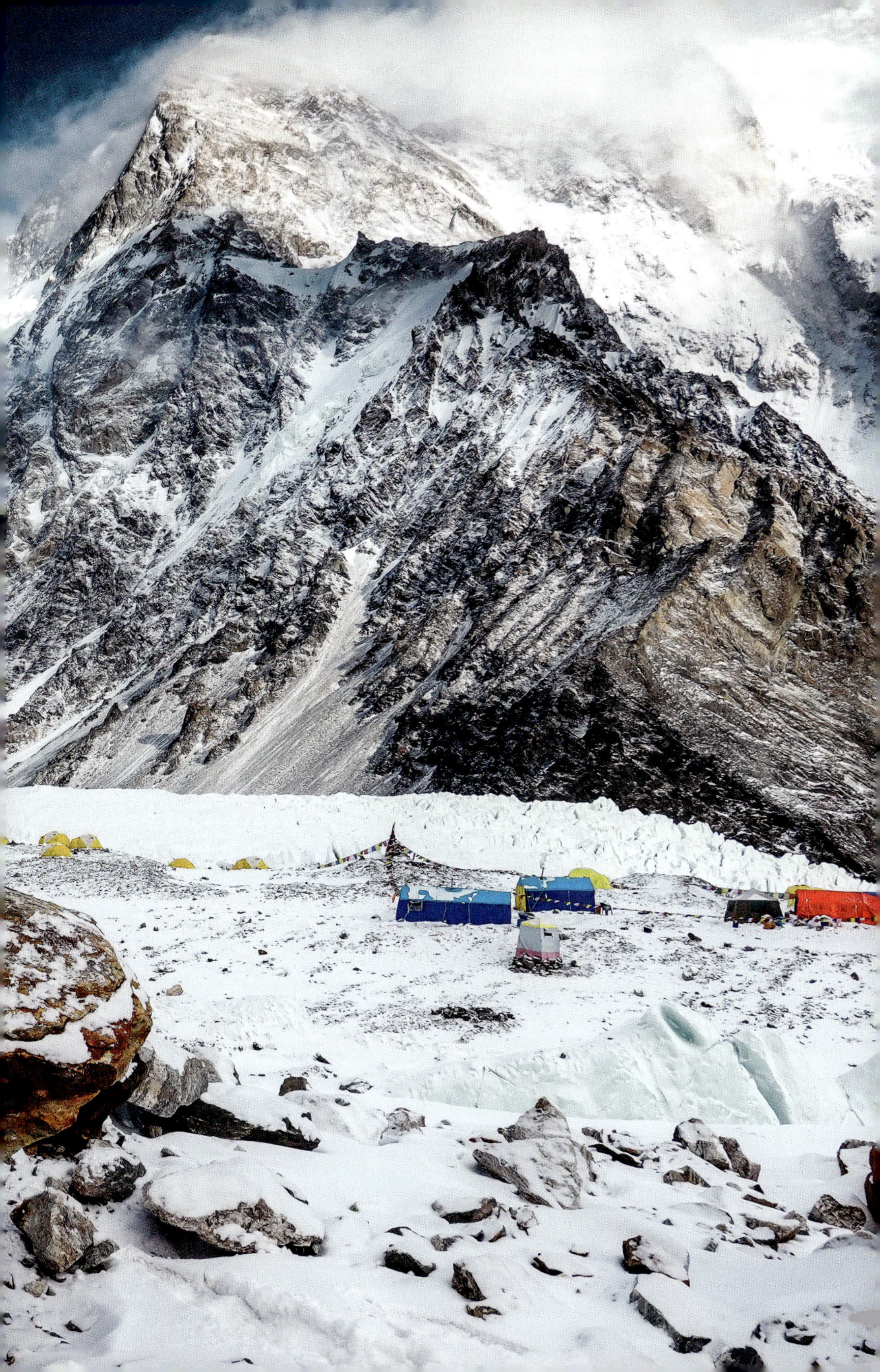

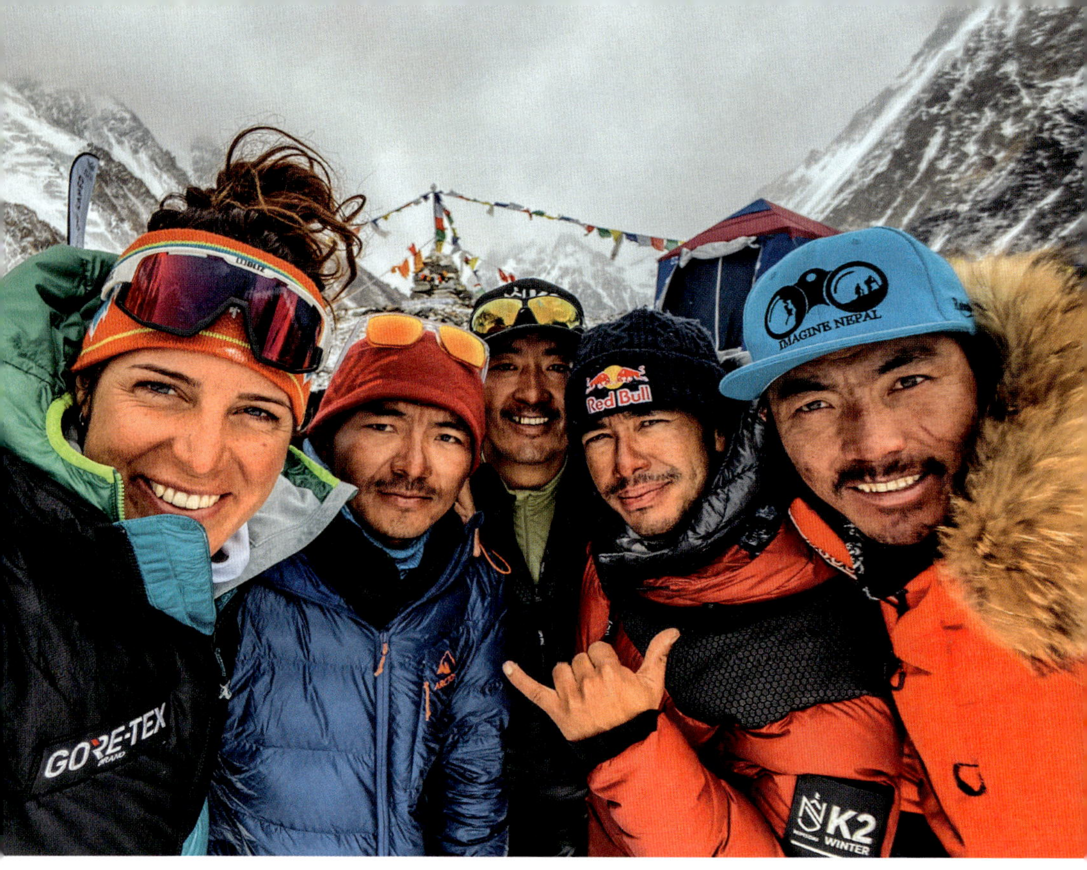

Einige Männer des erfolgreichen Gipfel-Teams der Winterbesteigung des K2 am 16. Januar 2021 und ich. Sie haben es sich verdient, und ich bin sehr stolz auf das nepalesische Team! V.l.n.r. : Mingma David Sherpa, Mingma Tenzi Sherpa, Nirmal Purja (Nims) und Mingma G.

und dass das gar nicht wahr sei. „Für mich bist du eine wunderschöne Frau“, sagt er zu mir.

Nach dem Abendessen gehen JP und ich zum Zelt der Gipfelstürmer. Es ist Ehrensache, dass auch wir Nims und dem restlichen Team gratulieren. Wir werden eingeladen, uns zu setzen. Dabei ist ihr Essenszelt schon bis auf den letzten Platz belegt. Abgesehen von Nims sind da Sandro Gromen-Hayes, Nims Fotograf und Kameramann, Adriana Brownlee, das Mädchen aus London, Mingma David und Mingma Tenzi, die zusammen mit Nims das Unternehmen *Elite Exped* leiten. Und dann natürlich noch die Sherpas aus seinem Gipfelteam: Geljen, Pem Chhiri und Dawa Temba. Geljen hat eine aufgeschwollene Wange mit einer Frostbeule, die ihm das rechte Auge zudrückt. Dennoch ist er offenbar nicht im mindesten besorgt deswegen. Ganz im Gegenteil, er scheint jeden Moment aufstehen und tanzen zu wollen, ganz so, wie man es von ihm gewohnt ist. Welch außerordentliches Maß an Energie doch in diesem kleinen Mann steckt! Auch der Lama ist wie immer sehr ruhig. Er lächelt andauernd und zeigt dabei seinen Goldzahn. Sie sind alle sehr ruhig und gefasst, guter Dinge, aber nicht überdreht. Es ist ihnen nicht anzumerken, dass sie es gerade erst geschafft haben, eines der erstrebenswertesten und umkämpftesten Ziele unter den Achttausender-Besteigungen zu erreichen.

Im Zelt ist es kochend heiß. Nims ist barfuß, denn seine Füße sind angeschwollen. Ich frage ihn, ob er es ohne künstlichen Sauerstoff auf den Gipfel geschafft hat. Er gibt mir keine Antwort. Dann sprechen wir über die Kleidung, die sie am Gipfel getragen haben. Er erzählt mir, dass es so kalt war, dass einige von ihnen schon aufgeben und schnell absteigen wollten. Nach dem Gipfel seien Geljen und Sona beispielsweise sofort abgestiegen, da sie bereits Erfrierungserscheinungen aufwiesen. Ersterer im Gesicht, Sona dagegen an den Zehen. Während alle anderen also im Lager III die Nacht verbrachten, stiegen die beiden immer weiter ab, und erreichten schließlich um sechs Uhr morgens das Basislager. Ein schwieriges und höchst gefährliches Unterfangen. Sie verdienen meinen höchsten Respekt für ihre Leistung. Denn auch ich weiß, was es heißt, den K2 zu besteigen, wenngleich auch nur im Sommer. Wenn es wirklich um Leben oder Tod ginge, wäre auch ich in der Lage, in der Nacht abzusteigen. Doch es ist und bleibt eine ungemein gefährliche Angelegenheit, überhaupt jetzt im Winter.

Ein bisschen Whisky ist noch übrig, also beschließen wir, alle miteinander anzustoßen. Wir trinken auch auf Sergi und senden ihm gemeinsam einen Gruß. Alle sind entspannt, lachen, hören Musik. Es ist eine tolle Stimmung, wie immer nach einem Gipfelsieg. Ich freue mich sehr für sie und sage es ihnen auch.

Nims verspricht, dass er mir noch einen besonderen Gegenstand mitgeben wird, für meinen Gipfelsturm. Aber er bittet mich auch, äußerste Vorsicht walten zu lassen, denn dieser Berg würde auch nicht den kleinsten Fehler verzeihen. Wir wollen das Team nun gar nicht mehr lange aufhalten und stören, alle sind müde und wollen ins Bett. Ich habe JP Schokolade versprochen, also gehe ich in mein Zelt und hole sie. Wir verspeisen sie in unserem Essenszelt und lauschen dabei den Klängen von *Anhelando Iruya*, einem sehnsuchtsvollen spanischen Lied, das mich immer wieder zu Tränen rührt. Und natürlich hören wir vor allem auch Sergis Lied, *Chica Ideal*. In diesem so bitteren, leidvollen, schmerzhaften Moment schenken wir einander ein Lächeln. Ich fühle, dass wir uns jetzt gegenseitig brauchen. Für mich ist JPs Anwesenheit eine Art Heilung, ich kann mich ihm gegenüber öffnen, ihm von all dem Chaos erzählen, das in meinem Herzen tobt. Doch es bleibt diese tiefe Traurigkeit, die mich umgibt, dieser Schmerz, in dem ich gefangen bin, und ich möchte mit all meiner Kraft laut hinausschreien, dass das alles nicht richtig, nicht fair ist. Doch ich weiß ganz genau, dass das nichts nützen würde.

13

TRÄNEN UND TRÄUME

18.–21. Januar 2021, Basislager K2

Ich sitze nun schon eine ganze Weile auf diesem Stein und weiß eigentlich gar nicht so genau warum. Vielleicht muss ich jetzt einfach allein sein. Ganz sicher bin ich noch ziemlich aufgewühlt und durcheinander. Mein Hirn fährt Karussell, es sucht nach Antworten, die es nicht findet.

Ich bin am Fuß des K2. Von hier, vom Basislager aus betrachtet, erstrahlt der Berg bei gutem Wetter in seiner ganzen Schönheit und Erhabenheit. Man kann ihn als Ganzes bewundern, von seinem Fuß bis zum Gipfel. Er ist dermaßen perfekt und auch so ungeheuer groß, dass er nur schwer zu begreifen ist. Er scheint nirgends aufzuhören. Mir jedenfalls scheint er unendlich zu sein, mit all seinen Felsen, Gletschern, Spalten und steilen Flanken. Ich beginne zu weinen. Ganz plötzlich strömt es aus mir heraus. Ohne einen besonderen Grund, oder vielleicht auch aus gutem Grund. Seit Sergis Tod bin ich dazu nämlich nicht in der Lage gewesen. Ich heule richtig drauflos. Es strömt wie ein Fluss, der richtig viel Wasser führt und den kein Staudamm einbremst. Bis dann Sandro Gromen-Hayes zu mir stößt, Nims' Fotograf und Kameramann. Er versucht, mich zu trösten. Wir sprechen sehr lange miteinander. Es tut mir gut. Ich fühle mich ein klein wenig besser. Das Weinen hat geholfen, und Sandro ist ein netter Kerl.

Heute ist der 18. Januar. Noel feiert seinen Geburtstag, Tomaž hat ihm zu Ehren ein Fest organisiert. Jeder von uns sollte seinen Teil zur Gestaltung des Festes beitragen. Ich muss mich um die Kerzen kümmern. Mir scheint die Angelegenheit eine schöne Sache zu sein. Der Gedanke gefällt mir, dass wir hier oben zwar ein zusammengewürfelter Haufen sind, uns aber trotzdem umeinander kümmern, uns gegenseitig Kraft schenken. In diesem Moment brauchen wir das auch, allen voran ich selbst. Um 18 Uhr treffen wir uns im großen Essenszelt. Jeder hat etwas mitgebracht. Als schließlich Noel eintritt, stimmen wir alle lautstark ein *Happy Birthday* an. Ein etwas banales Lied, das man schon so oft gehört hat, und doch geht es mir jetzt ans Herz. Ich bin zurzeit sehr sensibel und verletzlich, und nach meiner befreienden Heulattacke braucht es heute nicht viel, und ich bin gerührt. Ali trifft ein und setzt sich neben mich. Gemeinsam essen wir von der Torte, die wirklich ausgesprochen köstlich schmeckt. Musik wird gespielt und Ali beginnt zu tanzen. Dann sieht er mich lange

Schwierige Momente nach dem Unfalltod von Sergi, der uns alle tief getroffen hat.

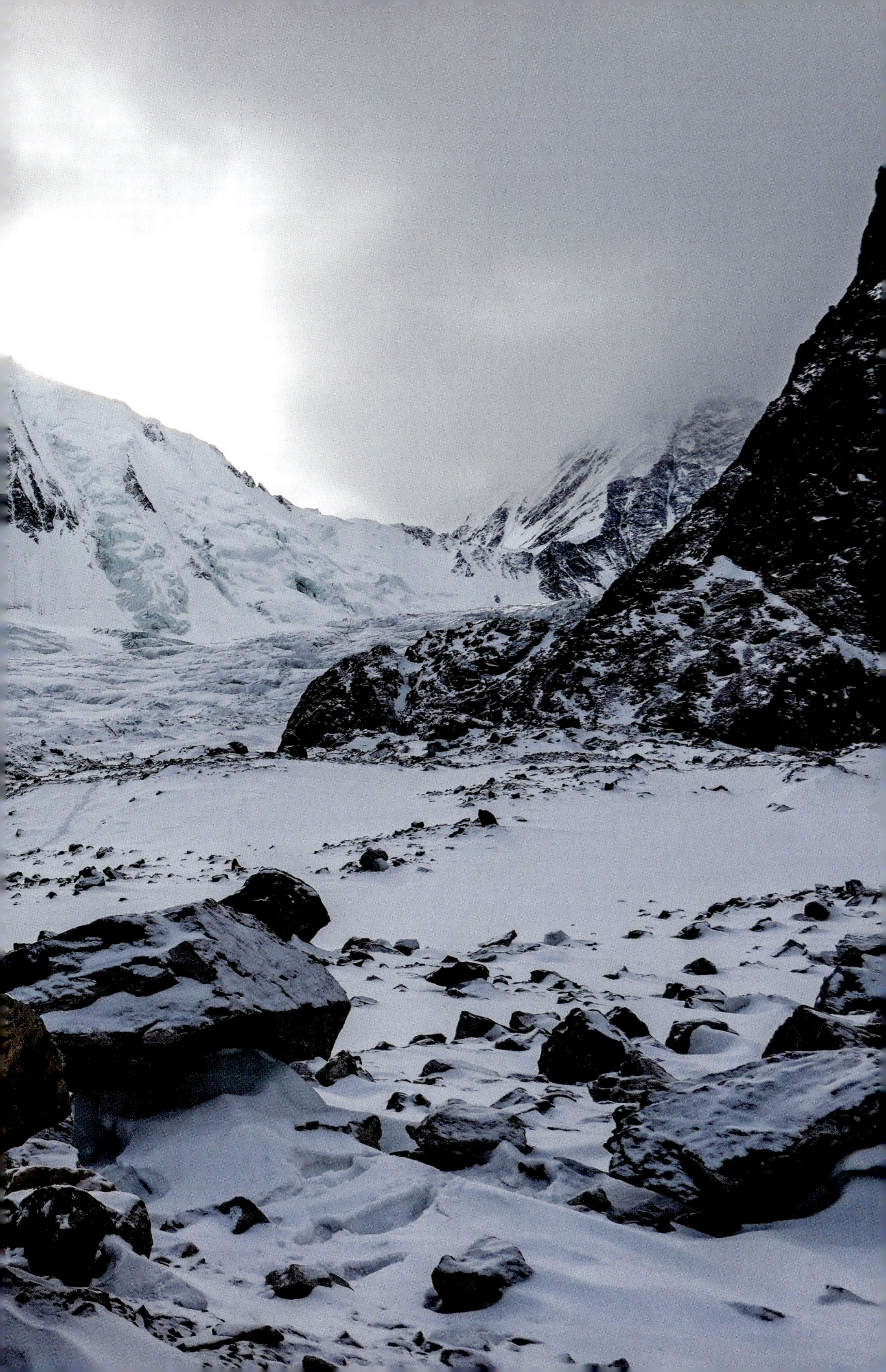

an und meint: „Heute bist du ganz anders.“ Es scheint fast so, als würde er mich ansehen und dabei die Frau in mir entdecken? Ich weiß es nicht genau, obwohl ich mir zur Feier des Tages ein bisschen Wimperntusche aufgetragen habe. Vielleicht möchte er sich auch nur auf seine Art für die gestrigen Worte entschuldigen. Er wird wohl doch gespürt haben, dass er mich damit verletzt hat. Trotzdem bleibt er für mich immer derselbe Ali. Ein sehr höflicher, wenngleich etwas altmodischer Mann, der trotzdem immer für alles offen ist, wie es seiner pakistanischen Kultur entspricht. Ich habe ihn gern und dies wird sich auch in Zukunft nicht ändern.

Es wird ein angenehmer Abend, mit Musik, in guter Gesellschaft. Wir versuchen nicht etwa, die tragischen Ereignisse zu vergessen, sie aber doch für kurze Zeit beiseite zu schieben, der eine mehr, der andere weniger. So als ob wir wieder mal etwas Luft holen müssten. JP verlässt das Fest nach einer Weile, ich aber bleibe noch, obwohl ich mich zunehmend schlechter fühle. Ich denke, das hängt mit den vielen Leuten zusammen, die sich im Zelt aufhalten. Oder vielleicht liegt es daran, dass das Zelt doppelt isoliert ist und wenig Sauerstoff hereinkommt. Oder am Kerosinofen mit seinen Dämpfen. Wer weiß. Vielleicht sind es auch diese Lichter, die immer wieder die Farben wechseln. Ich kann es mir selbst nicht genau erklären. Irgendwann dreht sich alles um mich. Ich bekomme Kopfweh. Fast muss ich mich übergeben. Also beschließe ich, ebenfalls das Zelt zu verlassen und meiner Wege zu gehen.

Ich mache mich auf die Suche nach JP. Er schreibt Tagebuch. Da es gerade unglaublich kalt wird, lege ich mir eine Wärmflasche auf den Bauch. Dann wird es noch schlimmer. Alles um mich herum dreht sich, immer schneller und schneller. Mein Herz schlägt wie verrückt, und ich atme immer schneller und zunehmend stoßweise. Mir ist wirklich sehr eigenartig zumute. Ich versuche, mich zu beruhigen, schließe die Augen. Dann verlangsame ich bewusst meinen Atem und hole tief Luft, in der Hoffnung, dass sich alles wieder normalisiert, wenigstens für einen kurzen Moment. Doch das ist nicht so einfach. Es ist, als würde ich Sergi hier spüren. Mein Hals verschließt sich und drückt mir die Luftröhre zu. Ich bekomme fast keine Luft mehr.

JP lässt Meditationsmusik laufen, die mir helfen soll, mich zu beruhigen. Ich versuche zu verstehen, was mit mir gerade passiert, komme aber zu keinem vernünftigen Schluss. Dann ändert sich plötzlich alles. Ich fühle mich groß und weit, als könnte ich die ganze Welt umarmen. Ein wunderschönes Gefühl … Ich bin im Einklang mit mir selbst, in einem Zustand vollkommener Harmonie. Es fühlt sich so an, als ob ich unter Drogen stehen würde, auch wenn ich nicht weiß, wie das ist, da ich es noch nie probiert habe. Aber ja, es ist wirklich ein unglaublich gutes Gefühl, sich dermaßen mit der Welt verbunden zu fühlen. Auch wenn ich von der normalen Welt gerade nicht sehr viel mitbekomme.

Vor meinem geistigen Auge sehe mich jetzt hier am K2. Die Göttin des K2 präsentiert sich mir in ihrem schönsten Gewand, in ihrer weißen Tunika. Sie ist wunderschön. Sie hat langes, gelocktes Haar. Ihre Gesichtszüge sind friedlich, harmonisch, voller Liebe. Sie schwebt überhalb des Gipfels des K2, ihre Tunika fällt bis weit hinab und bedeckt den ganzen Berg, bis hinunter ins Lager II. Ich sehe mich selbst geborgen unter ihrer Tunika. Dort wo kein Wind weht und man keine Kälte verspürt. So kann ich leicht und beschwingt zum Gipfel aufsteigen, ohne irgendwelche Schwierigkeiten oder Gefahren. Und nach Belieben auch wieder absteigen. Der eisige Wind und die alles durchdringende Kälte können mir überhaupt nichts anhaben. Es ist eine unglaublich starke Erfahrung, die ich in jeder Faser meines Körpers spüre. Ich fühle mich sicher. Sicher wie in den Armen einer Mutter. Was mir aber auffällt – ich bin allein.

JP versucht weiterhin, mich zu beruhigen. Ich gehe hinüber in mein eigenes Zelt, da ich mich dort besser ausruhen kann. Morgen möchte ich lange und viel schlafen. Ich bitte die Göttin des K2, mir auch noch dieses kleine Geschenk zu gewähren. Man weiß nie, vielleicht erhört sie mich.

19. Januar. Ich schlafe tatsächlich ausgiebig, gut und lange. Bis neun Uhr. Ein richtiger neuer Rekord für meine Verhältnisse. Während des Frühstücks frage ich alle im Essenszelt Anwesenden, wie sie sich gestern gefühlt haben. Ich beschreibe ihnen meine Symptome sehr detailliert. Einige geben an, dass es auch ihnen schlecht gegangen sei. So musste Antonis beispielsweise Aspirin nehmen, während Tomaž überhaupt nichts spürte. Die ganze Sache ist mir immer noch ein Rätsel, also beschließe ich, sie einfach auf sich beruhen zu lassen und dankbar zu sein für dieses Gefühl von Sicherheit.

Heute muss ich noch eine Lösung mit Alex finden. Tief drinnen war mir bereits seit geraumer Zeit bewusst, dass unsere Seilpartnerschaft nicht funktioniert. Wir beide haben nicht wirklich zueinander gefunden. Vielleicht sind wir zu verschieden. Jedenfalls ist unser Streit im Lager II für mich entscheidend gewesen; ich bin zur Überzeugung gelangt, dass es für beide besser ist, wenn ein jeder diese Expedition für sich allein fortsetzt. Ich gehe zu ihm ins Zelt und frage, was wir seiner Meinung nach tun sollten. „Das musst *du* mir sagen", lautet seine Antwort. Ich kontere: „Ich habe es dir bereits im Lager II gesagt: Mir ist es einfach zu viel, wenn ich neben der körperlichen Herausforderung auch noch so viel Energie in das Mentale stecken und mir Sorgen machen muss.“ Dann füge ich noch hinzu: „Ich fühle mich einfach nicht wohl in dieser Seilschaft. Ich kann im Moment nicht die notwendige Energie aufbringen, wie bisher weiterzumachen.“ Wir reden noch sehr lange miteinander. Sehr, sehr lange. Noch nie hat jemand so mit mir gesprochen wie Alex, und ich fühle mich zutiefst verletzt. Für mich ist das wie ein weiterer Schlag ins Gesicht, und ich renne weinend aus dem Zelt. Für mich ist damit unsere Seilschaft am K2 eindeutig beendet.

Etwas später begebe ich mich mit JP in Nims Zelt. Die Sherpas dort bieten uns Kaffee an und plaudern mit uns. Ich liebe dieses Sherpa-Team und freue mich mit ihnen über ihren gelungenen Aufstieg. Morgen werden sie das Basislager verlassen, um elf Uhr wird sie ein Militärhubschrauber des Typs MI 17 am Concordiaplatz abholen. Nims sieht mich und lädt mich gleich in sein eigenes Zelt ein. Dort überreicht er mir seinen Talisman. Ein nepalesischer Lama hat ihm diesen geschenkt. Feierlich hängt er mir den Talisman um den Hals und sagt: „Gib auf dich acht und sei immer vorsichtig. Dieser Talisman soll dich vor allen Gefahren schützen.“ Dann umarmen wir uns fest und sehr lange. Es bewegt mich sehr – es fehlt nicht viel und ich würde wieder zu weinen beginnen. Und Nim offenbart mir noch etwas: „Jetzt sage ich es dir, weil ich denke, du bist ein Mensch mit einem reinen Herzen. Ich weiß, ich kann dir vertrauen: Den Gipfel habe ich ohne zusätzlichen Sauerstoff erreicht“. Ihr Aufstieg war eine ganz einzigartige Sache gewesen: Zusammen mit Mingma Gs Team hatte sein eigenes Team Tag und Nacht unglaublich hart daran gearbeitet, den Aufstieg für die anderen zu sichern. Vor allem in den höheren Lagen hatten sie sich am Ende selbst übertroffen und unter unsagbaren Mühen und Schwierigkeiten Wind und Wetter getrotzt. So war es dann ein wahrer Gemeinschaftssieg geworden. Und auch eine Bestätigung der unglaublichen Führungsqualitäten von Nims und Mingma G. Ich bin sehr dankbar dafür, dass ich hier am K2 die Gelegenheit erhalten habe, Nims besser kennenzulernen. Er versichert mir noch, dass ich, sollte ich ihn je brauchen, ihn zu jeder Tages- und Nachtstunde anrufen oder ihm schreiben darf. Eine wirklich schöne Art, sich zu verabschieden.

Danach begeben wir uns gemeinsam zu ihrem Essenszelt. Alle sind noch mit dem Aufräumen und Einpacken ihrer persönlichen Sachen beschäftigt, um am nächsten Tag um fünf Uhr morgens auch sicher startbereit zu sein. Die Truppe strahlt ein kollektives Glücksgefühl aus, auch wenn ihre Mitglieder etwas konfus scheinen, und auch etwas melancholisch – so wie man es immer ist, wenn man das Basislager eines Achttausenders wieder verlässt. Für uns sieht es natürlich anders aus; wir bleiben hier und haben noch große Pläne. So verabschieden wir uns von jedem Einzelnen von ihnen und überlassen sie wieder ihrem Gepäck.

Nach dem Abendessen erzählt mir Atanas, dass Alex beschlossen habe, auch von hier fortzugehen, da er im Hubschrauber der Nepalesen einen Platz bekommen habe. Ich gehe sofort in sein Zelt, wo auch er gerade packt. Er sagt, ich dürfe alles haben, was ich brauchen könnte. Diese Sachen nehme ich mir dann auch, bevor ich mich mit einer Umarmung von ihm verabschiede.

Mittwoch, 20. Januar. Die Nepalesen haben das Lager gegen 6:30 Uhr morgens verlassen. Aus ihren Bluetooth-Lautsprechern tönten dabei die hypnotisierenden Klänge des *Om mani padme hum* (Anm.: buddhistisches Mantra für Mitgefühl und Heilung).

Es geht mir heute wieder besser, denn es fühlt sich alles nach einem Neuanfang an. Auch wenn man das, was vorgefallen ist, nie mehr auslöschen kann, ist es doch so, als ob ich ein neues Kapitel meines Abenteuers hier aufschlagen würde. Alles ist sehr intensiv, zu intensiv beinahe, und in den letzten Tagen ist es mir schwergefallen, etwas Ruhe zu finden, herunterzukommen, mich körperlich und geistig auszuruhen. Hier im Basislager ist das Wetter einigermaßen gut, doch weiter oben am Berg herrschen starker Wind und Schlechtwetter. Ich suche mir eine Beschäftigung, räume mein Zelt auf und mache mit Atanas und JP Yoga. Wie lange wir noch im Basislager ausharren müssen, weiß ich nicht. Ich weiß nur, dass ich den Aufstieg auf den Gipfel des K2 nochmals versuchen möchte, gemeinsam mit JP. Diese Lösung hat sich ganz natürlich ergeben: Eine Seilschaft mit JP erscheint uns beiden als die logischste aller Optionen. Beinahe unausweichlich, aber auf eine gute, wunderbare Art und Weise.

Donnerstag, 21. Januar. Ein weiterer langweiliger Tag. Das Wetter ist schlecht und genauso schlecht sind auch die Vorhersagen. Es ist dermaßen kalt, dass ich nicht einmal in der Lage bin, meine Gymnastikübungen zu machen. Ziehe ich zu viel an, kann ich mich nicht mehr rühren, und bei zu leichter Kleidung verkrampft sich mein ganzer Körper vor Kälte. Der Wind hat zugenommen, und auch hier im Basislager wird ein Sturm erwartet. Ein klassischer Zelt-Tag also, oder einfach ein normaler Wintertag an einem Achttausender. Man versucht, irgendwie Ruhe zu bewahren und die Zeit verstreichen zu lassen.

Am Nachmittag spreche ich über zwei Stunden lang mit Simone, der sich immer noch in Nepal befindet, am Manaslu. Das Gespräch tut mir ungeheuer gut, wieder einmal spüre ich, wie stark unsere Verbindung ist.

Besonders freue ich mich darüber, dass er mich ständig daran erinnert, vorsichtig zu sein. Und dass ich immer auf ihn zählen kann, dass er mir jederzeit helfen würde. Woran ich keinen Zweifel habe. Er klingt sehr gelassen und ausgeglichen. Auch hat er überhaupt keine Eile, das Gespräch zu beenden. Es ist sehr schön, ihn als Freund zu haben.

14

DAS WARTEN, DIE PLÄNE UND DIE LUST AUF DEN GIPFEL

22.-25. Januar 2021, Basislager am K2

Samstag, 23. Januar. Ich fühle mich antriebslos, schwerfällig und ein wenig unglücklich. Auch gestern war hier im Basislager weniger als gar nichts los. Das Wetter war miserabel und es blies ein starker Wind. Ich habe den ganzen Tag damit verbracht, mit JP zu plaudern. Das war sehr schön, denn ich genieße es, mit ihm zu reden, doch ich brauche auch Bewegung. Zum einen fällt es mir ohnehin schwer, stillzusitzen, und zum anderen ist es einfach nicht sehr schlau, sich während der Tage des Wartens nicht ausreichend körperlich zu bewegen. Das führt bei langen Wartezeiten dazu, dass man sich danach einfach nur noch träge fühlt. Ich sage immer: „Wie ein Sack voller Kartoffeln".

Die Winterexpeditionen sind nun mal so: Der Großteil besteht aus nichts anderem, als dem schier unendlich scheinenden Warten auf jene ganz kurzen Zeitfenster, in denen sich das Wetter bessert und ein Gipfelaufstieg möglich zu sein scheint. Im Basislager tut man nichts außer warten, sofern man sich nicht wirklich bemüht, immer den Körper zu aktivieren. Das muss nicht immer Gehen oder Laufen sein. Auch Kräftigungsübungen, Dehnen, Yoga sind bestens dafür geeignet. Eigentlich wollte ich mit JP und Atanas wieder Yoga machen, doch uns ist das Gas ausgegangen, um den „Dom" zu beheizen. Deshalb möchte ich nicht darauf bestehen, denn ich weiß, dass die Gasflaschen knapp sind. Also schlage ich JP vor, mit Trockenübungen zu trainieren. Ich sage, dass wir uns auf diese Weise wenigstens etwas aufwärmen können, da es immer noch sehr kalt ist. Schade nur, dass ich in der Hoffnung, mich ein wenig aufzuwärmen, vorher noch schnell eine total idiotische Sache mache.

Eine meiner Gewohnheiten ist Barfußlaufen – typisch für jemanden, der wie ich sozusagen wild auf den Bergen und Almwiesen meiner Heimat aufgewachsen ist. Daher laufe ich heute eben einmal barfuß vom Essenszelt in mein Zelt, unterschätze aber die Distanz, die ich dabei zurücklegen muss. Der Nebel ist so unglaublich dicht, dazu bläst ein eisig kalter Wind und bis ich mein Zelt erreiche, könnte ich vor lauter Schmerzen an den Füßen schreien. Ich könnte mich ohrfeigen, solch eine Dummheit zu begehen. Aber ich kenne mich und weiß daher, dass Langeweile in meinem Kopf immer zu so seltsamen Aktionen führt, um einfach endlich und irgendwie eine krasse Veränderung der festgefahrenen Situation zu erreichen. Auch JP ist vom Dom zu meinem Zelt gelaufen, allerdings nicht barfuß wie ich, und hat mich dafür auch ordentlich geschimpft. Nachdem sich die Schmerzen einigermaßen gelegt haben, starten wir mit unserem Training. Glücklicherweise kann ich auf einen reichen Erinnerungsschatz an Trainingsmöglichkeiten zurückgreifen, manche davon stammen aus meiner Studienzeit an der Universität Innsbruck, wo ich Sportwissenschaften studiert habe, andere aus meinem ganzen bisherigen Leben, das eigentlich immer aus Sport und Bewegung bestanden hat. Seit jeher habe ich viel Freude am Training, und während des Lockdowns habe ich ja erlebt, dass es mir auch sehr viel gibt, Gruppentrainings abzuhalten und zu leiten. Im März 2020, während des harten Lockdowns, haben viele Menschen an meinen virtuellen Live-Trainingseinheiten teilgenommen, und manch einer hat sie als ausgesprochen herausfordernd empfunden. Mir haben sie viel Freude bereitet und brachten auch das schöne Gefühl des Gebrauchtwerdens mit sich. Zudem war es eine Möglichkeit, Dampf abzulassen und mich zu bewegen. Ich schaffe es einfach nicht, längere Zeit untätig zu sein. Mein Körper muss dauernd Energie verbrennen, sonst fühle ich mich mitunter auch irgendwie „schuldig". So wie jetzt im Basislager am K2.

Auch der Nachmittag ist langweilig. Ich versuche, nicht darüber nachzudenken, und die Dinge so anzunehmen, wie sie eben sind. Hauptsache, ich laufe nicht mehr barfuß durch die Gegend. Beim Abendessen gibt es dann doch noch große Neuigkeiten: John Snorri, Ali und Sajid wollen den Gipfel versuchen. Wie wir jetzt erst erfahren, haben sie es bereits bis zum Lager III geschafft. Das Eigenartige daran ist, dass wir über diesen *summit push* nicht direkt von ihnen informiert worden sind, sondern es von Mattia erfahren, der die Information von einem italienischen Journalisten erhalten hat. In Italien weiß man also mehr darüber, was gerade am K2 geschieht, als wir hier im Basislager. Eine bizarre Sache. Oder vielleicht auch nicht, in diesen verrückten Zeiten des Internets und der Sozialen Medien, die mittlerweile auch das Höhenbergsteigen erreicht und in Beschlag genommen haben. Der Amerikaner Colin bestätigt die Information. Er schaut ins Internet, wo Snorris Team gerade die Nachricht geteilt hat, dass es um neun Uhr abends vom Lager III aufbrechen wird. Sie wollen die ganze Nacht aufsteigen, bis sie am Morgen das Lager IV auf 8.000 Meter Meereshöhe erreichen und von dort aus den Gipfel in Angriff nehmen werden.

JP wird ziemlich nervös, da die Vorhersagen für den morgigen 24. Januar und den darauffolgenden 25. Januar recht schönes Wetter am Berg ankündigen. Mich berührt das allerdings wenig, weil ich davon überzeugt bin, dass dieser Plan sehr viel leichter klingt, als er in Wirklichkeit umzusetzen ist. Ganz im Gegenteil, ich kann mir nicht erklären, wie sie überhaupt auf diese Idee kommen, denn für mich ist schon das „normale" Abenteuer hier eine unglaublich harte Herausforderung. Zwei Lager an einem Tag schaffen, dann den Gipfel, sofort wieder hinunter bis ins Lager III, sich dort nur zwei bis drei Stunden ausruhen und dann nochmals zwei Lager absteigen – und das Schönwetterfenster soll ja angeblich nur 30 Stunden andauern –, das scheint mir jedoch ein Ding der Unmöglichkeit. Und es wäre aus meiner Sicht sogar dann noch unmöglich, wenn sie es mithilfe von künstlichem Sauerstoff versuchen würden. Rein körperlich kommt eine so unglaubliche Anstrengung schon fast einem Selbstmord gleich. Dort oben wird kein einziger Fehler verziehen, dazu kommt noch, dass sie wohl kaum genug Wasser dabeihaben werden, da es schon rein zeitlich gar nicht möglich sein wird, Schnee zu schmelzen. Für mich ist glasklar: Der Plan wird nicht aufgehen.

Allerdings ruft JP sofort seinen Cousin Fede an – der auch sein Manager ist – und bittet ihn um die genauen Wettervorhersagen. Dieser beschwört ihn, vorsichtig zu sein und ja nichts zu riskieren, da der Wind immer noch zu stark sei und zwei Tage auch nie ausreichen würden, um auf- und wieder abzusteigen. Die Amerikaner Jon und Colin haben die Meldung gleich scherzhaft die *K2-rumour mill* genannt, also die K2-Gerüchteküche. Mir scheint, dass sie damit ins Schwarze getroffen haben: Das ganze Gerede und Geschwätz im Basislager, das am Ende doch nichts wert ist. Für Außenstehende ist all das sicher nur schwer nachzuvollziehen, aber so mittendrin ist das wirklich ein Stresszustand. Es werden Pläne geschmiedet, die Köpfe rauchen, und wenn man sich nicht wirklich bemüht, auf die eigenen Gefühle und Eingebungen zu hören, dann ist man sehr schnell im Gruppenzwang gefangen.

Doch für heute ist wohl noch nicht genug getratscht worden, denn als Chhang Dawa Sherpa eintrifft, beginnt alles wieder von vorn. Es wird heiß über den *summit push*, diesen Gipfelsturm, diskutiert, über die Wetteraussichten für die kommenden zwei Tage und was er davon hält. Es kommt mir mittlerweile so vor, als ob das Basislager mit allen derzeitigen Bewohnern allmählich den Verstand verlieren würde. Es wird mir wieder einmal alles zu viel. Mir ist dermaßen klar, dass die ganze Sache nicht funktionieren wird, dass ich mich erst gar nicht an den Gesprächen beteilige. Ein Zeitfenster von nur 30 Stunden ist für jeden zu wenig – selbst wenn ich ein Ausnahmetalent wie der spanische Bergläufer Kilian Jornet Burgada wäre, würde ich es mir fünfmal überlegen. Antonis hat sich sogar startklar gemacht, doch sein Sherpa weigert sich, ihn zu begleiten, also wird alles wieder abgeblasen. Ich notiere in der Zwischenzeit in meinem Tagebuch einige der Kommentare in meinen Sozialen Medien. Sie sind fast alle positiv, was mir gerade in diesem Moment sehr gut tut. Nachdem alle zu Bett gegangen sind, lässt mich JP nochmals *Anhelando Iruya* anhören, ein dermaßen berührendes Lied, das mich unglaublich bewegt. Ich glaube, die Seele des K2 darin zu spüren. Ich fühle, dass ich hier am K2 meine gesamte körperliche und geistige Kraft werde einsetzen müssen. Ich bin durcheinander. Und nervös. Deshalb schlafe ich auch in dieser Nacht weder besonders viel noch gut.

24. Januar. Ich bin glücklich an diesem schönen Morgen. Die Wettervorhersagen haben sich noch weiter verbessert und ich habe sogar Lust darauf, mich ein wenig zu pflegen und schönzumachen. Ein gutes und beruhigendes Zeichen.

Später wandern wir in Richtung Basislager des Broad Peak, jenes 8.047 Meter hohen Berges, der dem K2 wie ein Freund oder kleinerer Bruder zur Seite steht. Wir wollen dort ein wenig Bouldern, also an eher niedrigen Felsen unsere Kletterfähigkeiten trainieren. Atanas schließt sich an, der dann aber noch bis zum Basislager weitergeht. Wir hingegen machen an einem riesigen Felsblock halt, den JP entdeckt hat, und auf den er sich gleich mit Begeisterung stürzt und an seinen Wänden herumklettert.

Ich schieße ein paar Fotos. In der Zwischenzeit treffen auch einige Sherpas ein, und mit ihnen Jon und Colin. Die Sherpas bewundern JPs Können, für sie ist er ein wahrlich außergewöhnlicher Sportler und Kletterer. Ein „Allround-Bergsteiger", der hier gerade seine ganze Kunst demonstriert. Sie stehen bewundernd und mit offenen Mündern da. Genießen das Schauspiel, das JP ihnen bietet. Einige von ihnen versuchen, es JP gleichzutun, doch keiner hat auch nur die geringste Chance, ihm an Technik, Eleganz, Kraft und Können nahezukommen. Dennoch haben wir alle großen Spaß daran. Das Klettern im Allgemeinen ist meiner Meinung nach ein menschlicher Urinstinkt, den wir alle in uns tragen. Es ist eine Art Kunst, die uns fasziniert und die wir gern ausleben möchten.

Wieder zurück im Lager, habe ich nochmals mein Zelt umgebaut, und den Eingang so ausgerichtet, dass am Nachmittag die letzten Sonnenstrahlen direkt auf meine Isomatte fallen. Dort lege ich mich mit JP hin, plaudere mit ihm, mache noch ein paar Fotos und bin dankbar für den

Sonnenschein, den wir beide bis zum letzten Strahl genießen. Plötzlich fragt JP: „Was ist los mit dir? Du machst einen gestressten Eindruck, was besorgt dich?" Ich antworte, dass ich mich zurzeit einfach nicht bereit fühle für einen weiteren Aufstieg, nicht nur, weil ich noch zu wenig akklimatisiert bin, sondern auch wegen all der schlimmen Vorfälle in den letzten Tagen. Ich spüre, dass er mich versteht, und bin ihm sehr dankbar dafür. Ich erzähle ihm von meinem Nanga Parbat-Erlebnis, von meiner letzten Winterexpedition mit Simone am Gasherbrum und von der Kälte, die dort herrschte. Irgendwann beginne ich dann wieder, um Sergi zu weinen. Und erzähle JP auch von der finsteren Prophezeiung jener Frau, derzufolge ich nur noch ein Jahr zu leben hätte, wenn ich mich nicht ändern würde und imstande wäre, meine weibliche Energie zu leben.

Und nun befinde ich mich hier, mit ihm, am K2 im Winter. Ich spreche mit ihm darüber, dass ich mich nicht von all den Dynamiken hier im Basislager mitreißen lassen möchte. Es ist mir durchaus bewusst, dass ich mich auch nicht vom *summit*, dem Gipfel dieses Berges, stressen lassen darf. Und dass ich trotzdem auch gleichzeitig Bedenken habe, allein hierzubleiben, wenn alle anderen schon wieder nach Hause zurückkehren. JP meint, dass mir das überhaupt keine Sorgen bereiten sollte, da er ganz sicher bis zuletzt hier bei mir bleiben würde. Er würde hier so lange ausharren, bis auch ich entscheiden würde, von hier wegzugehen und nach Hause zu fahren.

Dieser Nachmittag hat eine enorme Bedeutung für mich. Ich begreife, dass es hier einen Menschen gibt, einen Mann, der mir wirklich zuhört, mich respektiert und auf mutige Art so annimmt, wie ich bin.

Am Abend erfahren wir noch, dass es John Snorri, Ali und ihr Team bis auf 7.400 Meter geschafft haben, bis zum Lager III. Dort oben stürmt es allerdings fürchterlich.

Montag, 25. Januar. Ich befinde mich immer noch im Basislager. Wie vorhergesagt, ist das Wetter wunderschön, wenn auch sehr kalt. Ich bin hin- und hergerissen. Zu Mittag schaffe ich es kaum, einen Bissen hinunterzubekommen. Das irritiert mich zunächst nicht sonderlich. Als wir dann aber eine weitere Trainingseinheit im Zelt absolvieren, dämmert es mir, dass irgendetwas mit mir nicht stimmt. Mein Bauch fühlt sich aufgedunsen an, voller Luft. Wir trainieren, bis es mit der sinkenden Sonne zunehmend kälter wird. Am Nachmittag telefoniere ich mit Davide, der mir sehr viel Mut zuspricht. Das ist eine seiner großen Gaben. Er teilt mir seine

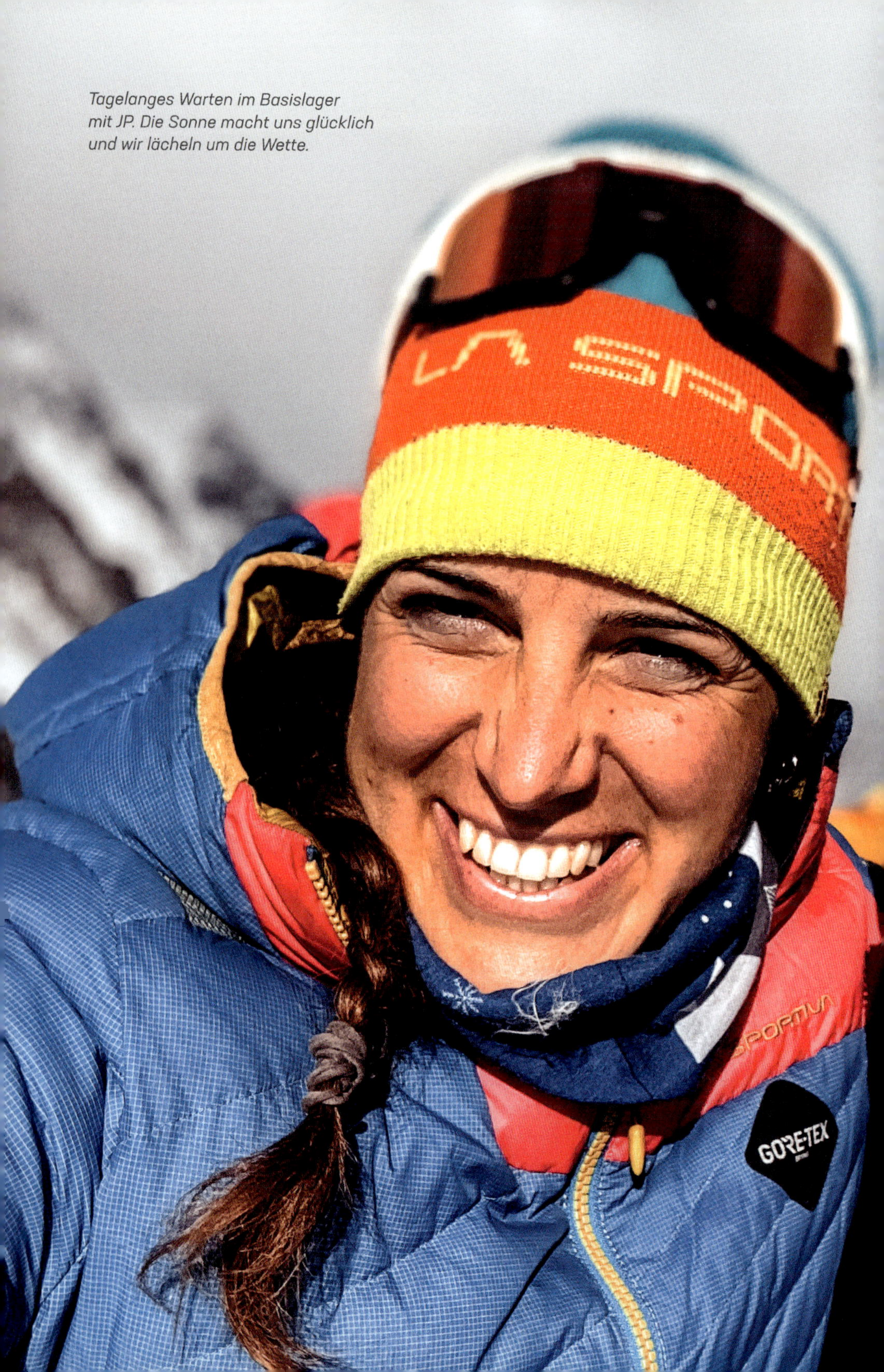

Tagelanges Warten im Basislager mit JP. Die Sonne macht uns glücklich und wir lächeln um die Wette.

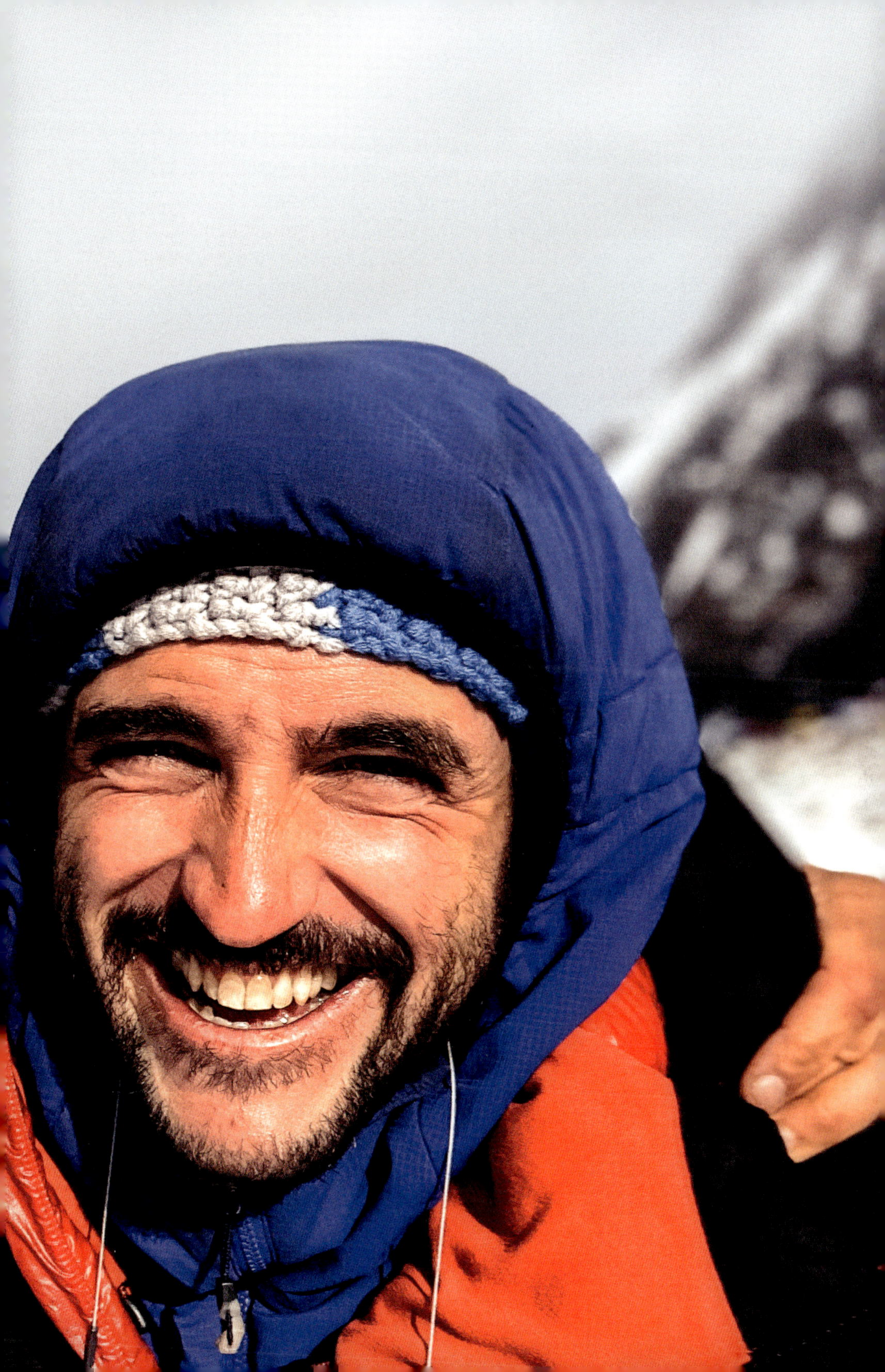

positiven Gedanken mit und sagt mir, dass nichts auf dieser Welt ohne Grund passiert.

John Snorri und Ali treffen abends ein, deren *summit push* wegen des Sturmes im Lager III abgebrochen werden musste. Zuerst kommen sie in unser Essenszelt, dann begleiten wir sie noch in ihr Zelt. Wir sprechen über ihren Versuch. Natürlich ist mir der Austausch mit ihnen sehr wichtig, immerhin sind sie das Team, das mit seinem Stil dem unseren am meisten ähnelt.

Auch jetzt geht es mir nicht besonders gut, fast muss ich mich übergeben. Also ziehe ich mich bald in mein eigenes Zelt zurück, wo es mir zunehmend schlechter geht. Ich denke, dass es sich um eine starke Verdauungsstörung oder einen Infekt handelt.

15 LETZTE VORBEREITUNGEN

28. Januar–1. Februar 2021, Basislager K2

Während der vergangenen drei Tage ging es mir sehr schlecht. Richtig angefangen hatte es nach dem Training am Montag, seither wurde es auch nicht mehr besser. Ich habe ganz wenig gegessen, kaum etwas anderes als weißen Reis. Zudem blieb ich fast ausschließlich in meinem Zelt. Zum Glück hat sich JP um mich gekümmert: er hat mir Medizin gegeben und mir auch sonst bei allem, was nötig war, geholfen.

Der heutige 28. Januar ist endlich wieder ein guter Tag. Ich habe keine Schmerzen mehr, und auch sonst fühle ich mich wieder wie immer. Kaum vorstellbar, dass ich gestern noch dachte, es würde mich zerreißen, so arg hatte ich mit Blähungen und Durchfall zu kämpfen. Solange es mir so miserabel ging, war ich davon überzeugt, dass mein Winterabenteuer am K2 so gut wie gelaufen ist. Heute, da es mir wieder besser geht, bin ich auch wieder in der Lage, mich auf den Berg zu konzentrieren. Also sage ich zu JP: „Ich bin dabei beim *summit push*." Er ist sehr glücklich darüber. Dann füge ich hinzu, dass ich heute noch Karl Gabl anrufen werde, den bekannten Meteorologen. Ihm vertraue ich am meisten; Simone und mir hat er seit jeher die Wettervorhersagen gemacht. Ich will ihn fragen, wie die Bedingungen während der kommenden Tage sein werden. Denn es scheint fast so, als ob ein weiteres Schönwetterfenster im Anmarsch wäre.

Auch Antonis sitzt wie auf heißen Kohlen: Er redet den ganzen Tag von nichts anderem als vom Gipfel, und jedes Schönwetterfenster, und seien es auch nur 20 Stunden, scheint ihm für einen *summit push* ausreichend. Ich jedoch denke, dass es in den Tagen vom 2. bis 5. Februar klappen könnte. Es sieht wie gesagt so aus, als könnten wir in dieser Zeit endlich Schönwetter bekommen, oder anders gesagt, als würde uns das andauernde Schlechtwetter ein paar Tage in Ruhe lassen. Ich werde es heute noch erfahren, sobald mir Karl Gabl seine Einschätzung der Lage liefert, mir also meine Anfrage beantworten wird.

Während der letzten Tage im Zelt konnte ich zumindest ausgiebig mit meinen Freunden kommunizieren, und auch mit meiner Mutter. Alles, was sie mir sagten, hat mir sehr geholfen und mir eine Menge guter Energie beschert. Für mich ist es immer noch ein fast unbegreifliches Mysterium, hier in diesem verlorenen Winkel der Erde, der wie kaum ein anderer weit von jeglicher Zivilisation entfernt zu sein scheint, mit all den Menschen draußen in der Welt kommunizieren zu können. Dadurch werden zwar nicht die Widrigkeiten oder Gefahren gemildert, die mit einem Ort wie diesem verbunden sind, aber es ist hilfreich, denn man fühlt sich hier manchmal ein wenig einsam. Obwohl es andererseits ja genau das ist, was man sucht: das Alleinsein mit sich selbst. Allerdings tragen all die modernen Kommunikationsmittel auch dazu bei, dass das wahre Abenteuer von einst, die früher ja vollkommene Isolation, heute nicht mehr existiert, zumindest aber stark geschmälert wird. Aus den Erzählungen meiner älteren Bergsteigerfreunde weiß ich, wie unendlich einsam und weit weg vom Rest der Welt eine solche Expedition früher ablief. Von der Geburt eines Kindes erfuhr man damals höchstens durch ein Telegramm, das mit einigen Wochen Verspätung von einem Boten überbracht wurde. Unvorstellbar in der heutigen Zeit.

JP ging heute allein zu John Snorri und Ali hinüber und blieb dort auch über Mittag. Seit geraumer Zeit ist es nun das erste Mal, dass er mehrere Stunden nicht bei mir ist – ein eigenartiges Gefühl für mich, er fehlt mir bereits. Also schreibe ich in mein Tagebuch, ziehe mich an und beschließe, mich ebenfalls zu ihnen aufzumachen. Und genau in dem Moment, als ich bei ihnen ankomme und den Reißverschluss ihres Zeltes von außen aufziehe, öffnet ihn JP von innen. Trotzdem bleibt er noch ein Weilchen hier mit uns sitzen. Auch Antonis ist da, und auf der Jagd nach brauchbaren Gipfelinformationen, Wettermeldungen und jeglicher Auskunft, die ihm von Nutzen sein könnte. Es sind genau diese Momente, die mir bei einer solchen Expedition am schwersten fallen: wenn sich jeder und alles nur noch ums Wetter dreht. Seit jeher sind das für mich die unerträglichsten Momente im Basislager. Und Ali kommt mir schon seit Tagen etwas merkwürdig vor. Er wirkt angespannt; ich weiß nicht, was er hat. Vielleicht ist es der Druck, dem er ausgesetzt ist. In seinem Heimatland Pakistan ist er ein Held, vor allem seit unserer Winterexpedition am Nanga Parbat. Jetzt erwartet jeder von ihm, dass er auch den K2 im Winter bezwingen wird; sicher keine leichte Sache also, damit umzugehen.

Ich selbst fühle mich doch noch nicht ganz in Ordnung und genesen. Ich versuche, dem nicht zu viel Bedeutung zuzuschreiben, doch es genügt ein einziger Teller Suppe beim Abendessen, und schon wird mir wieder übel. Ich kann mich nicht erinnern, je in meinem Leben derart starke Bauchschmerzen gehabt zu haben. Wie kann ein Magen nur so schmerzen? Ich werde wohl noch eine Weile damit leben müssen. Doch hoffentlich nicht mehr lange, denn sollte es doch noch länger so weitergehen, werde ich wohl jegliche Hoffnung auf den Gipfel begraben müssen.

Mit JP unterhalte ich mich stundenlang über Gott und die Welt. Diese tiefgehenden Gespräche genieße ich von ganzem Herzen. Ich spüre, dass auch er gern mit mir redet. Ich schätze und respektiere ihn und fühle mich in seiner Gegenwart ausgesprochen wohl. Er ist ein äußerst sensibler Mensch. Manchmal bin ich dabei, wenn er gerade mit seinen drei Kindern spricht, was er nahezu jeden Tag macht. Und mir wird dabei klar, was für ein toller Vater er sein muss. Jedes Mal fragen sie ihn: „Wann kommst du nach Hause, Papa, wann endlich?!", allen voran seine Tochter Elisa … Es ist immer schön, ihm zuzuhören, wenn er von seinen Kindern spricht. Er erzählt mir, dass er sie inmitten der Natur aufwachsen sehen möchte, und dass er sie mitnimmt zum Klettern und auf Trekkingtouren.

Von draußen leuchtet gerade ein unglaublich intensives Licht, so als ob ein riesiger Scheinwerfer auf das Zelt gerichtet wäre. Es ist einfach nur wundervoll … Einige Schneeflocken tanzen umher, der Mond leuchtet so hell, selbst wenn er von Wolken verdeckt ist, die den ganzen Himmel überziehen. Es ist beinahe taghell – wirklich wahnsinnig schön. Manchmal denke ich, dass dies der wahre Grund dafür ist, warum es mich immer in die Berge zieht. Und wenn ich es mir recht überlege, ist es auch der

JP an einem seiner Bouldertage im Basislager, ohne Handschuhe und ohne Rücksicht auf die Kälte. Er liebt das, was er gerade macht, genießt dabei jede Minute, und ich bin so dankbar, mit ihm diese intensiven Tage nach Sergis Unfall verbringen zu dürfen.

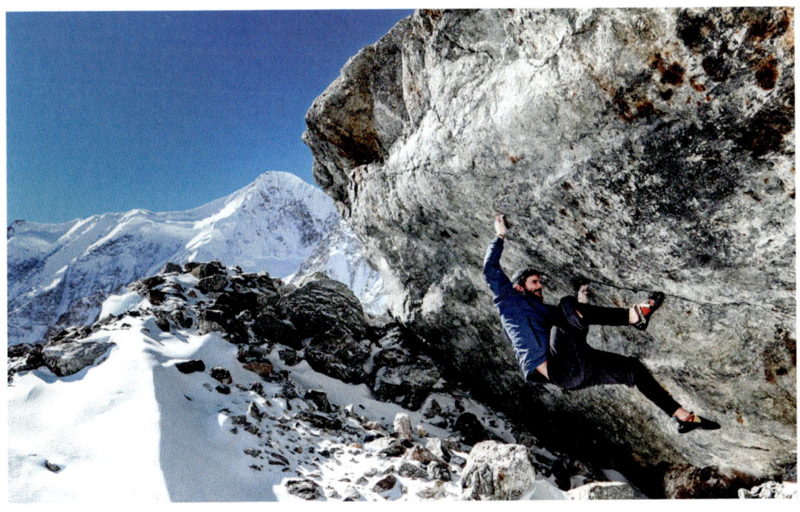

Grund, warum ich jetzt hier am K2 bin. Wegen dieser unglaublichen Natur. Wegen all dieser Schönheit, die mich immer wieder mit unfassbarer, staunender Begeisterung erfüllt, und das, obwohl ich in den Bergen geboren und aufgewachsen bin. All das löst ein tiefgehendes, permanentes Glücksgefühl aus: Diese magische Weite, sagenhafte Größe und die unbeschreibliche Schönheit, die mich immer wieder und wieder erfüllen – und ohne die ich nicht leben kann.

Freitag, 29. Januar. Ich steige zum Gilkey Memorial hoch, dem Ort, an dem man der Frauen und Männer gedenkt, die hier am K2 und an den umliegenden Achttausendern ihr Leben lassen mussten. JP habe ich an einem großen Felsblock zurückgelassen, wo er ein bisschen bouldert. Jedes Mal, wenn wir gemeinsam boulderten, suchte er einen neuen Steinblock aus, nie zweimal denselben. Auch das ist ein Merkmal seiner Entdeckungslust – immer wieder neue Orte zu finden, die er erforschen und begreifen will. Er scheint dabei unersättlich zu sein. Er ist total ins Klettern verliebt, in jede Art von Klettern. Vom Herumklettern auf den kleinen Felsblöcken bis hin zum Besteigen der Achttausender.

Ich hatte ihn natürlich gefragt, ob er mit mir zum Memorial gehen möchte, was er aber ablehnte. „Das ist mir einfach zu deprimierend. Ich will das nicht sehen", hatte er mir anvertraut. Er zieht es vor, inzwischen zu klettern und abzuwarten, bis ich wieder zurückkomme. Bereits im Sommer war ich am Memorial gewesen, und doch überrascht mich jetzt der Aufstieg, den ich ganz anders in Erinnerung habe. Er kommt mir jetzt im Winter sogar recht schwierig vor: Es ist ein steiler Pfad, an einigen Stellen muss man sogar klettern, und manche Bereiche sind so von Schnee und Eis bedeckt, dass man leicht ausrutschen und ziemlich weit abstürzen kann, wenn man nicht gut achtgibt. Wieder einmal bestätigt sich: Im Winter ist alles ganz anders. Zwangsläufig denke ich daran, was mich wohl weiter oben am Berg erwarten mag – insbesondere ganz oben, an der Schwarzen Pyramide oder beim Flaschenhals. Ich weiß, dass es sehr beschwerlich, heikel und mehr als hart werden wird. Und auch wenn alle Bedingungen perfekt sein sollten, bleibt es doch ein äußerst anspruchsvolles Unterfangen.

Ich stehe endlich am Memorial. Was ich dabei empfinde, ist haargenau dasselbe wie damals, im Jahr 2014, kurz bevor ich den Gipfel erreichte. Ich verspüre ein Gefühl tiefster Vertrautheit, ähnlich wie bei unseren kleinen, friedlichen Bergfriedhöfen in meiner Heimat. Mein Blick schweift über die gewaltigen Gletscher, den K2 und all die hohen Berge, die ihn umgeben, und es kommt mir so vor, als ob ich auf einem Bergfried, dem Hauptturm einer Burg, stehen würde, von dem aus ich die Welt betrachte. Hier an der Gedenkstätte, dem Memorial, wurde eine große Steinpyramide errichtet, an der Metalltafeln mit den eingravierten Namen – manchmal auch mit Fotografien – derer angebracht worden sind, die hier ihr Leben verloren haben – während der Suche nach der Verwirklichung ihres Traumes. Einige dieser Schilder sind heruntergefallen. Ich hebe sie auf und lege sie zurück zwischen die Steine, wo ich sie fest verkeile, damit der Wind sie nicht wieder fortweht. Einige der Namen sind mir wohlbekannt, wie zum Beispiel der von Mario Puchoz, der 1954 genau hier begraben wurde, an diesem Memorial. Dieses ist benannt nach dem amerikanischen Geologen und Alpinisten Arthur „Art" Gilkey, der 1953 am K2 ums Leben kam, als Mitglied einer Expedition, die Charles S. Houston leitete.

Art Gilkeys Geschichte mag wohl eine der erschütterndsten sein: Dabei geht es um eine Thrombose, die er erlitten hatte, während sie auf 7.700 Meter Meereshöhe von einem Schneesturm überrascht und gefangen gehalten wurden, um die unglaublichen Anstrengungen seiner sieben Kameraden, um ihn zu retten, sowie seinen qualvollen Tod. Sie versuchten ihn noch mitten im Schneesturm nach unten zu bringen, als plötzlich einer von ihnen ausrutschte und sie alle mit sich in die Tiefe zog. Wie durch ein Wunder gelang es einem der sich weiter oben befindenden Kameraden, die Fahrt in den Abgrund zu stoppen, was ihnen allen das Leben rettete. Kurz darauf verschwand jedoch der völlig hilflose Gilkey, den seine Kameraden an einem Eishang gesichert hatten, während sie versuchten, ein Zelt aufzustellen. Möglicherweise war er von einer Eislawine mitgerissen worden, jedenfalls schien er plötzlich wie vom Erdboden verschluckt und blieb für immer verschwunden.

Auch die Geschichte um Mario Puchoz ist sehr bewegend: Er starb im Lager II, vermutlich an einem Lungenödem. Der Bergführer aus dem Aostatal war Mitglied der historischen italienischen K2-Expedition, die 1954 als erste überhaupt den Gipfel erreichte. Nach seinem Tod musste man entscheiden, ob die Expedition abgebrochen oder fortgesetzt werden sollte. Die Entscheidung fiel für die Fortsetzung, und so waren es schließlich die Expeditionsmitglieder Achille Compagnoni und Lino Lacedelli, die als erste Menschen die 8.611-Meter-Marke des Gipfels erreichen konnten. Aber auch sie hätten es nie ohne eine sagenhafte Vorarbeit geschafft. Denn Walter Bonatti und Amir Mehdi, der aus dem Hunzatal stammte, hatten am Vortag in einer übermenschlichen Leistung die Sauerstoffflaschen auf 8.000 Meter Höhe hochgetragen, die es den beiden Gipfelsiegern überhaupt erst ermöglichten, den höchsten Punkt des K2 zu erreichen. Auch mein Freund Erich Abram hatte damals über eine lange Strecke dieses Aufstieges hinweg mitgeholfen, diese Sauerstoffflaschen hochzubringen. Ich selbst habe Erich in seinen letzten Lebensjahren noch kennengelernt. Er war für mich immer eine schöne Seele, und seine Gesellschaft war immer fröhlich und wohltuend. Er hat mir noch erzählt, dass damals immer eine enorme Menge an Trägern dabei war. Eine Expedition dauerte früher an die fünf Monate, und statt mit dem Flugzeug reiste man mit dem Schiff an und wieder ab. Unvorstellbar, wenn man das mit den heutigen Expeditionen und allen modernen technischen Möglichkeiten vergleicht.

Ich denke an Sergi. Es wäre schön, wenn wir nach unserem bevorstehenden Gipfelversuch ein solches Metallschild im Gedenken an ihn hier anbringen könnten. Auch mit JP habe ich bereits darüber gesprochen, der natürlich mehr als einverstanden ist. Ich bin ganz allein hier oben. Was mich überhaupt nicht stört, sondern mir im Gegenteil ein gutes Gefühl gibt. Ich empfinde Frieden, und es ist so, als ob ich mich mit all diesen Verstorbenen hier in einem Austausch befinden würde – und wohl auch mit der Göttin des Berges. Es ist eine Art Gebet, das ich dann noch spreche. Ich habe den Ruf des K2 ge- und erhört, deshalb bitte ich alle, mich zu begleiten und zu beschützen, mir die Kraft zu verleihen, die ich brauche, um alle Herausforderungen zu bestehen. Ich breite meine *wish list*, meine Wunschliste, vor diesen Seelen aus, vertraue mich ihnen an und bitte sie, mich dabei zu unterstützen, den Gipfel zu erreichen. Ich sage ihnen, dass ich ihnen vertraue, auf sie zähle, dass ich weiß, dass sie mich hören können. Und ich bete auch für sie. Und mit diesem Gebet verlasse ich das Memorial und kehre zu JP zurück.

Auf dem Rückweg ins Basislager denke ich über die Unterschiede zwischen den früheren und den heutigen Expeditionen hier nach. Ein Vergleich ist natürlich nicht wirklich möglich. Die größte Gemeinsamkeit besteht sicher schlicht darin, dass man an diesem Berg immer hochkonzentriert und jederzeit unglaublich vorsichtig sein muss. Genau das bestätigt ja auch dieses Memorial. Wenn ich allerdings an die Logistik einer früheren Expedition denke, erscheint mir vor allem die beeindruckende Menge an Nahrungsmitteln, die hier hochgeschleppt werden musste, ganz unvorstellbar. Man hatte mir aber erklärt, dass die gesamten Vorräte unserer Expedition bestehen aus: fünf Ziegen, 150 Kilogramm Hühnerfleisch, zwei *Dzo* (eine Kreuzung zwischen Yak und Rind) zu jeweils 150 Kilo, 50 Kilo *Kebab*-Fleisch – wie es für Döner vom Spieß gesäbelt wird –, das in Wurstform gepresst wurde, 25 Kilo Fisch, 350 Kilo Mehl und 500 Kilo Reis. Somit haben wir an die 600 Kilogramm Fleisch und Fisch, zudem einige Tausend Eier und noch eine Unmenge an Nutellagläsern zur Verfügung. Um all das hier hochzubringen, waren an die 700 Träger notwendig. Eine für mich unfassbare Zahl. Ich bin wirklich nicht an solche Expeditionen gewöhnt.

Sonntag, 31. Januar. Nach meinem Besuch am Memorial bin ich nun gestern zum Broad Peak-Basislager gewandert. Und heute gehe ich zum ABC, dem vorgeschobenen Basislager am K2. Es geht mir weder besonders gut noch besonders mies. JP aber ist so dermaßen schnell – ein richtiger *Speedy Gonzales* (Anm.: Zeichentrickfigur, „Die schnellste Maus von Mexiko") –, dass ich ihn nicht als Maßstab nehmen kann. Auf jeden Fall sind wir die Einzigen hier im Basislager, die laufen. Und in dieser wilden Naturlandschaft macht das auch richtig Spaß. JP sieht man es auf den ersten Blick an, wie sehr er diese immense und raue Schönheit liebt, die uns umgibt. Und immer wieder fragt er mich: „Was soll ich bloß mit dir machen?" Mit mir Schnecke, meint er wohl …

Mattia ist voller Zweifel in Bezug auf sein weiteres Vorgehen. Jeden Tag ändert er seine Pläne und fragt mich: „Versuchst du jetzt den *summit push* oder unternimmst du nur einen weiteren Akklimatisierungsgang? Du hast ja noch nie im Lager III geschlafen, also bist du noch nicht ausreichend akklimatisiert." „In der Tat", antworte ich, „habe ich noch keine Nacht im Lager III verbracht. Deshalb gehe ich hoch, schaue erst mal, wie es mir geht, und entscheide dann. Es hängt von so vielen Faktoren ab, dass ich es im Moment einfach noch nicht weiß. Doch ich kenne meine Grenzen und werde sie respektieren, indem ich ganz genau darauf achte, wie weit ich gehen kann und wann ich aufhören muss." „Davon", antwortet er mir, „sind aber alle überzeugt." Damit hat er wohl recht, denke ich, und doch ist es exakt das, was ich vorhabe: Genau aufpassen und ausschließlich das zu machen, was ich als das Richtige empfinde.

Ich versuche, jedes Gespräch zum *summit push* zu vermeiden, denn ich habe den Eindruck, dass mir das nur meine Energie raubt. Ich erinnere mich noch gut an solche Momente hier im Basislager 2014: Giuseppe Pompili wollte mir weismachen, dass ich für einen Gipfelsturm noch nicht ausreichend akklimatisiert sei. Aus seiner Sicht hatte er sicher recht, doch ich hatte gespürt, dass ich stark genug war, und außerdem hatte ich bereits eine Nacht im Lager II verbracht. Deshalb hatte ich geantwortet, dass ich sehr wohl ausreichend akklimatisiert wäre und daher tun würde, wozu ich mich in der Lage fühlte. Sich immer nur auf festgeschriebene und vorgegebene Konzepte zu verlassen, funktioniert meiner Meinung nach nicht. Jeder Tag, jedes Jahr, jede Jahreszeit und jeder Berg sind verschieden. Und auch ich verändere mich von Tag zu Tag. Somit kann man sich nicht immer nur auf den Kopf oder fixe Abläufe verlassen. Man muss auch spüren, was einem der Körper zu sagen hat. Da es mir die letzten Tage ziemlich schlecht gegangen ist, kann alles Mögliche geschehen, ich will aber auch nichts ausschließen. Also habe ich mich entschlossen, einfach so weit hinaufzusteigen, wie es mir eben möglich ist, und mir darüber hinaus keine allzu großen Gedanken über meine Pläne und den Ausgang dieser Expedition zu machen. Ich will und muss auf alle Signale hören, die mir der Berg, aber auch mein Instinkt und mein Körper zukommen lassen. Tag für Tag, Schritt für Schritt muss ich ausloten, wie es mir gerade geht, und wie weit ich daher gehen kann.

Heute schieße ich wunderschöne Fotos von JP. Er sieht wirklich aus wie Jesus, oder zumindest wie das innere Bild von Jesus, das ich seit meiner Kindheit im Kopf habe. Ich habe Jesus im Winter am K2 getroffen!, denke ich, und muss ein wenig über mich selbst lachen. Das ist doch wirklich eine so schöne Sache! Er aber ärgert sich über mich, halb im Ernst und halb aus Spaß, und meint, er sei doch kein Fotomodell. Ich necke ihn und wir brechen in lautes Lachen aus.

Montag, 1. Februar. Heute Morgen kamen mir während meiner Meditation drei Gedanken in den Sinn, die von grundlegender Wichtigkeit für mich sind. Ich muss: dankbar sein, Vertrauen haben und Ruhe finden. Solange ich nur an diese drei Dinge denke, scheint mir alles leicht und unproblematisch zu sein. Ich weiß, dass ich keine Angst zu haben brauche, an mein Vorhaben am K2 glauben muss und an meinen Traum – den Ruf des K2. Zudem erhielt ich heute Karl Gabls Wettervorhersage, und wir haben auf dieser Basis eine Entscheidung getroffen: Am 5. Februar werden wir versuchen, den Gipfel zu erreichen.

Den ganzen Tag verbringen wir mit Materialvorbereitungen. Wir laden alle Akkus auf und feilen unsere Steigeisen – allein dafür hat JP mindestens drei Stunden investiert. Wir packen auch unser *Dyneema*-Seil ein (Anm.: besonders leichtes und bruchsicheres Material), das wir für alle Fälle, insbesondere aber für die letzten Meter zum Gipfel mitnehmen wollen. Auch einige zusätzliche Eisschrauben kommen ins Gepäck. Und nicht zuletzt die wichtige Wechsel- und Reservewäsche, wie zum Beispiel zusätzliche Handschuhe.

Dieses Vorbereitungsritual am Vortag des Aufbruches ist immer sehr schön. Man ist extrem konzentriert und fokussiert auf den Berg, den Gipfel, auf all das, was einen da oben erwartet. Natürlich ist man auch nervös.

Und ziemlich aufgeregt. Gleichzeitig aber auch absolut glücklich. Den ganzen Tag über kreuzen sich meine und JPs Blicke, und jeder sieht in den Augen des anderen dasselbe Strahlen. Dieses Flackern, dieser konzentrierte, gesammelte Blick bedarf keiner Worte. Er drückt ein tiefes Glücksgefühl aus, und ich bin voller Freude. Wir beide sind selig. Und können es kaum erwarten, endlich loszugehen. Unser Plan ist denkbar einfach: Morgen, am 2. Februar, wollen wir das Lager II erreichen. Am darauffolgenden Tag, dem 3. Februar, ist das Lager III unser Ziel. Am 4. Februar gelangen wir dann auf 7.800 Meter Meereshöhe zum Lager IV. Und am 5. Februar wollen wir schließlich den Gipfel erreichen.

Die anderen haben vor, das Lager IV wegzulassen. Ich aber muss auf mich und meinen Körper achten und meine eigenen Entscheidungen treffen. Das Lager IV im Winter am K2 zu überspringen, scheint mir zu gewagt. Um vom Lager III direkt bis zum Gipfel zu kommen, muss man wirklich die ganze Nacht durchmarschieren. Für die Nacht vom 4. auf 5. Februar ist starker Wind angekündigt, genau dann also, wenn wir den Gipfelsturm vorhaben. Ein *summit push* mit über 1.300 Meter Höhenunterschied, nachts, im Winter, mit solchem Wind, derartiger Kälte und in dieser Höhe scheint mir ganz undenkbar. Nein, das wäre einfach viel zu schwierig, für mich jedenfalls. In der Dunkelheit auf- oder abzusteigen betrachte ich grundsätzlich als problematisch: Weder habe ich noch hatte ich jemals die mentale Kraft, die man braucht, um all diese wirklich harten Stunden im Dunkeln durchzustehen. Es kommt einem dabei so vor, als ob man seine ganze Kraft nur darauf verwenden müsste, das eigene Leben festzuhalten, bevor es in die schwarze Leere entschwindet.

Am Ende gelingt es mir, JP mit meinen Überlegungen zu überzeugen, obwohl auch er anfangs geglaubt hat, dass das Überspringen von Lager IV die bessere Variante sei. Den anderen sagt er scherzend, ich hätte ihn hypnotisiert, um ihn auf meine Seite zu ziehen. Denn alle anderen belächeln mich: „Niemals wirst du hier vier Tage lang gutes Wetter haben, das ist unmöglich!" Ich aber antworte, dass ich das beim Universum so bestellt hätte und fest daran glaube, dass das alles funktioniert. Und somit steht unser Plan fest. Er sieht vor, dass wir auf knapp 8.000 Meter Meereshöhe nochmals eine Rast einlegen werden. Wir sagen uns: Versuchen wir es und geben auf jeden Fall unser Bestes. All meine Gedanken sind auf die Göttin des K2 gerichtet, bei der ich jetzt innig um das gute Gelingen unseres Aufstieges bete.

Es bleiben nur noch wenige Stunden: Morgen geht es los.

16 AUF ZUM SUMMIT PUSH!

2. Februar 2021, Basislager – Lager I am K2

Ganz gleich wie viel Erfahrung als Höhenbergsteiger man bereits gesammelt hat, der Aufbruch vom Basislager ist immer eine höchst emotionale Angelegenheit. Kann man es einerseits kaum erwarten, endlich wieder am Berg zu sein und gipfelwärts zu steigen, ist andererseits auch immer eine gewisse Angst damit verbunden. Jene respektvolle Beklommenheit, die letztendlich mit allen großen Vorhaben in unserem Leben verbunden ist. Wie der Besteigung eines so monumentalen Berges wie diesem.

Bin ich wirklich bereit dafür? Bin ich der Sache überhaupt gewachsen? Bin ich ausreichend genesen? Bin ich viel zu langsam, um mit JP Schritt halten zu können? Lauter Fragen, die im Moment noch nicht beantwortet werden können. Die mir jedoch immer wieder durch den Kopf schießen, als ob sie mich und meine Entschlossenheit auf die Probe stellen wollten. Sowohl JP als auch ich können es aber kaum erwarten, den K2 zu besteigen. Dieses Mal wollen wir so hoch hinaufgelangen wie nur irgendwie möglich. Dies ist jetzt unser *summit push*, unser Versuch, den Gipfel zu erreichen – und es ist auch der Versuch der anderen Bergsteiger hier im Basislager. Jeder ist fest entschlossen, das Schönwetterfenster bestmöglich zu nutzen, das uns dieser harte Winter nun beschert.

JP und ich stehen um vier Uhr morgens auf. Die Rucksäcke und der Rest der Ausrüstung stehen natürlich schon bereit. Die Vorbereitung des Materials ist ein überaus wichtiger und für den Erfolg ausschlaggebender Bestandteil des Unternehmens – man darf auch hier keinen Fehler begehen. Weder soll zu viel mitgenommen werden, noch dürfen wichtige Dinge fehlen. Man muss eine kluge Wahl treffen. Ein zweites Paar Handschuhe oder eine zusätzliche Gasflasche dabeizuhaben, kann im Notfall über Leben und Tod entscheiden. Eine ausgesprochen ernste Angelegenheit also, und das ist uns auch bewusst.

Im Essenszelt sind nur wir beide. Wir zünden das Feuer an, dann wird unser Frühstück serviert. Wir stopfen uns den Magen so voll wie es nur geht, denn von nun an ist jede Kalorie wertvoll. Als wir starten, kommen wir am *Chörten* vorbei, wo die *Puja* abgehalten worden war, und wir sprechen noch ein Gebet, damit es der Wind zum Berg hochträgt. Und bereits hier, auf dieser sehr kurzen Strecke, die wir bis zum *Chörten* zurücklegen, erweist sich JP bereits wieder als der wesentlich Schnellere von uns beiden. Was mir augenblicklich vor Augen führt, wie der restliche Tag verlaufen wird. Anfangs ist er ungefähr eine Minute voraus. Danach allerdings vergrößert sich sein Vorsprung im gleichen Maß, wie der Pfad zum vorgeschobenen Basislager steiler wird. JP folgt also seinem Rhythmus und ich dem meinen, und trotzdem fühle ich mich dadurch bereits unter Druck gesetzt. Zudem ist es immer noch dunkel, auf dem Eis ist der richtige Weg nur sehr schwer auszumachen und eine Spur, der man folgen könnte, gibt es sowieso nicht.

Als ich zum *crampon point* komme, ist JP natürlich schon da: Er sieht mich näherkommen, wartet aber nicht auf mich, sondern zieht gleich weiter. Ich muss aber noch kurz haltmachen und die Steigeisen anziehen. Dann beginne auch ich mit dem Aufstieg, der mir aber einigermaßen schwerfällt, denn ich beginne sofort zu schwitzen. Aus tiefstem Herzen hoffe ich, nicht vom richtigen Weg abzukommen, während JP sich immer weiter von mir entfernt. An einigen Stellen wartet er kurz auf mich, dann verliere ich ihn wieder aus den Augen. Das ist eigentlich auch ganz normal in einem Labyrinth wie diesem hier Richtung ABC. Mit meiner Leistung bin ich nicht wirklich zufrieden, gehe aber trotzdem immer weiter, meinem Instinkt folgend. Schließlich erreiche ich das vorgeschobene Basislager. Es geht mir wieder zunehmend schlechter, außerdem bin ich bereits müde. Offenbar bin ich immer noch nicht ganz auf der Höhe meiner Kräfte, nach diesen letzten Tagen mit Durchfall, Übelkeit und den zwei Tagen, als ich fast nichts aß, und danach brachte ich ja nichts außer weißem Reis und blanken Nudeln hinunter.

JP wartet natürlich schon auf mich und friert bereits. Ich dagegen bin von der ganzen Anstrengung bereits gezeichnet und schnaufe schwer. JP fragt mich, was er tun soll. Ob er auf mich warten soll. Ich bitte ihn darum. Erkläre ihm, dass ich wesentlich motivierter wäre, wenn er ein wenig auf mich warten würde: „Wenn du immer vorausläufst und ich immer mehr zurückbleibe, fällt es mir sehr schwer, motiviert zu bleiben!" Er bleibt völlig ruhig und antwortet mit einem Lächeln im Gesicht: „Gut, dann gehe ich von nun an langsamer." Allerdings bedeutet „langsamer gehen" für ihn etwas anderes als für mich. So gehen wir ein Stück des Weges gemeinsam weiter und vereinbaren schließlich, dass wir uns im Lager I treffen, wo er auf mich warten wird. Nie zuvor habe ich – in meinem ganzen Leben nicht – jemanden getroffen, der in diesen Höhenlagen dermaßen schnell ist. Kaum zu glauben, dass er in Chile nur auf Meereshöhe lebt. Er ist wirklich fürs Höhenbergsteigen geboren.

Ich bemühe mich, meinen eigenen Rhythmus zu finden und zu halten. Ich denke daran, dass zwanzig Meter unter mir Sergis Absturz geendet hat, und ich vermeide es, hinunterzuschauen. Der Gedanke daran schmerzt immer noch sehr. Ich versuche, mich auf unseren Aufstieg zu konzentrieren und immer weiterzugehen. Schritt für Schritt, ziemlich mühevoll, steige ich weiter hoch, während JP zunehmend aus meinem Blickfeld entschwindet. Ich habe keine Ahnung, wie viele Stunden ich noch bis zum Lager I brauchen werde. Es ist eigenartig: Während dieser Expedition habe ich nie auf die Uhr geschaut, nie auf die Zeit geachtet, die ich für bestimmte Strecken benötigte, was für mich ziemlich ungewöhnlich ist, da ich tief in mir drinnen doch immer noch einen Rest Wettkampfgeist bewahrt habe. Auf dieser Expedition ist es mir aber ganz egal, ob ich als Erste oder als Letzte irgendwo ankomme. Dieser Aufstieg ist anders als alles andere zuvor. Und auch ich selbst fühle mich anders als jemals zuvor. Natürlich will ich den Gipfel erreichen und selbstverständlich auch so schnell wie möglich, doch dieses Mal ist das nicht mehr das Einzige, was zählt. Vielmehr möchte ich bei allem, was ich mache, ganz aufmerksam sein und genauestens achtgeben. Dabei denke ich auch an Sergi. Daran, dass er genau in diesem Teil der Wand abgestürzt ist. Deshalb passe ich noch mehr auf, versuche jedes kleinste Detail bewusst in mich aufzunehmen. Und ich versuche auch, dieses Abenteuer in seiner Gesamtheit zu erleben, zu genießen und zu verstehen, was ich hier wirklich suche.

JP ist bereits im Lager I angekommen. Und wieder friert er. Ihm ist entsetzlich kalt. Sobald er mich sieht, fragt er sofort: „Wie fühlst du dich?“ „Ich bin richtig müde“, antworte ich wahrheitsgemäß. Ich bin wirklich nicht so in Form, wie ich es mir erhofft hatte. Ganz im Gegenteil. Es ist natürlich klar, dass ich nach dieser letzten Woche noch nicht wieder in meiner normalen Kraft bin, trotzdem hatte ich gehofft, dass ich doch bereits mehr zu Kräften gekommen wäre, als es jetzt der Fall ist. Leider ist auf dieser Höhe nichts wirklich normal, und alles hier scheint gegen deinen Körper anzukämpfen. Und so hat es mich schon einige Mühe gekostet, nur bis hierher zu gelangen.

Also schlägt JP vor, ohne zweimal darüber nachzudenken, im Lager I zu bleiben, obwohl unser ursprünglicher Plan vorsieht, heute noch bis Lager II zu gehen. Ich weiß seinen Vorschlag unglaublich zu schätzen, da JP damit beweist, dass er trotz all seiner Entschlossenheit auch flexibel geblieben ist. Natürlich fühle ich mich als schwächeres Glied dieser Seilschaft, und mit einigen Schuldgefühlen beladen, da ich es nicht geschafft habe, schneller zu sein. Trotzdem antworte ich: „Ja, gut, wenn es für dich okay ist, lass uns hierbleiben; dann sterbe ich wenigstens nicht schon am ersten Tag vor Anstrengung, und kann mich vielleicht etwas besser erholen auf dieser

Höhe.“ „Dann lass es uns so machen“, sagt er, und fügt hinzu: „Komm, mir ist wirklich kalt, lass uns das Zelt aufstellen.“ Und wieder denke ich mir, dass er genau der Seilkamerad ist, den ich mir immer gewünscht habe.

Im unteren Teil des Lagers I gibt es keinen Platz mehr, denn die Sherpas haben bereits alle Zelte für die Expeditionsteilnehmer aufgestellt, die im Lager I haltmachen wollen. Also gehen wir zum oberen Teil, ungefähr dreißig Meter höher, und stellen unser Zelt links unter einem Felsen auf, am einzigen freien Fleck, der noch übrig ist. Auch dieser Stellplatz war mit viel Mühe geschaffen worden, was an den niedrigen Trockenmauern zu erkennen ist. Wir haben einen winzigen, taschentuchgroßen Bereich, der dem Berg irgendwie abgetrotzt worden ist und haargenau einem einzigen Zelt Platz bietet. Hier bauen wir das Zelt auf, das JP bei seinem letzten Akklimatisierungsgang hochgebracht und hier deponiert hat. Mit ihm zusammen das Zelt aufzustellen und einzurichten ist anders, als ich es gewohnt bin. Mit Simone gab es unsere eingespielte Routine: Er war für alles außerhalb zuständig, während ich mich um das Innere des Zeltes kümmerte. Doch auch mit JP finde ich schnell eine sinnvolle Arbeitsweise, und so sind wir bald fertig und schlüpfen gleich ins Zelt. Wir haben eine ultraleichte Schaumgummimatte, die man wie eine Ziehharmonika auseinanderzieht, und zwei aufblasbare Liegematten. Ich positioniere die Schaumgummimatte so, dass sie eine isolierende Basis für beide aufblasbaren Matten ist. Doch beim Aufblasen bemerke ich sofort, dass eine ein Loch hat. Ich kann es mir auch nicht erklären, aber mit Liegematten scheine ich immer Pech zu haben. Ich muss fast lachen, wenn ich daran denke. Jedenfalls nehme ich die Faltmatte und lege sie unter die kaputte Matte. Ich will nicht zu viel Energie in Vorfälle investieren, die mich aus der Ruhe bringen, und ich denke dabei immer wieder an Simone, wie er damals sagte: „Handelt es sich hier um Leben oder Tod? Nein!! Also schauen wir auf die positiven Dinge!“

Anschließend holen wir die Vorräte aus unserem Depot, das sich im unteren Teil des Lagers befindet, dort, wo die anderen Zelte stehen. Wir müssen zwei Mal hinunter- und wieder hochgehen, um alles heraufzuholen, was wir eingelagert hatten. Mühen über Mühen, denke ich mir dabei. Dass damit aber noch nicht alle Aufgaben und Probleme gelöst sind, wird klar, als wir feststellen, dass auch JPs Liegematte defekt ist. Also muss alles wieder neu angeordnet werden. Ich überlasse JP die Ziehharmonika-Matte und breite alle mir zur Verfügung stehende Kleidung unter meiner kaputten Matte aus. Die Handschuhe und Fäustlinge lege ich unter meine Füße, während meine andere Jacke unter den Körper kommt.

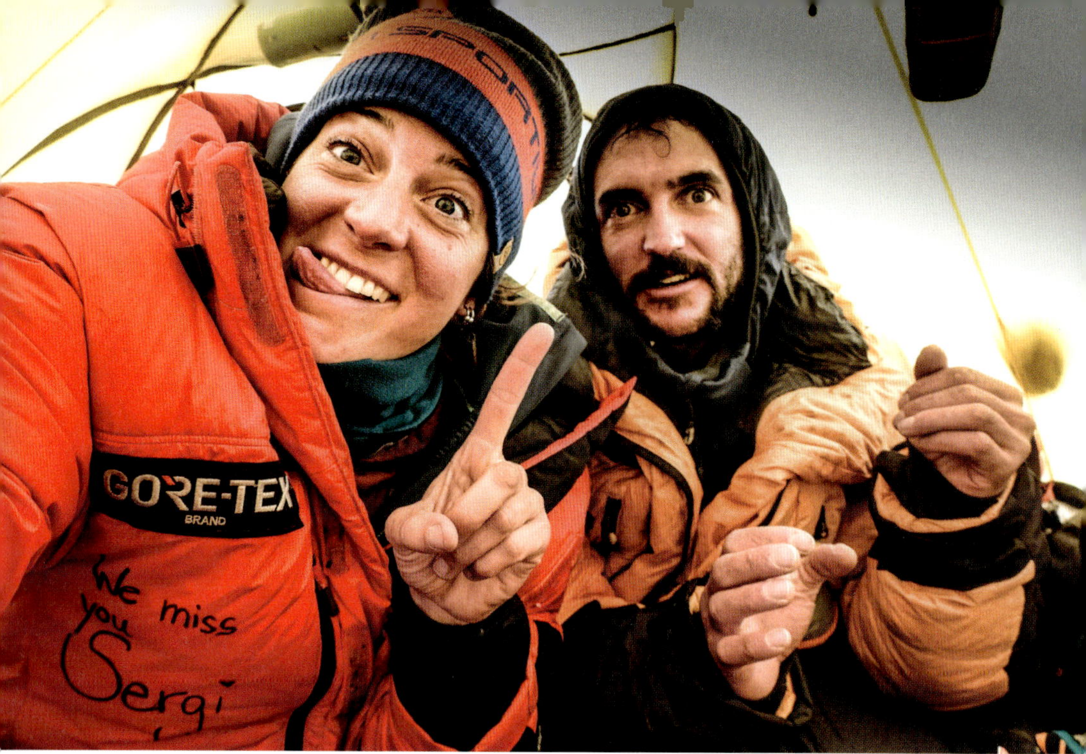

Richtung Gipfel mit JP - zuversichtlich und mit frohem Sinn. Ein tolles Team, finde ich.

Das alles mag irgendwie lächerlich oder unwichtig erscheinen. Ist es aber nicht. Ich habe bereits Sorge, die Nacht jetzt nur sehr schwer überstehen zu können, da es wirklich keine angenehme Sache ist, auf dem Eis zu schlafen, ohne ausreichend isoliert zu sein. Und ich werde es immer wieder wiederholen: In dieser Höhe – wir befinden uns jetzt auf 6.100 Meter Meereshöhe – wird jede Belanglosigkeit zum massiven Problem, kann jedes Körnchen das Getriebe, das dein Körper, deine Beine, deine Lungen letztlich darstellen, richtig hart rannehmen. Also gerade das, was du benötigst, um wieder vom Berg herunterzukommen, und was es dir ermöglicht, deine Haut zu retten, sollte es vonnöten sein. JP und ich scherzen zwar über unsere Missgeschicke, sind aber gleichzeitig etwas genervt von all diesen Zeitverlusten. „Komm, das ist Teil des Abenteuers", gibt er zu bedenken, „Wenn man sich nicht etwas anstrengt und auch ein bisschen leidet, ist am Ende alles weniger wert." Wie Simone gelingt es auch JP, immer positiv zu bleiben. Er schafft das sogar mit einem Glücksgefühl, mit einem Leuchten in seinen Augen, und mit all der Liebe, die er für die Berge empfindet.

An diesem Abend neckt er mich sogar. Ich gestehe ihm, dass ich mich schuldig fühle, weil ich nicht schneller bin, da es mir noch nicht richtig gut geht, und ich auch immer noch Husten habe; dass ich aber sehr hoffe, morgen besser in Form zu sein. „Ja, hoffen wir es", sagt er lachend, „denn heute warst du wirklich eine Schnecke." Ich lache mit ihm, auch wenn ich tief in mir immer noch ziemlich genervt bin.

Ich hoffe wirklich sehr, dass ich mich gut ausruhen kann und morgen etwas fitter bin. Auch, weil wir morgen nicht nur bis zum Lager II, sondern direkt zum unteren Lager III gelangen wollen. Damit wir am darauffolgenden Tag das Lager IV erreichen und dann, am vierten Tag, endlich den *summit push* in Angriff nehmen können. Ich erinnere mich aber noch gut an den Aufstieg im Sommer 2014: Damals war es für mich schon sehr anstrengend, nur vom Lager II bis zum Lager III aufzusteigen, wobei ich mir dachte: O je, ich hoffe, ich habe heute nicht schon zu viel Pulver verschossen.

Jedenfalls schlafe ich dann, trotz aller widrigen Umstände, ziemlich gut. Was mich total überrascht und freut, denn es erwartet uns ein weiterer ausgesprochen harter Tag.

17

DER LÄNGSTE TAG

3. Februar 2021, Lager I - unteres Lager III am K2

Wir machen uns um sieben Uhr auf den Weg, noch bevor die Sonne das Lager I erreicht. Außer uns hat noch niemand das Zelt verlassen, alle schlafen noch, inklusive der Sherpas. Sie müssen allerdings heute auch nur das Lager II erreichen, während wir bis ins untere Lager III aufsteigen wollen.

Das Wetter ist schön, aber kalt. Es wäre auch eigenartig, wenn es nicht so wäre. Jemand hat mir erzählt, dass das Thermometer während der Nacht bei ihm im Zelt auf minus 45° C gesunken sei.

Ich fühle mich immer noch nicht ganz fit. Das mag nun auch Kopfsache sein, und somit mehr als nur ein rein körperlicher Zustand, denn langsam dämmert mir, dass diese Besteigung die größte Herausforderung meines ganzen Lebens werden könnte. Und dass sich der Abstand zwischen meiner und JPs körperlicher Verfassung wohl noch weiter vergrößern würde. Der erste Tag war in dieser Hinsicht schon mehr als eindeutig gewesen: Noch nie in meinem bisherigen Leben hatte ich mich dermaßen unterlegen gefühlt. Kein gutes Gefühl also. Hier oben, in dieser Höhenlage, dem Seilpartner eindeutig körperlich unterlegen zu sein, ist alles andere als ideal, vor allem für jemanden wie mich. Ich will nicht zurückfallen, hinter jemandem herlaufen, das zerrt an meinem Nervenkostüm und erschwert es, jene innere Ruhe und Kraft zu finden, die mich hier oben antreiben, mich in die Lage versetzen zu leiden, durchzuhalten und wirklich alles zu geben. Mir ist aber auch klar, dass JP mir den Umstand meiner derzeitigen Unterlegenheit niemals zum Vorwurf machen würde.

JP bemerkt natürlich, dass es mir immer noch nicht gut geht. Er sieht aber auch, dass ich mich wahnsinnig anstrenge, mein Bestes zu geben. Ich versuche einfach so wenig wie möglich daran zu denken und weiß, dass es bei diesem Gipfelanstieg ohnehin nie darum gehen wird, ständig gemeinsam zu gehen. Jeder muss seinem Rhythmus folgen; und sich gegenseitig zu helfen ist sowieso so gut wie unmöglich. Es geht nur noch ums Überleben. Man wird gewissermaßen zu einem Tier, und in dieser Vermischung kommen hauptsächlich Instinkt und Intuition zum Ausdruck. Es ist ein ungeschriebenes Gesetz: Überschreitet man erst einmal die 7.500-Meter-Grenze, befindet man sich in der „Todeszone" – im Winter gilt das noch viel mehr als im Sommer, da im Winter alle Bedingungen sehr viel extremer sind –, und da wird es dann sehr schwierig, wenn nicht gar unmöglich, sich gegenseitig zu Hilfe zu kommen. Jeder muss hier in der Lage sein, sich selbst zu helfen. Der Nutzen einer Seilschaft ist demnach eher psychologischer Natur.

Ich grüble also über einiges nach. Doch ich freue mich auch, dass ich letzte Nacht einigermaßen gut geschlafen habe. Darauf hatte ich gar nicht wirklich gehofft, da ich üblicherweise in dieser Höhe nicht mehr gut schlafen kann. Das soll mir eine Lehre sein, denn immer positiv zu denken und ohne Vorurteile zu handeln ist wichtig – man weiß vorher nie, wie etwas ausgeht. Positiv denken. Keiner kann das besser als JP. Das, was ich am meisten an ihm schätze, ist dieser Frieden, dieses innere Gleichgewicht, diese Ruhe und die Abwesenheit negativer Gedanken. Zumindest gelingt es ihm sehr gut, all das auszustrahlen. Nie scheint er von irgendetwas abhängig zu sein. Er ist einfach immer nur im Hier und Jetzt, nimmt alles in sich auf und genießt den Moment, auch wenn es kalt und windig ist, und selbst dann, wenn er auf dem Eis schlafen muss, weil unsere Liegematten kaputt sind. Also sagen wir uns trotz allem, dass, wenn wir es heute bis ins untere Lager III schaffen, Hoffnung besteht, morgen noch das Lager IV zu erreichen. Und danach den Gipfelsturm zu wagen. Von

JP im Lager I während unseres Gipfelversuches. Manchmal läuft nicht alles wie erwartet, aber am Berg muss man immer extrem flexibel sein.

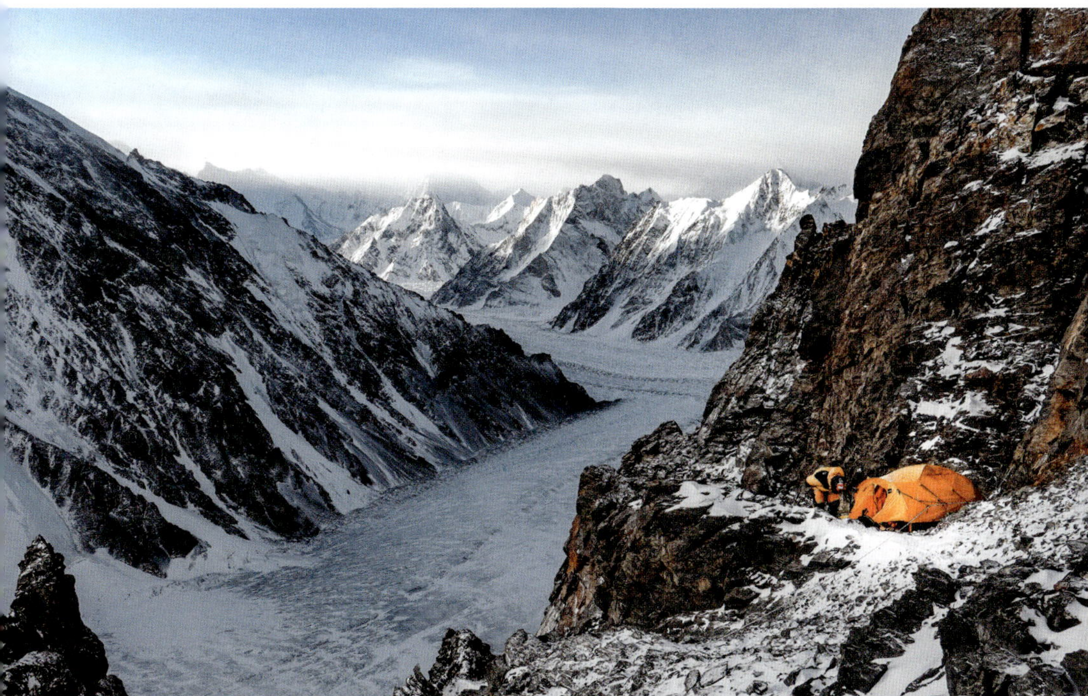

diesem Kampfgeist gestärkt gehen wir los, in der Annahme, dass uns noch immer alle Möglichkeiten offenstehen. Doch wir wissen auch, dass wir es unbedingt bis zum unteren Lager III schaffen müssen, denn dort hatten JP und Sergi ihre dicken Schlafsäcke deponiert. Es gibt keine andere Option, als heute noch dorthin zu gelangen. Denn im Lager II sind zwar Zelte deponiert, aber keine Schlafsäcke. In der Praxis bedeutet das, dass wir es heute von den 6.100 Meter Meereshöhe des Lagers I auf die ungefähr 7.000 Meter des unteren Lagers III schaffen und dabei also 900 Höhenmeter überwinden müssen. Ein sehr langer und noch viel härterer Tag. Zu Hause sind 900 Höhenmeter für mich weniger als ein Scherz. Hier aber, noch dazu im Winter, befinden wir uns sozusagen auf einem anderen Planeten.

Ich war zuerst gestartet und ein wenig vorausgegangen, um ein Foto von JP zu schießen. Die Landschaft ist atemberaubend schön, und für kurze Zeit erscheint mir alles um mich herum perfekt. Dann aber überholt er mich schnellen Schrittes und ist auch gleich schon wieder voraus. Wir haben vereinbart, das *Garmin inReach* immer eingeschaltet zu lassen, sodass wir uns im Notfall sofort erreichen können. JP geht also voraus und ich folge mit meiner Geschwindigkeit, in meinem Rhythmus. Und so verbringe ich den ganzen Tag allein. Vereinbart ist, dass er im Lager II auf mich wartet.

Der *Camino Bill* ist an sich schon sehr anspruchsvoll, doch heute macht er mir doppelt zu schaffen. Ich bin immer noch etwas gestresst, sage mir ständig, dass ich schneller sein muss, mich beeilen muss, damit JP dort oben nicht wegen mir zu frieren braucht. Und endlich erreiche auch ich das Lager II. JP wirkt wie immer ausgesprochen gelassen; da ich aber nicht weiß, wie lange er auf mich warten musste, machen wir uns gleich ans Werk und entnehmen unserem Materialdepot alles, was wir für den weiteren Anstieg benötigen. Sergi und JP hatten bei ihrem zweiten Akklimatisierungsgang bereits die Isomatten, die Schlafsäcke und den Gaskocher ins untere Lager III gebracht und dort deponiert. Also ist alles Wichtige bereits vor Ort, und es bleibt nicht mehr viel übrig, was unbedingt noch hinaufgetragen werden müsste. Essen natürlich und Gasflaschen für den Gaskocher. Wir legen nur eine ganz kurze Rast ein und setzen unseren Aufstieg gleich fort. Uns erwartet jetzt die sogenannte „Schwarze Pyramide", einer der schwierigsten Abschnitte der Abruzzi-Route. So weit bin ich in diesem Winter noch nicht hinaufgelangt. Was den Anstieg für mich jetzt umso interessanter macht, gewissermaßen auch neu, da ich mich kaum noch daran erinnern kann, wie der Weg im Sommer 2014 ausgesehen hat.

Ich strenge mich an, nicht zu weit zurückzufallen, um den Kontakt zu JP nicht ein weiteres Mal zu verlieren. Was mir mittlerweile auch erstaunlich gut gelingt. Einen Menschen weit vor mir zu sehen, setzt mir immer ordentlich zu. Von meinen Skitourenrennen bin ich es gewohnt, Schritt zu halten, mich etwaigen Läufern vor mir an die Fersen zu heften. Ich muss mich zusammenreißen, durchhalten, schnell sein, sage ich mir mantraartig immer wieder vor. Auch bei der Winterbesteigung des Nanga Parbat damals war es nicht viel anders: Ich wollte um jeden Preis immer mit den anderen mithalten. Zu zweit zu sein, gibt mir einfach das Gefühl von mehr Sicherheit und motiviert auch zusätzlich. Daher leidet auch diesmal meine Motivation darunter, dass ich ständig zurückfalle. Bin ich nämlich allein unterwegs, habe ich mehr Zeit zum Nachdenken, und denke ich erst einmal darüber nach, warum ich schwächer bin, beginnen diese Gedanken gegen mich zu arbeiten, was den Willen und die Selbstsicherheit weiter schwächt. Und das raubt nach und nach enorm viel Energie. Energie, die ich mir besser für den Aufstieg bewahren sollte.

Um diesem negativen Gedankenstrudel zu entkommen, konzentriere ich mich noch stärker auf den Aufstieg. Es gilt noch einige vertikale, sehr heikle Abschnitte zu überwinden. Auch scheint mir jetzt der Weg ein anderer als im Sommer 2014, wenn auch nur geringfügig anders. Ich erinnere mich an einige Teilstücke überhaupt nicht mehr, ebenso wenig an manche Eis- und Felspartien, was die Angelegenheit für mich aber spannender macht, da sie somit für mich wieder zu einem ersten Mal wird. Ein interessanter Anstieg also, der mich vom Lager II ins untere Lager III führt.

JP war der Meinung, dass wir relativ schnell das untere Lager III erreichen sollten – und so ist es dann tatsächlich, auch wenn ich die genaue Zeit, die wir dafür benötigt haben, nicht angeben kann, da ich bei dieser Expedition ja keine Uhr verwende und mich nur nach der Sonne und dem Tageslicht richte.

Weder kann ich mich daran erinnern, wo sich dieses untere Lager III genau befindet, noch daran, wie es aussieht. Wohl vor allem deshalb, weil wir im Sommer 2014 nicht dort haltgemacht hatten. Ich habe JP sogar noch gefragt, ob sich das Lager in der Nähe der Fixseile befände, da ich nicht Gefahr laufen will, es zu übersehen und daran vorbeizugehen. „Keine Sorge", hat er mich beruhigt, „es ist ganz in der Nähe, du kannst es gar nicht verfehlen!" Jetzt kann ich vor mir vier Sherpas erkennen, die wohl gerade von künstlichem Sauerstoff Gebrauch machen. Sie transportieren Sauerstoffflaschen für ihre Kunden nach oben. JP überholt sie mit Leichtigkeit – in welch grandioser Form er doch ist.

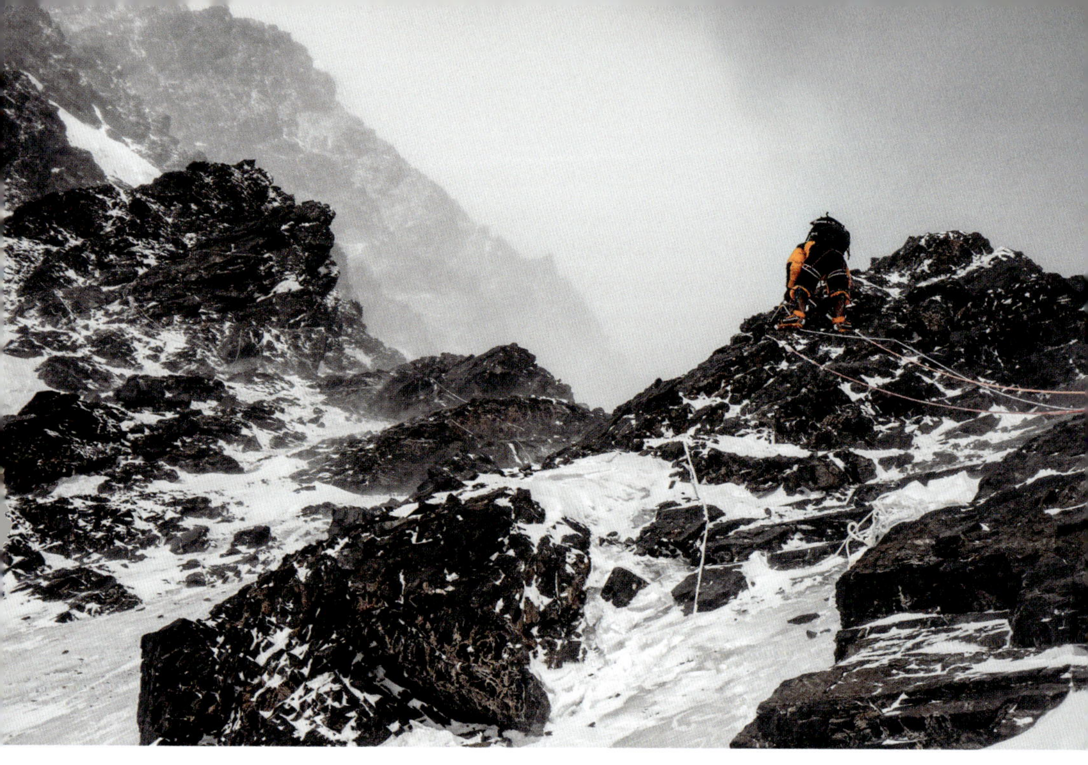

Mein letztes Foto von JP, als wir bei unserem summit push Richtung Lager III starten. Das Wetter war nicht das beste ...

Inzwischen verschlechtert sich das Wetter. Der Himmel ist mit Wolken bedeckt und die Welt kleidet sich in eintöniges Grau. Auch der Berg verändert damit sein Aussehen vollständig. Was alles um einiges bedrohlicher erscheinen lässt, da auch meine Wahrnehmung und meine Gedanken nicht unbeeinflusst davon bleiben. Ich versuche mich nur noch mehr zu konzentrieren und weiter anzutreiben. Wenn ich mich nicht zu sehr der Kälte aussetzen will, muss ich noch mehr Gas geben.

Ich bete zu Gott: Bitte schenke uns doch noch ein wenig Sonne. Nur ein paar Strahlen. Nur so lange, bis wir das untere Lager III erreichen. Und plötzlich, gerade so, als ob mich da oben jemand erhört hätte, bessert sich das Wetter wieder. Etwas unterhalb des unteren Lagers III treffe ich dann noch auf Pemba, der gerade absteigt. Ich frage ihn, wie weit es noch bis zum unteren Lager III ist. „Zwanzig Minuten“, antwortet er. Im ersten Moment erscheint mir das unglaublich lange. Zwanzig Minuten, ich kann es kaum glauben, denn ich hatte ihn doch gerade erst oben hinter den Felsen verschwinden sehen, und schon war er hier bei mir. Das können doch niemals zwanzig Minuten gewesen sein? Durchaus möglich, dass heute nicht gerade einer meiner besten Tage ist. Und wie schon so oft zuvor, habe ich genau beim *summit push* meine Tage, was auch nicht hilfreich ist. Aber zwanzig Minuten für die paar Meter sind dann doch zu viel. Ich beschließe einfach, dass ich schneller sein werde. Also steige ich diese letzte Rinne hinauf. Hochkonzentriert und mit vollem Einsatz.

Ich spüre, dass ich angekommen bin, kann förmlich schon das Lager riechen. Ein glücklicher Moment, und zumindest für heute das Ende aller Anstrengungen: Ich bin tatsächlich im Lager III angekommen. Morgen können wir dann das Lager IV erreichen, und damit verläuft wieder alles nach Plan und nach unseren Vorstellungen. Ich bin glücklich, auch wenn ich genau weiß, dass es mir immer noch nicht richtig besser geht. Aber daran darf ich jetzt nicht denken. Ich möchte nur noch die Tatsache genießen, es endlich bis ins untere Lager III geschafft zu haben. Ich bringe die letzten Meter hinter mich, ein Schneefeld, steige weiter auf. Schon kann ich JP und unser Zelt sehen, er mich aber noch nicht. Ich stehe auf einem Bergrücken, einem kleinen Grat, und er befindet sich auf der gegenüberliegenden Seite. Er macht gerade die letzten Handgriffe beim Aufstellen des Zeltes, und ich will mich noch mehr beeilen, damit ich ihm dabei helfen kann. Deshalb aktiviere ich nochmals alle Reserven und setze zum Endspurt an. Dann bleibe ich kurz stehen, um etwas Atem zu holen … und übergebe mich. Gleich zwei Mal hintereinander. Ich erreiche JP und sage ihm sofort, was vorgefallen ist. Dass ich mich übergeben habe. Trotzdem fühle ich mich gar nicht mal so schlecht. Weder habe ich Kopfschmerzen, noch fühle ich mich sonst irgendwie angeschlagen. Für einen Tag wie diesen geht es mir sogar ziemlich gut. Auch 2014 war der Tag auf dem Weg zum Lager III der schwierigste. Also helfe ich JP noch dabei, das Zelt von außen und innen in Ordnung zu bringen. Und dann schlüpfen wir hinein.

Trotz allem bin ich hin- und hergerissen. Tief in meinem Herzen regen sich Zweifel an meinem *summit push*. Und gleichzeitig fühle ich mich doch nicht wirklich schlecht. Es ist wie damals beim *summit push* am Nanga Parbat: Auch damals schaffte ich es nicht, das Essen in meinem Magen zu behalten. Hier oben ist einfach alles anders, auch die Sicherheit zu verstehen, ob es einem jetzt gut oder schlecht geht. Viel ist sicher Kopfsache. Und solange ich im Kopf noch klar denken, die Rechenaufgaben, die ich mir stelle, noch lösen kann und keinen Blödsinn von mir gebe, bin ich auch noch in Ordnung.

18 SUMMIT PUSH UND ABBRUCH

4. Februar 2021, vom unteren Lager III zum Lager III, K2

Freitag, 4. Februar. Die Sonne scheint. Darüber bin ich sehr glücklich. Hier oben macht Sonnenschein buchstäblich einen Unterschied wie Tag und Nacht. Unsere Entscheidung ist bereits getroffen: Wir gehen zum Lager III und überlegen dort, wie es weitergeht. Unser nächstes Ziel ist also Lager III. Der Vorschlag kommt von JP, ich bin sofort einverstanden. So könnte es klappen, denke ich. Das einzige Problem besteht darin, dass wir jetzt alles wieder zusammenlegen und verpacken müssen: das Zelt, die Schlafsäcke und den ganzen Rest. Eine Aufgabe, die natürlich sehr viel Zeit in Anspruch nimmt, abgesehen vom ebenso hohen Aufwand an Energie.

Wir warten auf den Sonnenaufgang um 6:30 Uhr, bevor wir das Zelt verlassen. Dann legen wir das Zelt zusammen und packen unsere Habseligkeiten in die Rucksäcke. Alles was wir nicht unbedingt benötigen, kommt in unser Materialdepot, wofür wir Sergis Rucksack verwenden. Dann starten wir. Mittlerweile ist es bereits elf Uhr. Also doch schon ein wenig spät, aber ich halte es nicht für sonderlich tragisch. Immerhin ist es ja egal, wie dieser *summit push* verläuft, denn mir wird noch genug Zeit bleiben, den K2 zu versuchen. Mit *Seven Summit Treks* hatte ich bereits vor der Ankunft in Pakistan vereinbart, dass ich mir die Möglichkeit offenhalten kann, bis zum kalendarischen Winterende zu bleiben. Für die meisten anderen heißt es aber: Abmarsch vom Basislager am 8. März. Daher sind die anderen jetzt gezwungen, noch ein letztes Mal alles auf eine Karte zu setzen.

Wie gewohnt vereinbaren JP und ich, uns im Lager III zu treffen. Das *Garmin inReach* bleibt eingeschaltet, sodass wir uns notfalls erreichen können. Vor uns liegen 400 Höhenmeter, die von Eis, Fels und Schnee durchsetzt sind. Von hier unten kann man klar erkennen, wo der Fels aufhört und dann alles schneebedeckt ist. Ich kann es kaum erwarten, dorthin zu gelangen, da ich genau weiß, dass sich unser Ziel, das Lager III, unmittelbar darüber befindet. Colin, der heute vom Lager II gestartet ist, zieht am unteren Lager III vorbei, noch bevor wir von dort loskommen. Er ist in ausgezeichneter Form, auch wenn ihn JP noch vor dem Lager III einholt.

Der erste Abschnitt, gleich nach dem felsigen Gelände, ist relativ einfach zu bewältigen. Dann allerdings geht es im Zickzackkurs weiter, da es einige gefährliche Spalten zu überwinden gilt. Hier gibt es sehr viele eisige Stellen, und der Anstieg wird wieder schwieriger. Alles ist komplett vereist und es wird auch ziemlich steil. Mitten in diesem Teilstück frage ich mich dann wirklich, was ich hier eigentlich mache. Ich fühle mich kraftlos und mein Magen schmerzt schon wieder. Über mir sehe ich Colin und JP, die beide stehen geblieben sind, was ich nicht verstehen kann. Sie stehen da oben, völlig regungslos. Ich versuche, mit ihnen über die Entfernung hinweg zu kommunizieren. Ich fühle es jetzt ganz klar. Ich werde den Gipfel wohl lieber nicht in Angriff nehmen. Zumindest nicht morgen. Damit würde sich auch der Aufstieg zum Lager III erübrigen, auch wenn das zumindest der Akklimatisierung dienen würde. Ich aber habe einfach keine Freude mehr an diesem Aufstieg, was für mich ziemlich ungewöhnlich ist. Also treffe ich eine Entscheidung – ich kehre um.

Meinen Entschluss muss ich natürlich noch JP übermitteln. Irgendwie gelingt mir das, und er gibt mir zu verstehen, dass er zu mir herunterkommt, um sich den Gaskocher und die Gasflaschen zu holen. Das Zelt hat er ja bereits bei sich. Also steigt er bis zu mir ab. Er scheint mir fast wütend oder irgendwie enttäuscht zu sein: „Warum kommst du nicht mit auf den Gipfel, warum?" „Ich fühle mich nicht gut genug", antworte ich. Es ist sehr schwierig, ihm die Sachen zu reichen, da wir mitten im steilen Eis sind, sodass ich kaum aufrecht stehen und auch nicht den Rucksack einfach irgendwo abstellen kann. JP nimmt sich, was er braucht. Dann fällt ihm ein, dass er seinen Jümar oben beim Rucksack gelassen hat. Mir ist klar, dass es für ihn kein leichtes Unterfangen ist, die 40 Höhenmeter wieder aufzusteigen ohne selbstblockierende Sicherung. Und deswegen fühle ich mich jetzt zusätzlich schuldig.

Ich blicke ihm nach, während er sich von mir entfernt, und irgendetwas an ihm kommt mir fremd vor. Ich bin den Tränen nahe. Einerseits möchte ich ihn auf keinen Fall allein lassen, andererseits halte ich meine Entscheidung für die einzig richtige. Irgendwie habe ich mich auch zu seinem Besten so entschieden, ich will ihm einfach nicht zur Last fallen. Trotzdem macht sich eine tiefe Traurigkeit in mir breit, die langsam, aber konstant meinen ganzen Körper in Beschlag nimmt. Es ist gerade wirklich grauenhaft und äußerst schwierig; am liebsten wäre ich jetzt Jeannie, der Flaschengeist, und würde mich einfach ins Basislager beamen. Denn alles hier oben ist so viel problematischer als in tiefen Lagen, und das nicht nur körperlich. Wenn man eine solche Situation noch nie selbst erlebt hat, ist sie meiner Meinung auch nur schwer nachvollziehbar.

Irgendwann gebe ich mir einen Ruck und sage mir: Komm jetzt, dreh dich endlich um. Kehr um und steig ab. Einige Augenblicke harre ich noch aus, nur um zu sehen, ob sich JP vielleicht noch einmal umdreht, aber das tut er nicht. Also muss ich jetzt abwärts diese steilen Eiswände in Angriff nehmen, die mich schon im Aufstieg viel Kraft und Mühe gekostet haben.

Mein Plan ist, bis zum Lager I abzusteigen, weil dort bereits ein Zelt für mich bereitsteht, während ich im Lager II erst eines aufstellen müsste.

Ich treffe auf Josette und ihren Sherpa, die sich im Aufstieg befinden. Es ist mittlerweile mindestens schon zwei oder drei Uhr nachmittags, es wird also langsam spät und ich muss mich beeilen. Dann treffe ich auch noch Ali. „Was machst du da, Kaki?" fragt er mich. „Ich steige zum Lager I ab, da ich nicht besonders gut in Form bin", antworte ich. „Komm, dafür ist es jetzt schon zu spät", erwidert er, „der Weg bis zum Lager I ist viel zu lang. Drehe lieber wieder um und komm mit mir. Ich helfe dir, deine Sachen hochzutragen. Du kannst mir auch deinen Rucksack überlassen."

Ich brauche keine lange Bedenkzeit und antworte fast wie aus der Pistole geschossen: „Okay, Ali, ich steige mit dir hoch." Vielleicht ist es wirklich das Vernünftigste, was ich jetzt noch tun kann. Er scheint mit meiner Entscheidung zufrieden zu sein: „Sollte es dir dann doch wieder besser gehen, können wir auch versuchen, gemeinsam den Gipfel zu schaffen."

Ali ist schneller als ich. Mit all meinen Kräften steige ich wieder aufwärts. Allmählich werden die Sonnenstrahlen immer schwächer und das Licht schwindet zusehends. Josette und ihr Sherpa sind immer noch voraus. Ich versuche sie einzuholen, doch es gelingt mir nicht. Was auch nicht weiter verwunderlich ist, da auch sie künstlichen Sauerstoff nutzen. Trotzdem hätte ich mich darüber gefreut, mit ihnen Schritt halten zu können, denn das würde mental bei mir wieder Positives bewirken. Doch daran gibt es nichts zu rütteln, mein Rhythmus ist eben genau dieser. Ich fühle mich langsam. Dann erreiche ich die Stelle, an der sich JP und Colin so lange aufgehalten hatten. Und mir wird auch sofort klar, warum: Ab hier gibt es kein Fixseil mehr. Man muss also einen ungefähr 20 Meter hohen Wall aus Schnee und Eis überwinden, ohne gesichert zu sein. Dann geht man unterhalb einer nach links führenden, zugeschneiten Spalte weiter. Und gleich danach gibt es wieder ein Fixseil, mit dessen Hilfe man die Spalte nach oben steigend überqueren kann.

Die Sonne ist jetzt bereits hinter den Bergen versunken. Gleichzeitig sind auch die Temperaturen schlagartig gefallen. Ich erinnere mich an einen Temperatursturz von 20° C innerhalb einer Minute – das war im Winter 2016 im Nanga Parbat-Basislager. Jetzt ist es kalt, sehr kalt. Obwohl ich in Bewegung bin, frieren meine Zehen und sie schmerzen. Es ist, als würde ein Feind durch die Haut dringen, und du hast überhaupt keine Chance, ihm zu entkommen. Diese klirrende Kälte breitet sich immer mehr im Körper aus. Ich kann nichts dagegen unternehmen. Das Einzige, was in einem solchen Fall hilft, ist ins Zelt zu kriechen und fest die

Zehen zu reiben oder sie ganz vorsichtig über dem Kocher aufzuwärmen. In mir macht sich Panik breit. Ich habe schreckliche Angst, dass ich mir die Zehen abfriere. Gleichzeitig ist mir aber bewusst, dass mir eine solche Angst in dieser Situation überhaupt nicht weiterhelfen wird, ganz im Gegenteil. Dass ich mich jetzt in dieser Situation befinde, muss ich als Fakt akzeptieren; nun aber gilt es, eine Lösung dafür zu finden. Also sage ich mir: Du musst jetzt so schnell wie möglich das Lager III erreichen. Tief durchatmen, an meine Zehen darf ich jetzt einfach nicht denken. Stattdessen darf ich mich einzig und allein auf meinen Aufstieg konzentrieren. Durch das Alleinsein kommen mir aber doch wieder solche Gedanken in den Sinn: Spüre etwa nur ich diese Kälte? Liegt es vielleicht daran, dass ich zu wenig getrunken habe, einfach zu schwach bin oder weil ich wie jede Frau einfach immer kalte Füße habe? Dendi, der Sherpa von Atanas, überholt mich genau in diesem Moment und keucht nur: „Ah, very cold, very cold". Siehst du, denke ich, sogar ihm ist es zu kalt und er wirkt besorgt. Ich darf mich also nicht von irgendwelchen komischen oder sogar dummen Gedanken runterziehen lassen.

Ich versuche mich an seine Fersen zu heften, aber ich schaffe es nicht. Währenddessen schreit Ali von oben herunter: „Los jetzt, Kaki, es sind nur noch 200 Meter. Du schaffst es, du schaffst es! Wenn es gar nicht mehr geht, lass den Rucksack liegen, jemand wird ihn schon holen kommen." Das will ich aber nicht und würde darauf auf keinen Fall vertrauen wollen. Mit dem Rucksack auf meinen Schultern steige ich so schnell wie nur irgendwie möglich immer weiter hinauf. Ich denke an Ali und dass er sich wie ein wahrer Freund verhalten hat. Und dass ich mich dafür noch nicht richtig bedankt habe, es aber noch tun werde.

Endlich bin ich im Lager III. Ali habe ich vorhin noch kurz gebeten, JP davon in Kenntnis zu setzen. Jetzt stehe ich vor seinem Zelt und mir ist so unbeschreiblich kalt, überall am ganzen Körper. JP fragt sofort: „Was machst du denn hier, warum bist du wieder aufgestiegen?" Er scheint verwirrt und beinahe wütend auf mich zu sein. Selbst wenn er es wäre, könnte ich es ihm kaum verübeln: Er hatte wegen mir absteigen müssen, um sich die Dinge zu holen, die er hier oben benötigt. Eine zusätzliche Anstrengung, die keineswegs als geringfügig betrachtet werden kann. Jede seiner Reaktionen ist mehr als verständlich, auch, dass er überrascht ist. Ganz abgesehen davon, dass er sich auf den Gipfel, auf seinen *summit push,* konzentrieren muss. Ich selbst weiß ganz genau, wie es ist, wenn man zu 100 Prozent auf den Gipfel fokussiert ist, daran denkt, was man mitnehmen muss, wann man starten muss und was man wohl vorfinden wird. Dahinter stecken monatelange Vorbereitungen. Und jahrelanges Träumen. Auch Ängste und Sorgen. In diesen Augenblicken ist man geistig dauernd am Aufsteigen. Man kann sich weder ablenken lassen, noch mit zusätzlichen Sorgen belasten. Das würde nur schwächen und die Entschlusskraft beeinträchtigen.

Außer JP befindet sich noch Tomaž im Zelt, auch er hat mich vorhin überholt. Er entschuldigt sich, erklärt mir, dass er nur schnell seine Socken wechseln und danach seiner Wege gehen würde. Ich antworte, dass das für mich überhaupt kein Problem sei. Vor Kälte zittere ich am ganzen Leib. Ich weiß, dass wohl auch noch die übrigen Bergsteiger im Lager eintreffen, und dass kaum genug Zelte für alle da sein werden. Dass zumindest nicht so viel Platzangebot vorhanden sein wird, dass alle es einigermaßen bequem haben könnten. Tomaž verlässt das Zelt und ich betrete es. Ich mache mich in einer Ecke ganz klein, um nicht zusätzlich im Weg zu sein. JP ist voll mit seinen Vorbereitungen beschäftigt. Auch Pemba kommt vorbei und bittet darum, kurz hereinkommen zu dürfen, um sich vorzubereiten. Das Zelt ist winzig, schon für zwei Menschen sehr eng. Ich drücke mich also möglichst noch weiter in die Ecke hinein. Es geht mir nicht so gut, ich spüre die ganze Spannung, die hier in der Luft liegt, und zittere immer noch wie Espenlaub. Es ist genau wie damals am Nanga Parbat, als ich nach meinem Sturz ins Lager IV zurückkehrte. Auch damals habe ich mich übergeben, so wie jetzt. Ich habe aber nicht den Eindruck, an Höhenkrankheit zu leiden. Vielmehr spüre ich, dass mit meinem Magen etwas nicht in Ordnung ist. Pemba gibt mir Medizin, doch an meinem Zustand ändert sich nichts. Auch die bleibt mir nicht im Magen.

Diese Nacht herrscht im Lager III ein großes Durcheinander. Nicht nur wegen des unmittelbar bevorstehenden *summit push*, sondern weil einfach Zelte fehlen. Ein Zweimannzelt wird von uns belegt. Ein weiteres Zelt haben John Snorri, Ali und Sajid mit heraufgebracht. Während für all die anderen Kunden von *Seven Summit Treks* und deren Sherpas insgesamt nur zwei Zelte zur Verfügung stehen. Aus diesem Grund sind jetzt alle sehr angespannt hier. Ich versuche, mich auf uns zu konzentrieren und mich nicht in die Situation draußen weiter einzumischen. Auch Pemba verlässt unser Zelt wieder, während JP sich voll und ganz auf die Vorbereitungen seines Gipfelsturms konzentriert. Ich reiche ihm meine noch vollständig mit Tee gefüllte Thermosflasche, damit er sich noch ein wenig aufwärmen kann. Es sei nicht nötig, dass er seine eigene Thermosflasche verwendet, sage ich zu ihm, da meine voll und der Tee noch warm sei. JP befindet sich ganz in seiner eigenen Welt. Er ist sehr angespannt und nervös. Aber das ist ja ganz normal. „Wenn es sein soll, so soll es sein“, meint er, „ich werde nicht bis zum Letzten gehen, um den Gipfel zu erreichen … obwohl das natürlich sehr schön wäre. Aber ich muss niemandem etwas beweisen.“

Er ist wirklich sehr ehrlich und ernsthaft bei der Sache. Es steckt trotz allem eine tiefe Ruhe in ihm, er setzt sich nicht weiter unter Druck. Auch sagt er mir: „Solltest du dich doch noch entscheiden, hochzugehen, komme ich mit dir. Ich lasse dich nicht allein.“ Vielleicht trägt auch das dazu bei, den Druck, den Gipfel jetzt zu erreichen, etwas zu verringern. Wir haben ja noch Zeit. Kein Grund zur Eile. Ich helfe ihm, so gut ich kann. Ich frage ihn auch, ob er das superleichte *Dyneema*-Seil mitnehmen möchte, das bei mir im Rucksack ist, aber er verneint. Er reicht mir einen Akku samt Kabel und bittet mich, sein *Garmin inReach* zu laden. Ich nehme alles zu mir in den Schlafsack und versuche, es aufzuladen, doch gelingt es mir nicht, den Ladevorgang überhaupt zu starten. Also muss er mit einem nicht geladenen *Garmin inReach* losgehen. Ich denke an den Aufstieg, der ihm bevorsteht. Es sind 1.300 Höhenmeter bis zum Gipfel, dazu kommt dann noch der Abstieg. Eine übermenschliche Leistung, wenn man dazu noch bedenkt, dass er das Lager IV weglassen wird.

Die Position von Lager III hatte ich ganz anders in Erinnerung. Die Sherpas haben mir schon erklärt, dass es jetzt an einem anderen Ort errichtet ist als 2014. Von hier aus geht es zuerst in gerader Linie steil nach oben. Anschließend gilt es, eine gewaltige Gletscherspalte zu überwinden, kurz vor dem Lager IV. Die Nepalesen waren ihr nach links ausgewichen, der Cesen-Route folgend, die sich am süd-südöstlichen Ausläufer hinaufzieht. Zum jetzigen Zeitpunkt wissen wir davon allerdings noch nichts. Als ich im Sommer 2014 vom Lager III zum Lager IV aufstieg, war bestes Wetter und ein wunderschöner Tag. Jetzt, mitten im Winter, scheint mir dieser erste Teil der Wand wirklich sehr steil, geradezu irgendwie „bösartig“. Wobei man von hier aus nicht einmal den Sèrac (Anm.: abbruchgefährdeter Gletscherturm) überhalb des sogenannten „Flaschenhalses“ erkennen kann, der bekanntlich die Schlüsselstelle des gesamten Anstieges ist.

JP ist nun startklar. Er fragt nach der Uhrzeit. Ich antworte, dass es zwei Uhr morgens ist. „Zwei Uhr? Das ist absolut unmöglich!“ Ich schaue noch mal nach, und in der Tat ist es erst Mitternacht. JPs Startzeit. Und er ist bereit. Er schlüpft aus dem Zelt, Klettergurt und Steigeisen muss er erst noch überziehen. Unendlich viel geht mir jetzt durch den Kopf. Ich sehe ihn an und es gibt so vieles, das ich ihm noch sagen möchte. Auch er spürt die Zehen nicht mehr vor Kälte, und genau wie ich hatte er versucht, sie am Gaskocher zu erwärmen. Auch wird er ohne zusätzlichen

Sauerstoff aufsteigen: ein unglaublich hartes Vorhaben. Doch ich muss alledem schweigend zusehen – er muss seinen eigenen Weg gehen, seinen Traum verwirklichen: den Gipfel des K2 zu besteigen. Er trägt nur leichte Fingerhandschuhe an den Händen, und ich denke mir, er hätte besser alles noch im Zelt an- und überziehen sollen, so wie ich es von Simone gelernt habe. Man sollte so lange wie nur irgend möglich im Schlafsack bleiben und mit allen Mitteln versuchen, die wenige Restwärme, die der Körper noch in sich trägt, zu bewahren. Doch er hält sich so gut wie nie im Schlafsack auf, außer zum Schlafen. Es vergeht dann doch noch einige Zeit, bis er wirklich losgeht. Auf 7.300 Meter Meereshöhe, mit all der Kälte und Dunkelheit, braucht man einfach etwas länger, um in den Klettergurt zu schlüpfen und die Steigeisen an den Schuhen zu befestigen. Ich nehme mir vor, ihm nach dem Abstieg zu sagen, dass er dies alles noch verbessern kann.

Sein *Buff*, das Schlauchtuch, hat er bereits über die Nase gezogen. Es ist stockdunkel, ich kann gerade noch seine Augen erkennen. Ich schaue aus dem Zelt und sage ihm mit ernster Stimme: „You can do it! Du kannst das schaffen!" Dann frage ich ihn, ob er möchte, dass ich hier auf ihn warte. Er erwidert, dass ich nicht auf ihn warten solle. Er würde mich mit dem *Garmin inReach* auf dem Laufenden halten. Wenn das nur funktioniert, denke ich. Ich liege im Zelt, er steht draußen. Er dreht sich um und folgt mit seinem Blick den Stirnlampen jener, die bereits losgezogen sind. Ich schaue in die gleiche Richtung und staune erneut darüber, dass der Aufstieg dermaßen steil ist. Ja, ich habe ihn weniger steil in Erinnerung; diesen Abschnitt empfand ich damals sogar als recht anregend. Ich erinnere mich daran, ihn voller Freude hinaufgestiegen zu sein. Fast so, als hätte ich Flügel.

Chhang Dawa Sherpa hatte uns vom Basislager aus informiert, dass man spätestens bis neun Uhr morgens am Gipfel sein muss, da am Nachmittag der Wind stark zunehmen würde. Ich will mir gar nicht vorstellen, was es bedeuten muss, jetzt die ganze Nacht durchzumarschieren. Für mich selbst scheint das jetzt ein Ding der Unmöglichkeit, sowohl für meinen Körper als auch für meinen Geist. Ich bin mehr denn je davon überzeugt, die richtige Entscheidung getroffen zu haben. Jede Faser meines Körpers versucht mir mitzuteilen, dass meine Zeit für den Gipfel noch nicht gekommen ist.

JP dreht sich um und zieht los. Er hat sich mit niemandem abgesprochen, weder mit John Snorri noch mit Ali. Er ist vollkommen auf sich allein gestellt. Ich sehe zu, wie er sich entfernt. Ich denke daran, dass ich ihn nicht einmal umarmt habe, da ich ihn nicht bei seinen Vorbereitungen und in seiner Konzentration stören wollte. Am schwarzen Nachthimmel glitzern die Sterne. Langsam tanzen die Stirnlampen den Berg hoch.

Ich habe Durst und schmelze mir einen Liter Wasser für den Tee. Ich glaube, der tut mir jetzt sehr gut, und ich muss mich auch nicht mehr übergeben. Es ist so, als wäre ein großer Teil von meinem Stress von mir abgefallen, und auch dadurch geht es mir jetzt besser. Für diesen Liter Schneewasser brauche ich eine Stunde, in der ich mit dem Handschuh, den ich in der Nähe der Flamme aufheize, immer wieder die Gasflasche umfasse, um sie mit der Wärme zu unterstützen. Obwohl ich mich eigentlich einfach nur ausruhen möchte. Dann hüpfe ich noch einmal schnell hinaus zum Pinkeln und würde mich sehr über einige Stunden Schlaf freuen. Ich schließe das Zelt und die Augen. Es ist nicht besonders warm. Ich zittere und stelle mir vor, wie JP jetzt aufsteigt.

19

DER ABSTIEG

5. Februar, Lager III – vorgeschobenes Basislager am K2

Als ich erwache, zittere ich bereits am ganzen Leib. Es ist immer noch schrecklich kalt, doch es dringen bereits ein oder zwei schwache Lichtstreifen ins Zelt. Also müsste es so gegen sieben Uhr morgens sein. Sergis Zelt, das wir hier im Lager III verwenden, ist ein grauer Prototyp, der völlig andere Lichtverhältnisse erzeugt, als das normalerweise von mir benutzte orangefarbene Zelt. Ich gehe also davon aus, dass es bereits Morgen ist und irgendwo hinter den Bergen die Sonne aufgegangen ist. Ich habe keine Lust, keine Kraft, keinen Willen aufzustehen, nach draußen zu treten oder auch nur das Zelt zu öffnen. Zu groß ist das Verlangen nach ein wenig Wärme. Oder besser gesagt danach, das winzige bisschen Wärme, das in meinem Schlafsack entstanden ist, bei mir zu behalten.

Ich höre Stimmen, es sind die von Noel und Tomaž. Sie unterhalten sich mit irgendjemandem in englischer Sprache. Mit wem genau, kann ich nicht erkennen. Es könnte, so glaube ich, sogar JP sein, doch wäre es dann auch recht merkwürdig, wenn er nicht zu mir ins Zelt käme. Das Gespräch dauert ein paar Minuten und ich denke mir, dass er möglicherweise schon wieder zurückgekehrt ist. Vielleicht kommt er ja zu mir ins Zelt, sobald er sein Gespräch mit Tomaž und Noel beendet hat. Trotzdem ist das alles ziemlich eigenartig. Und es kommt auch niemand zu mir. Vielleicht ist er sauer auf mich, denke ich. Vielleicht, weil ich zuerst gemeinsam mit ihm hoch-, dann allein wieder hinunter-, und dann doch wieder ins Lager III heraufgestiegen bin. Aber nein, denke ich sofort, das sähe ihm gar nicht ähnlich. So ist JP nicht. Eindrücke und Gedankengänge wie diese sind ein Zeichen für genau den Ausnahmezustand, in dem man sich hier oben befindet.

Ich richte mich langsam auf und bereite mir einen Tee zu. JP hat gesagt, ich solle nicht auf ihn warten, also werde ich früher oder später aufstehen und absteigen müssen, aber ich möchte mich nicht zu sehr beeilen, ich möchte die Dinge langsam und in Ruhe angehen. Vielleicht kommt JP ja doch noch. Lieber warte ich noch etwas länger. Diese Nacht habe ich in zwei Schlafsäcken verbracht: JPs und Sergis. Beide sind für Temperaturen bis zu minus 40° C geeignet. Zusätzlich habe ich noch meinen Daunenanzug an, doch trotz dieser drei Schutzschichten ist es mir immer noch zu kalt. Die ganze Nacht habe ich gezittert vor Kälte, auch wenn ich zwischendurch immer wieder etwas Schlaf gefunden habe. Die Kälte, die

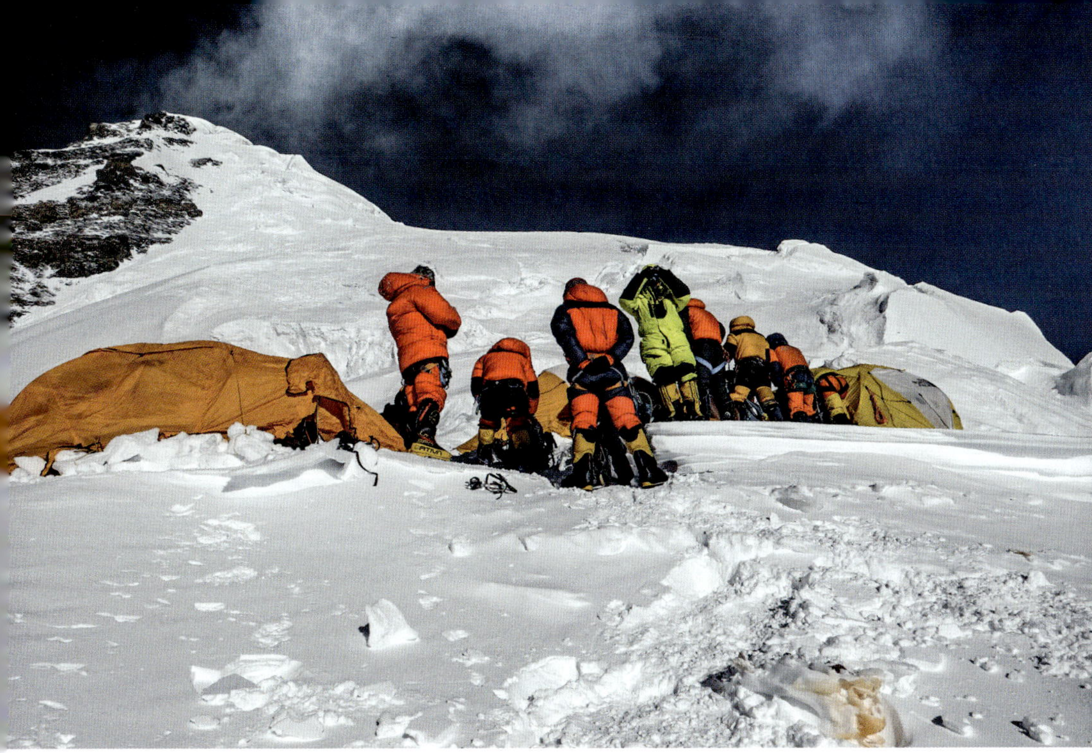

Einige Mitglieder der Expedition nach ihrem Gipfelsturm. Es ist an der Zeit, ins Tal zurückzukehren - für alle war es eine sehr anstrengende Nacht.

während der Nacht dort draußen herrschte, kann ich mir also irgendwie vorstellen. Es muss einfach brutal gewesen sein.

Meine Gedanken wandern wieder zu JP, aber auch zu John Snorri, Sajid und Ali. Vielleicht steigen sie gerade gemeinsam auf, stelle ich mir vor. Hoffentlich geht es ihnen gut. Hoffentlich endet dies alles gut. Von hier aus kann ich jetzt nichts mehr tun, als auf ihre Kräfte und ihr Können zu vertrauen. Und mit aller Macht zu hoffen. Langsam entsteht etwas Bewegung im Lager. Alle Anwesenden werden aktiv. Sie sprechen miteinander, verlassen ihre Zelte. Ich höre sie umherwandern, manche schimpfen, andere diskutieren miteinander. Plötzlich sind überall Leute: Sherpas und ihre Kunden. Kaum zu glauben, dass es hier nur zwei Zelte gibt außer unserem und Alis. Das nehme ich eigentlich erst jetzt richtig wahr. Denn gestern war ich ganz mit mir selbst beschäftigt und habe auf solche Dinge nicht wirklich geachtet.

Mir ist es wirklich ganz unerklärlich, wie hier nur zwei Zelte stehen können – für 14 Personen. Wie soll man sich bei so wenig Platz ausruhen, sich auf den Aufstieg vorbereiten oder gar schlafen können? Ein Ding der Unmöglichkeit. Wir haben uns definitiv richtig entschieden, unser eigenes kleines Zelt hochzutragen. Richtig ist ja, dass JP es hochgetragen hat.

War es ein logistischer Fehler von *Seven Summit Treks*, nicht mehr Zelte hochzubringen? Ich weiß es nicht. Vielleicht hatten sie angenommen, dass viel weniger Bergsteiger es bis zum Lager III schaffen würden. Oder sie waren der Meinung, dass zwei Zelte genügen würden, da man sich ohnehin nur zwei oder drei Stunden ausruhen könnte. Jedenfalls: Wäre mir das passiert, hätte ich sofort auf den weiteren Aufstieg verzichtet. Weil so ganz sicher nicht die richtigen Voraussetzungen gegeben sind, um den K2 im Winter zu besteigen. Es könnte aber durchaus sein, dass gerade diese Situation am Ende Menschenleben gerettet hat. Eben *weil* sich hier gewiss niemand gut genug ausruhen konnte, um voller Energie den Aufstieg in Angriff zu nehmen. Tatsächlich habe ich schon gehört, dass einige wieder ins Lager zurückgekehrt sind, die in der Nacht losgezogen waren. Andere wiederum sind erst gar nicht gestartet und haben sich lauthals darüber beschwert, nicht richtig Platz gehabt zu haben im Zelt. Oder sie gingen nicht los, weil sie genau wie ich zur Überzeugung gelangt waren, dass nicht die richtigen Voraussetzungen vorliegen, um den weiteren Aufstieg zu wagen.

Schön langsam kommen jetzt auch in mir Nervosität und Unruhe auf. Ich sollte mich daranmachen, den Abstieg vorzubereiten, doch irgendetwas hält mich hier fest. Ich schaffe es nicht, mich in Bewegung zu setzen. Vielleicht bin ich einfach nur faul, oder es ist diese unerträgliche, andauernde Kälte. Ganz sicher aber ist es auch meine Sorge um JP. Ich bin sehr unentschlossen, ob ich hier noch auf ihn warten oder doch schon losgehen soll. Ich bin hin- und hergerissen, ein Teil in mir möchte hierbleiben, der andere möchte diesen Ort endlich wieder verlassen. Dieser zweite Teil von mir spürt sogar, dass irgendetwas hier und weiter oben eine gewisse Feindseligkeit ausstrahlt. Es ist ein Gefühl, das mich drängt und davon überzeugen möchte, so schnell wie möglich von hier zu verschwinden. Doch so schnell möchte ich dann auch nicht abhauen, ich brauche noch etwas Zeit.

Einer nach dem anderen verlässt jetzt das Lager. Colin geht an meinem Zelt vorbei und wechselt ein paar Worte mit mir. Ebenso Atanas. Beide sind sehr erzürnt wegen der wenigen Zelte. Atanas klagt, dass er die Nacht mit sechs anderen in einem Zelt verbringen musste. Gleichzeitig wirkt er auf mich geradezu erleichtert, dass er nun absteigen und dann gleich nach Hause zurückkehren kann. Denn schon vor dem Gipfelanstieg sprach er von einer „sehr eigenartigen“ Expedition. Colin startete in der Nacht gar nicht erst, er hat den Aufstieg nicht einmal versucht. Atanas zog sich gleich zwei Daunenanzüge über, um sich vor der beißenden Kälte zu schützen. Als er dann aber bemerkte, dass er dadurch zu unbeholfen war und seine

Bewegungsfreiheit viel zu sehr eingeschränkt wurde, stieg er gleich wieder zum Lager ab. Dort zog er einen der Daunenanzüge aus und startete erneut, nur um dann nach kurzer Zeit schon wieder umzukehren und die Sache damit ein für alle Mal zu beenden. Als Schlusslichter des Trecks nach unten ziehen dann noch Noel und Tomaž an mir vorüber; auch sie berichten von ihren Problemen mit den viel zu wenigen Zelten.

Einige Sherpas sind immer noch im Lager beschäftigt. Womit genau, kann ich nicht sehen, jedenfalls lassen sie die beiden Zelte noch stehen. Ich nehme an, dass auch sie schon bald an meinem Zelt vorbeigehen – und ich bleibe dann ganz allein hier oben zurück. Daran ist auch nichts verkehrt, denn sie haben ja keinerlei Verpflichtungen mir gegenüber. Sie können jederzeit mit dem Abstieg beginnen; ich habe mich ja freiwillig dafür entschieden, hierzubleiben. Genau in dem Moment, in dem ich dann wirklich ganz allein im Lager bin, beginnen dichte Nebelschwaden aufzuziehen. Es wird sofort finster, nur ein trübes, melancholisches Restlicht bleibt. Das nimmt mich sehr mit, denn es wirkt auf mich fast so, als ob auch das Wetter erzürnt wäre. Von einem Moment zum anderen fühle ich mich absolut allein und verlassen: zurückgelassen. Ein sehr unangenehmes, beinahe angsteinflößendes Gefühl. Also komme ich zum Schluss, dass es vielleicht besser wäre, wenn ich nicht mehr allzu lange hier allein ausharren würde.

Doch bevor ich mit dem Abstieg beginne, möchte ich das Zelt für JP vorbereiten. Er hatte mir gesagt, er wolle direkt zum Lager I absteigen, weil die Wettermeldungen für Mittag – spätestens Nachmittag – zunehmende Windstärke angekündigt hatten. Deshalb würde er nicht im Lager III bleiben können, sondern müsse unbedingt das Lager I erreichen. Doch obwohl er wirklich sehr stark ist, glaube ich eher, dass er doch zumindest eine kurze Rast im Lager III einlegen und sich dann über ein für ihn vorbereitetes Zelt freuen wird. Also richte ich alles so her, wie es ihm nützlich sein wird nach einem so schweren Aufstieg, nach so vielen Stunden in unerträglicher Kälte und all den Gedanken, die in seinem Kopf herumschwirren müssen. Ja, all seine Gedanken. An was mag er wohl während des Aufstieges gedacht haben? Hier würde er alles vorfinden, was er braucht: Essen, den Gaskocher, seinen Schlafsack und seine Liegematte. All das und seine persönlichen Gegenstände, wie beispielsweise seinen Fotoapparat. Ich schieße damit ein paar Fotos – aus Dokumentationsgründen –, doch wirklich Lust dazu habe ich nicht, also lasse ich es bald wieder sein. Nichts ist in diesem Augenblick wirklich eine Aufnahme wert. Es gibt nur noch ein einziges Gefühl, und das sagt mir, dass ich diesen Ort schleunigst verlassen sollte. Es sagt, ich sollte jetzt von hier verschwinden. Mit jeder Sekunde, die verstreicht, verstärkt sich dieses Gefühl.

Doch irgendetwas entgeht mir hier scheinbar. Ich denke an den Beginn dieser Expedition: daran, wie mich dieser Berg gerufen hat – klar, laut und deutlich –, und wie intensiv ich den Ruf vernommen habe. Ich erinnere mich an die positive Energie und das Glücksgefühl, mit denen dieses Abenteuer begonnen hat. Ich denke an all das, was seither passiert ist. Und sage mir, dass ich jetzt hier bin und eben alles ganz anders ist. Ich hatte mich mit so viel Liebe und Optimismus an dieses Projekt gemacht – und jetzt habe ich das Gefühl, dass mir alles genommen worden ist. Dass sich alles ins Nichts aufgelöst hat. Es scheint mir ganz unmöglich zu sein, dass ich mit meinen anfänglichen Gefühlen so danebenliegen konnte. Warum in aller Welt war ich damals von so viel positiver Energie erfüllt und jetzt nur noch von so viel negativer Energie? Warum bin ich überhaupt bis hierher gekommen? Warum hat mich dieser Berg mit so viel Nachdruck zu sich gerufen? Und warum bin ich diesem Ruf gefolgt, obwohl ich sonst niemals zwei Mal den gleichen Berg besteige? Die Antworten auf diese Fragen kenne ich nicht, doch weiß ich, dass ich diese Fragen wohl noch lange mit mir herumtragen werde – dass sie sich in meinem Kopf fest einnisten werden.

Langsam gehen mir die Optionen aus: Die Zeit wird knapp, und wenn ich den gesamten Abstieg bis zum Basislager noch bei Tageslicht schaffen möchte, muss ich mich jetzt wirklich beeilen. Mittlerweile ist im Zelt alles für JP bereit, und ich beginne, wenn auch schweren Herzens, mit dem Abstieg. Es ist inzwischen elf Uhr. Ich liege ungefähr zwei Stunden hinter der letzten Person, die vor mir das Lager verlassen hat. Die Handschuhe bereiten mir einige Probleme. Von den zwei Paar, die ich mitgebracht hatte, habe ich beim Aufstieg zwei unterschiedliche Handschuhe verloren. Für den Abstieg genügt jedoch ein Paar, auch wenn es aus zwei verschiedenen Handschuhen besteht. Ich versuche, so schnell wie möglich voranzukommen, um zu den Vorausgehenden aufzuschließen. Gleichzeitig bin ich aber auch extrem vorsichtig und konzentriert, obwohl mich mein schwerer Rucksack besonders an den steilen Stellen nach unten zieht und mir wirklich einiges abverlangt. Insgesamt habe ich jedoch den Eindruck, relativ schnell zu sein, obwohl ich mich immer noch schwach fühle und seit zwei Tagen nur wenig gegessen habe.

Es dauert auch nicht allzu lange, bis die ersten Personen vor mir auftauchen. Sie sind zwar die Letzten der Absteigenden, ich bin aber trotzdem enorm erleichtert, denn nun muss ich mich nicht mehr so beeilen oder besonders schnell sein. Sie gehen alle schön hintereinander in einer

Reihe und sind gerade etwas überhalb des unteren Lagers III, wo ich sie dann auch einhole. Eigentlich hätte ich erwartet, sie erst ein ganzes Stück weiter unten zu treffen, denn sie sind ja schon seit ungefähr zwei Stunden unterwegs. Diese Nachhut der gesamten Truppe wird von Bernhard, Antonis, Noel und Tomaž gebildet. Sie sprechen miteinander, und je näher ich komme, desto besser kann ich sie verstehen. Tomaž sagt in meine Richtung: „Auch Atanas ist abgestürzt." Ich begreife nicht gleich, denn ich bin ziemlich müde. Also wiederholt er: „Ja, Atanas ist knapp unterhalb von Lager III abgestürzt." Es trifft mich wie ein Schock, die Worte schaffen es kaum über meine Lippen: „Wie?! Was soll das heißen: ‚Atanas ist abgestürzt'?" Klar und deutlich, unentrinnbar erklärt er: „Atanas ist in einem vertikalen Abschnitt abgestürzt. Dendi Sherpa hatte ihn gerade gefilmt, und plötzlich war er verschwunden. Niemand weiß, was genau passiert ist. Vielleicht ist ein Seil gerissen oder endete plötzlich nach einigen Metern. Jedenfalls ist er abgestürzt."

Das erwischt mich eiskalt. Ich muss mich erst einmal setzen und beginne zu weinen. Ich kann es einfach nicht glauben. Atanas, der spirituellste und beständigste Mensch, den ich im Basislager kennengelernt habe. Mein Freund Atanas mit seiner tiefgründigen Seele, der immer nett und respektvoll mit allen umgeht. Atanas, der immer darauf bedacht ist, dass es allen gut geht, und der jeden Streit schlichten möchte. Seit einigen Tagen schien er mir sehr in seine Gedanken versunken zu sein. Er sagte ja auch zu mir, wie eigenartig ihm diese ganze Expedition vorkäme. Was passiert hier nur mit uns? Warum das alles? Ich stehe total unter Schock. Und tatsächlich weiß niemand genau, wie es passiert ist. Fest steht nur, dass Atanas abgestürzt ist, hinab bis ins vorgeschobene Basislager, also von etwa 7.200 oder 7.100 Meter auf ungefähr 5.300 Meter Meereshöhe. 1.900 Meter also insgesamt. Unvorstellbar. Nach Sergi hat nun auch Atanas hier sein Leben verloren. Ich kann es immer noch nicht glauben. Und ich will es auch nicht glauben. Das darf einfach nicht wahr sein!

Es vergeht nicht viel Zeit, und schon hören wir die Hubschrauber, die nach seinem Körper suchen. Im Vergleich zu Sergi ist er etwas weiter links abgestürzt. Nun ist mir auch klar, warum sich vorhin hier so eine lange Schlange gebildet hat. Alle sind jetzt noch mal um einiges vorsichtiger geworden, was den Abstieg enorm einbremst. Jede Bewegung wird langsam und mit Bedacht ausgeführt. Ich bin überzeugt, dass noch hinzukommt, dass die meisten von uns für den Abstieg eigentlich schon zu müde sind, da sie sich aufgrund des Platzmangels im Lager III nicht angemessen ausruhen konnten. Und sicher sind alle jetzt viel zögerlicher unterwegs, da sich dieses Unglück an den Fixseilen ereignet hat. Atanas' Unfall hat uns alle traumatisiert – jeder achtet jetzt mit äußerster Sorgfalt auf jeden seiner Handgriffe. Jede Aktion, jeder Schritt, jedes Seil, jeder Bohrhaken – alles wird doppelt und dreifach überprüft, und das verlangsamt eben alles ganz stark.

Als ich dann über Funk höre, dass Colin bereits im Lager I eingetroffen ist, und Jon ihm beim vorgeschobenen Basislager entgegenkommen wird, wünsche ich mir, jetzt ebenfalls schon dort zu sein, im Lager I. Ich befinde mich aber erst zwischen dem unteren Lager III und Lager II und weiß ganz genau, dass heute noch ein sehr, sehr langer Tag vor mir liegt. Am unteren Lager III habe ich Tomaž' Sherpa gebeten, Sergis Rucksack mit hinunterzunehmen, den JP und ich ja dort deponiert hatten. Ich hatte eigentlich gehofft, dass ich das selbst schaffen würde, obwohl mein eigener Rucksack schon schwer genug ist. Nach kurzer Überlegung kam ich jedoch zum Schluss, dass hier schon zu viel passiert ist, und dass es an der Zeit ist, meinen Stolz abzulegen, mich zu schonen und jemanden um Hilfe zu bitten. Auch wenn ich somit zum ersten Mal in meinem Leben einen Sherpa bitten musste, meine Sachen zu tragen. Doch wollte ich mich keinem weiteren Risiko aussetzen. Zudem befindet sich im Lager II ja ein Zelt, das ich auch noch mit hinunternehmen muss. Ich will nichts, was uns gehört, hier am Berg zurücklassen. Der Sherpa sagte mir sofort seine Hilfe zu. Ja, er würde Sergis Rucksack nach unten tragen. Ich war ziemlich erleichtert und bedankte mich entsprechend bei ihm. Natürlich wollte ich ihn für diese Leistung dann im Lager auch entschädigen. So stiegen wir dann also gemeinsam weiter ab.

Seit ich von Atanas' Tod erfahren habe, ist für mich sonnenklar, dass ich keinen weiteren Versuch hier starten werde. Für mich ist der Moment gekommen, wieder in die Zivilisation zurückzukehren. Darüber hinaus hatte JP mich gebeten, ihm und Ali bei einem Projekt zu helfen: Er hat vor, den Kindern von Dassu – einem Dorf in der Region Gilgit-Baltistan, das sich genau auf dem Weg nach Askole, dem Ausgangspunkt der K2-Expeditionen, befindet – das Klettern beizubringen. Es ist wirklich höchste Zeit für mich, dieses Kapitel hier zu beenden, und etwas für die Kinder in dieser Region zu tun.

Während wir weiter absteigen, verliere ich meinen Abseilachter (Anm.: Sicherungsgerät, in das der Karabiner gehakt und/oder das Seil eingehängt wird) – natürlich genau an einer problematischen Stelle mit senkrecht abfallenden Wänden. Zufällig ist Bernhard genau vor mir, und da er sowohl einen Abseilachter als auch eine Steigklemme dabeihat, bitte ich ihn, mir eines von beiden zu leihen. Er ist sofort einverstanden, und ich denke mir ein weiteres Mal, dass er ein wirklich netter Kerl ist. Diese senkrecht abfallenden Abschnitte sind mit einem schweren Rucksack nur schwer zu bewältigen. Der Rucksack zieht mich zunehmend nach unten, und meine Kräfte schwinden nach und nach, was auch auf den Nahrungsmangel zurückzuführen ist. Ich schaffe es einfach nicht mehr, mit all den Strapazen, der Müdigkeit und dieser permanenten Kälte fertigzuwerden. Aber so sind nun einmal die Bedingungen an einem Achttausender im Winter. Ich hatte mich dafür entschieden hierherzukommen, und so darf ich mich jetzt auch nicht wirklich darüber beschweren.

Im Lager II bitte ich Tomaž' Sherpa, der bereits Sergis Rucksack trägt, doch auch noch das Zelt zu übernehmen, das ich eigentlich hinuntertragen wollte. So kann ich jetzt noch alles Übrige mitnehmen, was von Alex und mir zurückgeblieben ist. Dazu gehört natürlich auch der Müll, da es mir absolut wichtig ist, wirklich nichts auf dem Berg zurückzulassen. Er bejaht, ohne mit der Wimper zu zucken, schnappt sich das Zelt und setzt seinen Abstieg fort. Ausgesprochen respekteinflößend.

Wieder denke ich darüber nach, wie sich alles hier verändert hat, und wie sehr dies nun ein völlig anderer K2 ist, verglichen mit dem, den ich 2014 kennengelernt hatte. Im Übrigen sind meine Gedanken während des Abstieges ständig bei meinem Freund Atanas – bei ihm und bei Sergi. Währenddessen kontrolliere ich jedes Seil und achte darauf, genau das richtige zu benutzen. Ich beobachte Dendi, Atanas' Sherpa, der vor mir absteigt – er hat gerade seinen Kunden verloren. Gerne würde ich mit ihm sprechen, ihm sagen, wie leid es mir tut, doch als ich zum Einstieg überhalb des *Camino Bill* komme, ist er bereits im unteren Lager II eingetroffen. Es trennt uns also die anspruchsvollste Stelle, die zwischen mir und dem Lager I liegt.

Vor dem Einstieg in den *Camino Bill* muss ich noch etwas warten, da sich Antonis und sein Sherpa vor mir – oder besser gesagt unter mir – befinden. Sie rufen die ganze Zeit herauf: „Warte! Stopp! Bleib stehen!" Also hänge ich buchstäblich noch ein Weilchen in den Seilen, denn ich befinde mich in einer sehr ungünstigen Position und habe sogar ziemliche Angst, da sich bereits zwei Bohrhaken, an denen die Fixseile befestigt sind, gelockert haben. Sehr angespannt warte ich darauf, dass die beiden endlich den Bereich unter mir freimachen, sodass ich weiter absteigen und mich aus meiner misslichen, nicht ganz ungefährlichen Lage befreien kann. Im Basislager werde ich dann später erfahren, dass die beiden Bohrhaken aus der Wand gebrochen sind, während sich der kanadische Filmemacher Elia Saikaly abseilte. Was ihm sicher einen ordentlichen Schrecken eingejagt hat.

Auch der Seilwechsel mitten in diesem gefährlichen Abschnitt geht nicht ganz reibungslos vonstatten. Es ist ein kompliziertes Manöver, das durch meine enorme Müdigkeit und Erschöpfung zusätzlich erschwert wird. Ich bin einfach nicht mehr in der Lage, jeden Schritt des gesamten Ablaufes ordnungsgemäß durchzuführen. So passiert mir gleich ein weiteres Missgeschick: Ich hänge meine *Longe* (Anm.: Karabiner mit daran befestigtem flexiblem Sicherungsband) versehentlich nicht in den unteren Teil des Seiles ein, sondern in eine fixe Seilschlaufe, die hier oben am Stand ist. Was dazu führt, dass der Karabiner über mir festhängt, ich nicht weiterkomme und wieder aufsteigen muss, um ihn zu lösen. Ich bin völlig kraftlos, der Rucksack wiegt unendlich schwer auf meinen Schultern und zieht mich mit aller Kraft abwärts. Der Abstieg scheint unendlich lang zu sein. Ich muss wirklich meine letzten Willenskräfte aufbringen, um diesen weiteren Kraftakt noch durchzustehen. Andauernd sage ich mir: Reiß dich zusammen, bleib konzentriert, habe Geduld, sonst könnte das noch schlimm enden. Ich weiß ganz genau, dass das meine einzige Chance ist: für mich selbst die volle Verantwortung zu übernehmen.

Im unteren Lager II angekommen, will ich nur noch weiter ins Lager I. Leider gibt es ja überhalb des Lagers I noch diesen gefährlichen Bereich, in dem man höchst konzentriert darauf achten muss, weder von herabfallenden Steinen getroffen zu werden, noch selbst Steine loszutreten, die auf andere Bergsteiger weiter unten fallen würden. Ich bin noch immer überhalb dieses Bereiches, während sich Dendi bereits mittendrin befindet. Plötzlich stürzt ein Felsbrocken von oben herab – mindestens so groß wie mein Kopf. Immer wieder schlägt er auf den Felsen auf, jedes Mal mit einem enormen Knall. Ich schreie aus Leibeskräften: „Achtung! Stein!" Dendi weicht aus, und der Felsbrocken verfehlt ihn nur um Haaresbreite. Ich bin mit meinen Nerven am Ende und möchte einfach nur noch raus aus diesem Alptraum.

Bis zum Lager I sind es jetzt nur noch wenige Seillängen. Allmählich macht sich Erleichterung in mir breit, denn unser Ziel rückt endlich in greifbare Nähe. Als ich schließlich im Lager I eintreffe, warten dort bereits Dendi, Josette und Josettes Sherpa. Ich versuche, all mein Hab und Gut an mich zu nehmen, doch Dendi rät, dass ich mir nicht zu viel aufbürden sollte. „Auch ich habe mich darauf beschränkt, nur die wichtigsten Dinge herunterzutragen, wie zum Beispiel den Gaskocher", sagt er, „denn morgen steigen weitere Sherpas auf – die können den Rest deiner Sachen mit hinunternehmen". Er hat natürlich recht, und ich bedanke mich bei ihm. Dann umarme ich ihn und sage: „I'm sorry, Dendi". Es tut mir so leid, das alles. Man kann ihm ansehen, wie traurig und am Boden zerstört er über Atanas' Tod ist. Dann bedanke ich mich nochmals bei ihm und auch bei Noel. Wie schön es doch ist, jetzt gerade hier mit ihnen beieinanderzustehen – das tut mir gut. So können wir ab jetzt alle gemeinsam weiter absteigen.

Von nun an gehe ich mit Noel weiter. Unmittelbar vor uns befinden sich Josette und ihr Sherpa. Auch sie sind recht langsam unterwegs, und ich spiele mit dem Gedanken, sie zu überholen. Noel ist aber anderer Meinung: „Lass es uns wirklich langsam und konzentriert angehen, ohne Stress noch auf den letzten Metern". Wir hoffen, dass wir es vor Einbruch der Dunkelheit ins vorgeschobene Basislager schaffen, aber dem ist am Ende leider nicht so. Denn ab dem unteren Lager I geht alles nur noch im Schneckentempo weiter, so zäh, wie ich es noch nie in meinem Leben erlebt habe. Ich denke mir, nun denn, so sei es; dann gehen wir eben extrem langsam. Unnütz, sich jetzt noch irgendeinem riskanten Manöver auszusetzen, sonst bricht uns vielleicht noch ein Seil oder wir machen einen Fehler. Genau darin liegt eben das Problem: Wir können nicht zu viele Menschen gleichzeitig an ein Seil hängen, und müssen deshalb immer wieder geduldig warten, bis wir selbst an der Reihe sind, uns einzuhängen. Ohne Seil diese eisigen Flanken hinabzusteigen, wäre jetzt mit Sicherheit Selbstmord.

Am unteren Lager I machen wir kurz halt, um etwas zu trinken. Von einer Sekunde auf die andere bricht völlige Dunkelheit herein. Wir haben es also nur bis zum unteren Lager I geschafft, obwohl ich allein normalerweise in der Zeit, die wir heute für die 300 bis 400 Meter Höhenunterschied vom Lager I bis hierher gebraucht haben, mindestens das vorgeschobene Basislager erreicht hätte. Bevor wir unseren Abstieg jetzt in der Finsternis fortsetzen, müssen wir aus den Rucksäcken unsere Stirnlampen holen und sie aufsetzen. Und genau dabei unterläuft mir einer jener kleinen Fehler, die hier oben fatal sein können. Ich setze also meine Stirnlampe auf, habe sie aber wohl noch nicht ausreichend gesichert, denn mit den voluminösen Handschuhen sind mir solche filigranen Arbeiten jetzt einfach zu mühsam. Ich vertraue darauf, dass alles so hält, wie ich es befestigt habe. Die große Mütze, die ich unter meinem Helm trage, rutscht mir dauernd über die Augen, und ich versuche, alles was ich am Kopf trage etwas nach hinten zu schieben. Dabei schnellt die Stirnlampe davon. Ich kann ganz genau sehen, wie sie startet, ihr Lichtkegel abwärts fliegt und im schwarzen Nichts verschwindet. Ein gespenstischer Anblick. Ich kann nur hoffen, dass unten niemand denkt, ein Mensch wäre abgestürzt. Ich bin jetzt also ohne Licht unterwegs. Zwar habe ich im Rucksack eine zweite Stirnlampe, doch wo sich die genau befindet, weiß ich nicht; und jetzt mitten in dieser Eisflanke bei absoluter Dunkelheit den ganzen Rucksack auszuleeren, ist keine Option. Ich werde sie also erst im vorgeschobenen Basislager suchen können. Ich bitte Noel, mir hin und wieder ein wenig zu leuchten, vor allem, während ich das Fixseil wechsle. Sonst wird das wirklich kompliziert und ich riskiere, dabei einen verhängnisvollen Fehler zu machen, da ich in der Finsternis praktisch überhaupt nichts sehen kann.

Ganz unerwartet wird der Abstieg von jetzt an zu einem wunderschönen Erlebnis. Ich versuche, mich einfach mit der Natur zu verbinden und meine Sinne zu schulen. Über mir ist der von unzähligen Sternen übersäte Nachthimmel, und ich glaube, dass ich wohl noch nie zuvor einen so phantastischen Sternenhimmel gesehen habe. Ich bin immer noch in der Wand und habe den Eindruck, als wäre ich auch rundherum von Sternen umgeben. Ich fühle mich vollkommen allein unter diesem magischen Gewölbe, doch ohne eine Spur von Angst oder Sorge; ich bin einfach nur dankbar für diesen einzigartigen Moment. Ich hatte wohl ein Riesenglück, denn hätte ich nicht die Stirnlampe verloren, wäre mir diese unbeschreibliche Schönheit verborgen geblieben. Und ich habe jetzt auch wieder vollstes Vertrauen in mich selbst. Ich vertraue darauf, dass es mir gelingt, die Fixseile zu wechseln, dass mir jedes Manöver perfekt von der Hand geht, auch ohne Noels Stirnlampe. Und damit ändert sich plötzlich wieder alles: Ich verspüre Glück bis in die letzte Faser meines Körpers. Die ganze Schönheit um mich herum raubt mir den Atem. Ich möchte leben, ich möchte die Dunkelheit erleben und sie spüren. Grundsätzlich habe ich kein so gutes Verhältnis zur Dunkelheit. Wenn ich auf hohen Bergen unterwegs bin, ist es mir sehr unangenehm, wenn ich nicht alles um mich herum klar erkennen kann, und es macht mir sogar etwas Angst. Die Kälte scheint mir jetzt in der Dunkelheit gleich noch kälter zu sein. Und doch bewirkt sie in diesem Moment, dass ich mich nur noch mehr mit der Natur und dem Berg verbunden fühle.

Ich denke an JP und frage mich, wo er jetzt wohl sein mag. Ich wüsste gern, ob er wohlauf ist, ob er vielleicht schon ins Lager III zurückgekehrt ist. Heute Morgen habe ich ihm noch eine Nachricht geschickt, ihn gefragt, ob es ihm gut geht und wo er ist. Bis jetzt hat er aber noch nicht geantwortet. Vermutlich liegt das daran, dass seine Akkus leer sind und das Ladekabel nicht funktioniert hat. Ich weiß auch, was es bedeutet, diese brutale Kälte aushalten zu müssen. Da hat wirklich niemand besondere Lust, bei diesen Temperaturen eine Nachricht zu tippen. Ich selbst würde um keinen

Preis die Fäustlinge ausziehen und nur in den dünnen Fingerhandschuhen bei minus 60° C eine Nachricht schreiben. Ich bin also nicht sonderlich in Sorge. Aus meiner Sicht ist JP eine wahre Kampfmaschine, noch nie habe ich jemanden erlebt, der sich auf einem Achttausender so stark und sicher bewegt – er ist wie ein Wildtier in seiner natürlichen Umgebung. Ja, genau das beschreibt ihn am besten: Er ist wie ein frei lebendes Tier, das sich in der Wildnis bestens zurechtfindet.

Kurz vor dem vorgeschobenen Basislager gibt es einen lauten Knall, der sich anhört wie ein Eisturm, der in tausend Stücke zerspringt. Ich erschrecke sehr und denke sofort, er könnte von einem abstürzenden Menschen ausgelöst worden sein. Noel aber beruhigt mich und meint, dass es sicher kein Mensch war, der dieses Geräusch verursacht hat. Bald darauf treffen wir im vorgeschobenen Basislager ein. Endlich sind wir wieder an den Fuß des Berges zurückgekehrt. Ich bin todmüde.

20 RÜCKKEHR INS BASISLAGER

5. Februar 2021, Basislager am K2

Wir haben es geschafft und sind endlich im vorgeschobenen Basislager angekommen! Ich habe keine Ahnung, wie spät es mittlerweile ist. Zuallererst möchte ich die Steigeisen ausziehen und meine Stirnlampe finden. Doch all das kostet ziemlich viel Zeit. Der Rucksack ist vollgestopft bis oben hin, ich habe kein Licht und vom Mond ist auch nichts zu sehen. Es ist so finster, wie es nur sein kann. Ich verliere so viel Zeit. Noel hilft mir mit seiner schon recht schwachen Stirnlampe, die wirklich nur noch die Leuchtkraft einer Kerze hat. Ich fühle mich wie eine Touristin, die keine Ahnung davon hat, wie man einen Rucksack ordentlich packt, und die nicht einmal weiß, wie man die Handschuhe richtig überzieht. Dauernd muss ich sie an- und wieder ausziehen, weil es mit ihnen einfach unmöglich ist, irgendetwas in meinem Rucksack zielgerichtet zu finden. Mehr als einmal lege ich die Handschuhe auf den Boden und finde sie dann nicht mehr, da es zu dunkel ist und Noel mir nur notdürftig leuchten kann. Seine Stirnlampe wird jetzt zusehends schwächer, und er versucht deshalb, mit dem Licht so sparsam wie nur möglich zu sein, indem er die Lampe immer wieder abschaltet. Ich habe zumindest noch mein Handy, das etwas Licht spenden kann. Ich bin total fertig und wünsche mir sehnlichst, einen Flaschengeist zu haben, der mich durch Zauberei innerhalb eines Wimpernschlages ins Basislager beamt. Abgesehen von diesen unrealistischen Fantasien versuche ich mich zu motivieren, jetzt noch meine letzten Energiereserven zu mobilisieren. Ununterbrochen sage ich mir: Tamara, es sind nur noch zwei bis drei Stunden, auch die wirst du noch überstehen!

Meine Lampe finde ich nicht, schaffe es aber endlich, die Steigeisen abzunehmen, und will sie auch gleich am Rucksack befestigen. Doch auch für diesen kleinen Handgriff, den ich schon abertausende Male durchgeführt habe, brauche ich Noels Licht. Glücklicherweise ist Noel ein Mensch, der ganz von seinem inneren Frieden erfüllt ist. So langsam auch alles vonstattengeht, niemals übt er Druck auf mich aus oder treibt mich an, mich zu beeilen. Natürlich muss dabei bedacht werden, dass das wohl seine Gründe hat bei jemandem wie ihm, der es neun Mal auf den Gipfel des Everest geschafft hat.

Wir beide machen dann noch an jenem Punkt halt, an dem Sergi abgestürzt ist, und unsere Gedanken kehren zu jenem verfluchten Tag zurück, an dem das Unglück sich ereignet hat. Die Erinnerung daran ist immer noch frisch und sehr schmerzhaft. Anschließend gehen wir zu den Zelten, in denen wir ein paar Dinge deponiert hatten, denn auch Noel muss noch einiges an Material von dort mitnehmen. Endlich schultern wir wieder unsere Rucksäcke und machen uns noch einmal auf den Weg. Zuerst überqueren wir die Moräne, die sich vom vorgeschobenen Basislager bis zum Gletscher und weiter Richtung Basislager erstreckt. Mit Steigeisen wäre der Weg über die Stein- und Geröllmassen eine Qual, weshalb es uns auch so wichtig war, sie abzunehmen.

Mein Handy-Akku zeigt noch 20 Prozent an, die ich mir aber für etwas mehr Licht an den schwierigen Stellen aufsparen will, als Ergänzung zum geringen noch verbliebenen Licht von Noels Stirnlampe. Ich rechne mit zwei bis drei Stunden Gehzeit, da unsere Rucksäcke schwer und wir beide total erschöpft sind, außerdem haben wir unseren letzten Tee im japanischen Lager getrunken – zu wenig also. Deshalb hoffen wir, dass uns jemand aus dem Basislager mit etwas zu trinken entgegenkommen wird. Das wurde uns zumindest über Josettes Funkgerät versprochen, während wir noch im Abstieg waren. Ohne Stirnlampen ist es im Dunkeln ausgesprochen schwierig, den richtigen Weg von den Eistürmen zum Gletscher zu finden. Also nehme ich immer wieder mein Handy zu Hilfe, um wenigstens die allerschwierigsten, technisch anspruchsvollen Passagen ein bisschen zu beleuchten. Es gelingt uns so, den flacheren Bereich des Gletschers zu erreichen, wo wir dann im Schein von Noels „Kerze“ weitergehen. Irgendwann kommen wir dabei aber vom richtigen Weg ab. Alles ist eisig, man sieht daher keine Spuren im Schnee, sondern höchstens ab und zu leichte Abdrücke von Steigeisen. So unglaublich sich das auch anhören mag: irgendwann verlieren wir völlig unsere Orientierung. Wir wissen nicht mehr, ob es nach rechts oder nach links geht. Ob wir uns besser wieder dem K2 oder doch der gegenüberliegenden Talseite nähern sollten. Es ist schon seltsam, wie einfach und logisch alles bei Tageslicht erscheint, und wie fremd und kompliziert jetzt alles im Dunkeln ist.

Der Rucksack wird immer schwerer und immer öfter muss ich Noel bitten, stehenzubleiben und eine kurze Rast einzulegen. Wir setzen uns aufs Eis und ruhen uns kurz aus. Wir sind beide erschöpft. Doch wir bilden auch ein gut funktionierendes Team. Ich fühle mich sehr wohl mit ihm. Er ist ein wunderbarer Mensch, das ist mir bereits 2017 am Kangchenjunga klar gewesen, als ich ihn dort, am dritthöchsten Berg unseres Planeten, kennengelernt habe. Irgendwann scheint es uns, als würden wir mitten im Gletscher zwei Stirnlampen auf- und abhüpfen sehen, doch schon bald verschwinden sie wieder in der Dunkelheit. Auch hinter uns lässt sich ein kleiner Lichtpunkt erkennen. Und wir vermuten beide, dass es sich dabei nur um JP handeln kann, denn das Licht kommt sehr schnell vom Berg herunter, genau in JPs Geschwindigkeit. Wir rufen ganz laut, um auf uns aufmerksam zu machen, doch erhalten wir keine Antwort. Als wir immer weiterschreien, tönt dann doch noch eine Antwort in unsere Richtung. Nun sind wir noch überzeugter, dass es JP ist, denn es ist genau seine Stimme. Donnerwetter, sage ich zu Noel, JP ist wirklich eine Kampfmaschine, ein Ausnahmetalent. Ich hätte nicht gedacht, dass er so stark ist, dass er direkt ins Basislager absteigt, genauso wie es auch Geljen, der Sherpa aus Nims' Team, und Sona, der Sherpa von *Seven Summit Treks*, nach ihrer Winter-Erstbesteigung des K2 getan hatten. Ich gehe davon aus, dass JP noch schneller als sie sein will und noch einen draufsetzen möchte. Ich sehe schon sein Gesicht vor mir und dieses breite Grinsen. Lange Zeit wissen wir noch immer nicht, wo wir uns genau befinden, bis wir schließlich weiter unten ganz schwach den Grat unterhalb des Gilkey Memorials erkennen. Nun können wir wieder die richtige Richtung einschlagen und wissen, dass wir von jetzt an noch ungefähr eineinhalb Stunden bis zum Basislager brauchen. Nach vier Stunden Gehzeit finden wir also auf den richtigen Weg zurück, sind wieder auf dem Pfad zum Basislager, oder besser gesagt auf jener „Piste", die wir letzthin so oft begangen haben.

Zwei Männer aus dem Küchenzelt kommen uns mit frischem Saft und sogar Kuchen entgegen. Es tut sehr gut, jemanden aus dem Basislager zu sehen und zu wissen, dass wir schon bald in unseren Zelten sein werden. Den beiden teilen wir mit, dass wir davon ausgehen, dass JP bald nach uns eintreffen wird, und schwärmen ihnen von seiner unfassbaren Schnelligkeit vor. Sicher wird auch er in Kürze im Basislager eintreffen, bekräftigen wir. Es ist zwei Uhr morgens. Ich bin wie zerschlagen. Meine Beine schmerzen schrecklich und die Muskeln brennen wie Feuer, während ich meine Zehen schon lange nicht mehr spüren kann. Als ich mich im Essenszelt niedersetze und die Schuhe ausziehe, ist es so, als ob meine Füße aus einem einzigen Klumpen bestehen würden, als ob alle Zehen fest miteinander verklebt wären. Anzeichen von Erfrierungen kann ich aber glücklicherweise nicht feststellen, auch keine Frostbeulen.

Jon und Colin sind noch wach, da sie auf uns gewartet haben. Morgen werden sie bereits vom Hubschrauber abgeholt, also wollen sie sich noch von uns verabschieden. Ich bin traurig, dass sie uns verlassen, da ich mich immer sehr wohl mit ihnen gefühlt habe. Und weil wir mehr als einmal im Essenszelt noch bis spät in die Nacht hinein zusammensaßen, um uns in aller Freund- und Kameradschaft lange und ausführlich zu unterhalten. Auch der Niederländer Arnold Coster und Chhang Dawa Sherpa, der Expeditionsleiter von *Seven Summit Treks*, sind noch auf den Beinen. Sie fragen uns, ob wir etwas von JP gehört hätten, und wir antworten, dass er sich unmittelbar hinter uns befindet und jeden Moment hier eintreffen wird. Doch sie erklären uns, dass wir falsch liegen. Direkt hinter uns befindet sich nämlich ein Sherpa, wie ihnen die beiden Männer aus dem Küchenzelt über Funk mitgeteilt haben. Jener Sherpa, der sich angeboten hatte, meine Sachen mit hinunterzutragen. Sie informieren uns, dass auch Bernhard und Antonis im Lager I geblieben sind. Was mir jetzt eine gute Entscheidung gewesen zu sein scheint. Auch wir hatten kurz an diese Möglichkeit gedacht, obwohl ich nach jedem *summit push* immer möglichst schnell ins Basislager zurückkehren will. Auch wenn mein Abstieg dieses Mal alles andere als schnell vonstattenging. Ich halte es aber immer so: schnellstmöglich ins Basislager zurückzukehren, wo es gutes Essen gibt und einigermaßen warm ist. Und so ist es auch heute. Uns wird zuerst eine ausgezeichnete Suppe, danach Nudeln und Pizza serviert. Ich habe ja seit drei Tagen fast keine Nahrung zu mir genommen. Dann erzählen sie uns von der Stimmung hier im Basislager. Sowie die Nachricht von Atanas' Absturz die Runde machte, schrie und weinte Sheny ganz verzweifelt. Sie war zutiefst betroffen und untröstlich. Etwas beruhigt hatte sie sich erst, nachdem mithilfe des Hubschraubers Atanas' Körper gefunden und ins Basislager transportiert worden war. Ihre Trauer war riesengroß. Sie ist bereits mit Atanas ausgeflogen worden. Natürlich. Ich will mir gar nicht vorstellen, was ein solches Unglück mit einem Menschen macht.

Um drei oder halb vier Uhr legen wir uns schließlich schlafen. Ich denke an JP und daran, dass er morgen hier im Basislager sein wird. Ich freue mich für ihn, da er ja nun seine unglaubliche Leistung bereits hinter sich hat. Ich selbst werde jetzt nicht mehr lange hierbleiben, denke ich. Möglicherweise könnte das sogar meine letzte Winterexpedition auf einen Achttausender gewesen sein. Ich denke dabei an die beschädigten Fixseile, an das brüchige Gestein, an die Bohrhaken, die sich aus den Felsen gelöst haben. Und es scheint mir, als wolle die Göttin des Berges uns sagen: „Geht fort von hier, ich will euch hier nicht haben.“ Das jedenfalls ist mein Gefühl, und deshalb werde ich auch keinen erneuten Aufstieg mehr wagen, auch wenn JP mir angeboten hatte, mich noch mal zu begleiten. Ich bin glücklich, wenn er mit einem Gipfelsieg zurückkehrt, aber auch genauso glücklich, falls ihm das nicht gelungen sein sollte. Ich will diesen Ort jetzt endlich wieder verlassen. Ich freue mich darauf, mit JP nach Dassu zu gehen, und dort mit ihm und Ali Kindern das Klettern beizubringen.

Deshalb kann ich es kaum erwarten, bis alle wieder hier eingetroffen sind, damit wir gemeinsam die Gipfelsiege unserer Kameraden feiern können. Ich bin ziemlich fest davon überzeugt, dass sie es dorthin geschafft haben. Inzwischen genieße ich mein Zelt, das mir jetzt schöner und luxuriöser als jedes Fünf-Sterne-Hotel vorkommt, und das so heiß ist, als befände sich ein Ofen darin. Mittlerweile habe ich mich wohl an die unglaubliche Kälte in den höchsten Lagen gewöhnt, denn im Vergleich dazu ist es hier im Basislager richtig warm, trotz der Temperaturen von minus 35° C. Und ich kann es auch kaum erwarten, mich endlich in tieferen Lagen von diesem lästigen Husten zu kurieren, der hier mein ständiger Begleiter ist und mich zusehends ermüdet und aufreibt. Ich will endlich wieder einmal etwas Grün sehen, die Sonne auf meiner nackten Haut spüren. Ich sehe mich schon in Skardu, ganz entspannt und ausgeruht. So schlafe ich ein und träume von Bäumen und ihrem wunderbaren Duft.

21 ABSCHIED VOM K2

6.–8. Februar 2021, Basislager am K2

Samstag, 6. Februar 2021. Sajid kehrt vom Berg zurück. Er ist gänzlich erschöpft und restlos verzweifelt. Da er ein Problem mit dem Regler seiner Sauerstoffflasche hatte, kehrte er während des *summit push* ins Lager III zurück, um dort auf Ali, JP und John Snorri zu warten, die weiter Richtung Gipfel aufgestiegen waren. Dort, im Lager III, harrte er gestern – also während wir uns im Abstieg befanden – von 17 Uhr bis heute Morgen aus. Doch weder Ali, JP noch John Snorri sind dort wieder aufgetaucht.

Der Berg hatte sich zunehmend in Wolken gehüllt, der Wind war immer stärker geworden. Also hat man Sajid vom Basislager aus gebeten abzusteigen und dorthin zurückzukehren. Er wollte jedoch davon nichts wissen, da er auf seinen Vater und die anderen warten wollte. Doch im Basislager blieb man hart: „Du musst augenblicklich herunterkommen, du musst absteigen. Dort oben kannst du niemandem helfen. Hilf dir selbst und komm herunter." Das Lager III verlassen zu müssen, war eine Qual für ihn; letztlich beschloss er dann doch, abzusteigen. Es war das einzig Sinnvolle, was er in diesem Moment tun konnte. Trotz seiner erst 21 Jahre hat er damit bewiesen, dass er in der Lage ist, reife und vernünftige, wenngleich sehr harte Entscheidungen zu treffen.

Als er nun hier im Basislager eintrifft, umarme ich ihn sofort. Er schaut mich mit verzweifeltem Blick an und fragt: „Didi, no hope, right?" Schwester, es gibt keine Hoffnung mehr, oder? In diesem Moment zerreißt es mir das Herz. Als ob mir mit einem Schlag klar werden würde, was hier gerade passiert ist. Ich möchte nur noch weinen, wegrennen, abhauen; doch irgendwie kommen ein paar Worte über meine Lippen: dass es nach zwei Nächten in dieser Höhe und bei dieser Kälte nicht gut aussieht. „Was glaubst du?", frage ich ihn. Seine Antwort kommt nicht bei mir an, da ich zu sehr unter Schock stehe, doch ich vermute, er teilt meine Einschätzung. Nie im Leben werde ich diesen entsetzlichen Moment vergessen.

Ich bin total verzweifelt. Einerseits ist mir klar, dass bei solchen Bedingungen kein menschliches Wesen überleben kann. Auch ist schon zu viel Zeit vergangen, ohne dass irgendwer eine Nachricht von einem der drei erhalten hätte: ihre GPS-Geräte reagieren nicht und auch sonst gibt es keine Spur von ihnen. Also löst man im Basislager Alarm aus: Juan Pablo „JP" Mohr, Ali Sadpara und John Snorri gelten ab jetzt offiziell als am K2 verschollen. Und von Minute zu Minute, von Stunde zu Stunde schwinden die ohnehin geringen Hoffnungen. Auch der Berg selbst macht jede Chance auf ein Überleben zunichte, denn zunehmend verschwindet er hinter immer dichter werdenden Wolken, und der Sturm steigert sich von Minute zu Minute.

Am Abend essen wir gemeinsam mit Sajid, Dendi – dem Sherpa, der Atanas begleitet hatte –, Elia Saikaly – dem Kameramann aus John Snorris Team – und dessen Sherpa-Freund. Wir sind alle sehr schweigsam und deprimiert. Durch unser Zusammensein hoffen wir, unseren Schmerz etwas zu lindern. Doch es ist uns allen klar, dass dieser noch sehr lange nicht enden wird. Noch nie habe ich mich trotz der Gesellschaft so allein gefühlt wie an diesem Abend. Ich frage mich, wie das nur passieren konnte, und versuche, meine ganze positive Energie zu sammeln und sie nach oben zu JP, Ali und John zu senden. In der Hoffnung, dass sie morgen doch noch hier ankommen werden. Die Hoffnung kann und will ich noch nicht aufgeben. Vielleicht haben sie am Abend ja doch noch das Lager III erreicht, hoffe ich. Möglicherweise nahmen sie dann den Abstieg in Angriff, waren aber dermaßen übermüdet, dass sie es nicht mehr bis zum Basislager schafften, wo sie dann eben morgen erst eintreffen würden. Ich hoffe und bete mit aller Kraft, dass es genau so abgelaufen ist, oder dass sich das Ganze sonst irgendwie zum Guten wenden wird. Ganz egal wie, es muss einfach irgendwie gut ausgehen. Ich will hier nicht ohne JP sein. Ohne den Menschen, mit dem ich im letzten Monat all meine Zeit, mein Leid und meine Tränen geteilt habe.

Als ich dann am Morgen erwache, fehlt von den dreien noch immer jede Spur. Eine Weile bleibe ich noch im Zelt liegen und stelle mir vor, dass JP jetzt gleich den Reißverschluss öffnen und vor mir stehen wird. Ich sehe ihn förmlich vor mir, wie er den Kopf ins Zelt steckt und mich mit einem verschmitzten Lächeln ansieht. Einige Augenblicke lang kann ich es sogar glauben, dass genau das passieren wird. Dann aber bricht plötzlich alles in mir zusammen. Mir wird die ganze Tragweite dieser Tragödie bewusst, und ich beginne hemmungslos zu weinen. Alles strömt aus mir heraus, ich bin nicht mehr in der Lage, damit aufzuhören. Irgendwann verlasse ich dann doch mein Zelt und gehe zum Essenszelt. Meine Augen sind zugeschwollen von den vielen Tränen. Alle schauen mich an und bemitleiden mich. Jeder fühlt mit und versucht mich zu trösten, mir jeden Wunsch zu erfüllen. Kleinigkeiten wie zum Beispiel, mir ein Frühstück zuzubereiten, obwohl es inzwischen eigentlich schon zu spät dafür ist. Ich fühle, dass ich mit ihnen allen einen sehr wichtigen und schwierigen Teil meines Lebens verbracht habe.

Diese Stunden zu beschreiben, fällt mir sehr schwer. Ich finde nicht die richtigen Worte, um meine Gefühle auszudrücken. Ich könnte sagen, ich bin traurig und ausgelaugt, aber das würde meiner Stimmung auch in keinster Weise gerecht werden. Sicher gibt es in diesen Stunden mehr als einen Moment, in dem mir scheint, als ergäbe im Leben nichts mehr einen Sinn, oder als würde nichts mehr existieren, das mir etwas wert ist. Ich komme an einen Punkt, an dem mir alles und jeder egal ist. Ich bin völlig am Boden zerstört. Und das würde noch viele weitere Tage und Monate anhalten. Davon bin ich überzeugt. Das sage ich dann auch Dendi Sherpa. Am Ende zählt nichts mehr, ist nichts mehr wichtig. Sobald ich es ausspreche, breche ich erneut zusammen und beginne wieder hemmungslos zu weinen. Ich umarme ihn. Auch er ist über den Tod von Atanas sehr bekümmert und entsetzt, so wie auch über den Tod unserer anderen Freunde. Auch für ihn gibt es keine Erklärung für das, was geschehen ist. Auch er kann sich nur seinem Schmerz hingeben und ihn mit mir teilen.

In der Zwischenzeit verbreitet sich die Nachricht, dass JP, Ali und John verschollen sind, wie ein Lauffeuer über alle Nachrichtenkanäle und Sozialen Netzwerke. Und schon erhalte auch ich eine Menge Nachrichten. Einige Personen rufe ich an. Doch mir fällt alles so schwer. Ich bin kaum in der Lage, all diese Nachrichten zu lesen, geschweige denn, sie zu beantworten. Ich habe mit mir selbst mehr als genug zu tun. Auch Davide schreibt mir. Er versucht mich zu trösten und mir nahe zu sein. Über WhatsApp rufe ich meine Mutter an. Ebenso meine Freundin Mimi und meinen Freund Andrea aus dem Tesinotal im Trentino. Mimi ist gerade ganz allein zu Hause und wir weinen gemeinsam eine Zeit lang. Sie versucht mich zu trösten, mich zu beruhigen. Auch mit meinem Vater, meiner Mutter und mit meiner Schwester zu sprechen, empfinde ich als große Erleichterung und Hilfe in diesen schweren Stunden. Nicht nur für mich selbst, denn auch sie haben das Bedürfnis, nach all der Zeit endlich wieder mit mir zu sprechen. Ich bin sehr lange am Handy und rede mit ihnen. Ebenfalls sehr lange telefoniere ich mit Simone. Er empfiehlt mir, das Basislager und den Berg sofort zu verlassen, da mir seiner Meinung nach ein weiterer Aufenthalt dort überhaupt nicht guttut. In so einem Gefühlszustand wie dem meinen noch im Basislager zu bleiben und zu warten, würde niemandem helfen, meint er, sondern ganz im Gegenteil nur schaden. Auch Andrea sieht sofort per Videoanruf meine verweinten Augen und versucht mir Kraft und Trost zu spenden. Ich bin allerdings dermaßen verwirrt, dass ich kaum noch etwas mitbekomme. Beispielsweise bemerke ich gar nicht, wann und wie Sajid abreist. Vermutlich hat er das Basislager noch gestern per Hubschrauber verlassen, zusammen mit Antonis und Bernhard. Ich erinnere mich aber, dass Antonis offene Wunden an beiden Zehen hatte und Bernhard Erfrierungen an den Füßen.

Noel kommt mich in meinem Zelt besuchen, umarmt mich und spricht mir Mut zu. Ich aber kann nicht mit dem Heulen aufhören, wobei es mir auch total egal ist, wer mich dabei sieht. Manch einer versucht auch, mir aus dem Weg zu gehen. Wieso, weiß ich nicht, vielleicht bringe ich sie in Verlegenheit. Ich weiß nur, dass ich ständig das Bedürfnis habe, zu weinen. Je weiter die Zeit voranschreitet, desto weniger gibt es daran zu rütteln: Ich werde JP nie mehr wiedersehen. Ich werde auch Ali nie mehr wiedersehen. Und auch John Snorri nicht. Es gibt keine Hoffnung mehr. Also entscheide ich, dass jetzt mein Moment gekommen ist: Morgen werde ich das Basislager verlassen. Dann liegen noch vier Tage Trekking nach Skardu vor mir. Und von dort nehme ich den Flug nach Islamabad, und dann einen weiteren nach Hause.

Doch zuvor habe ich noch eine wichtige Aufgabe: Ich muss JPs Sachen zusammenpacken. Nach Sergis Tod ist das nun das zweite Mal während dieser Expedition. Einige Dinge, die JP öfter bei sich oder getragen hatte, berühre ich mit großem Respekt und Trauer. Ich halte sie an mein Herz und rieche noch daran. Ich könnte andauernd nur weinen, aber irgendwie muss ich auch funktionieren. Nie in meinem Leben war ich so verwirrt. Jede Gewissheit hat sich innerhalb von Sekunden aus meinem Leben verflüchtigt, ich verlasse den Berg mit tausend Fragen. Ich denke an den letzten Monat, an den Ruf des K2, an seine Göttin, der ich mich anvertraut hatte.

Auch dieses Mal musste ich mich entscheiden, und wie am Nanga Parbat habe ich das Aufgeben gewählt, was mir höchstwahrscheinlich das Leben gerettet hat. Mir wurde klar, dass das nicht meine Zeit für den Gipfel war, und genau wie am Nanga Parbat habe ich diesen Entschluss in dem Moment gefasst, in dem ich mich gerade am schwächsten fühlte. Paradoxerweise musste ich die schwerwiegendste Entscheidung immer dann treffen, wenn ich gerade am schwächsten und verwundbarsten war. Doch während ich am Nanga Parbat den Erfolg meiner Freunde und

Noch immer kann ich es kaum glauben: Ich habe „Jesus" im Basislager getroffen, genau so, wie ich ihn mir als Kind immer vorgestellt hatte. Danke für dein Leuchten und dein wundervolles Lächeln.

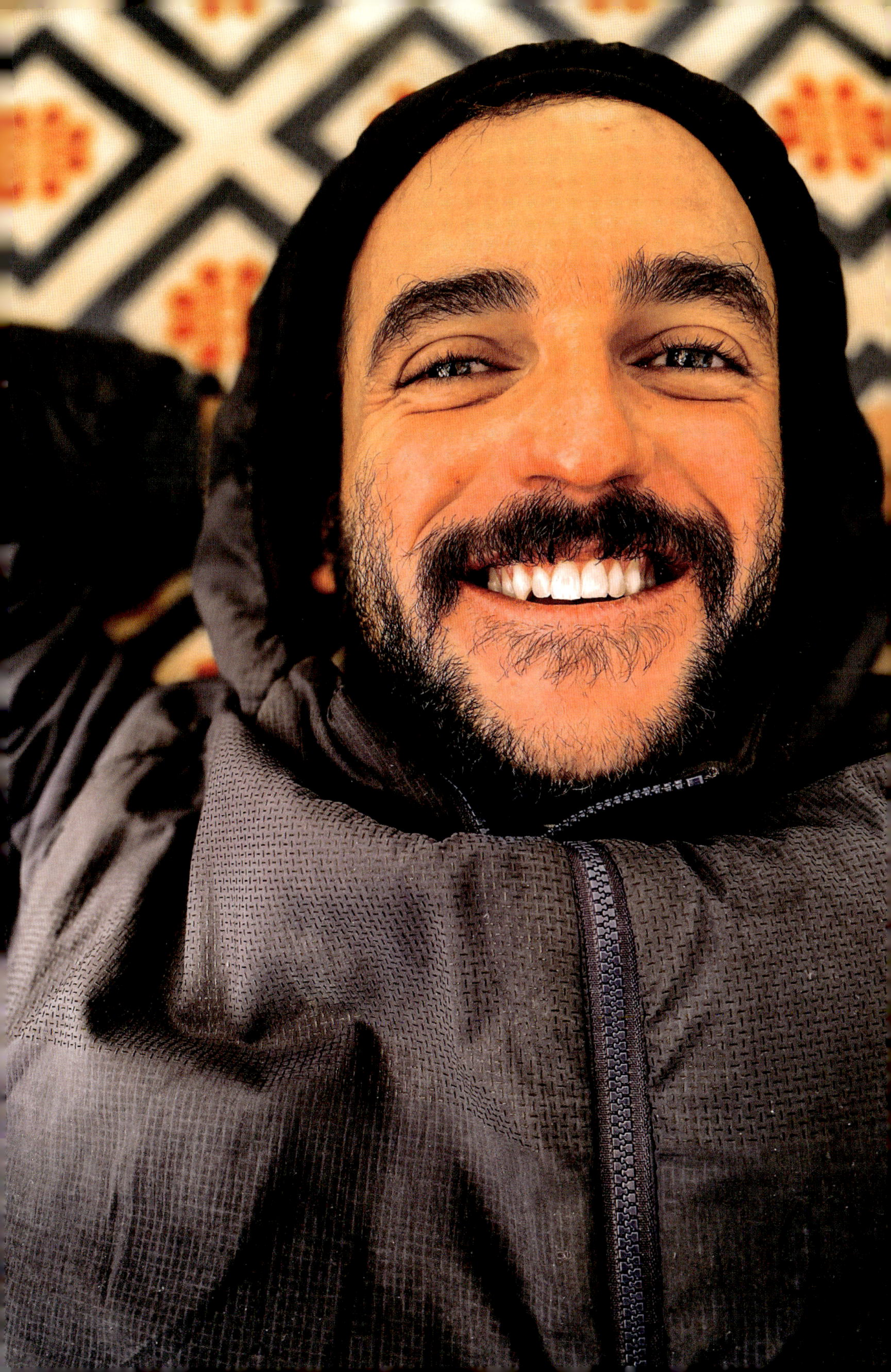

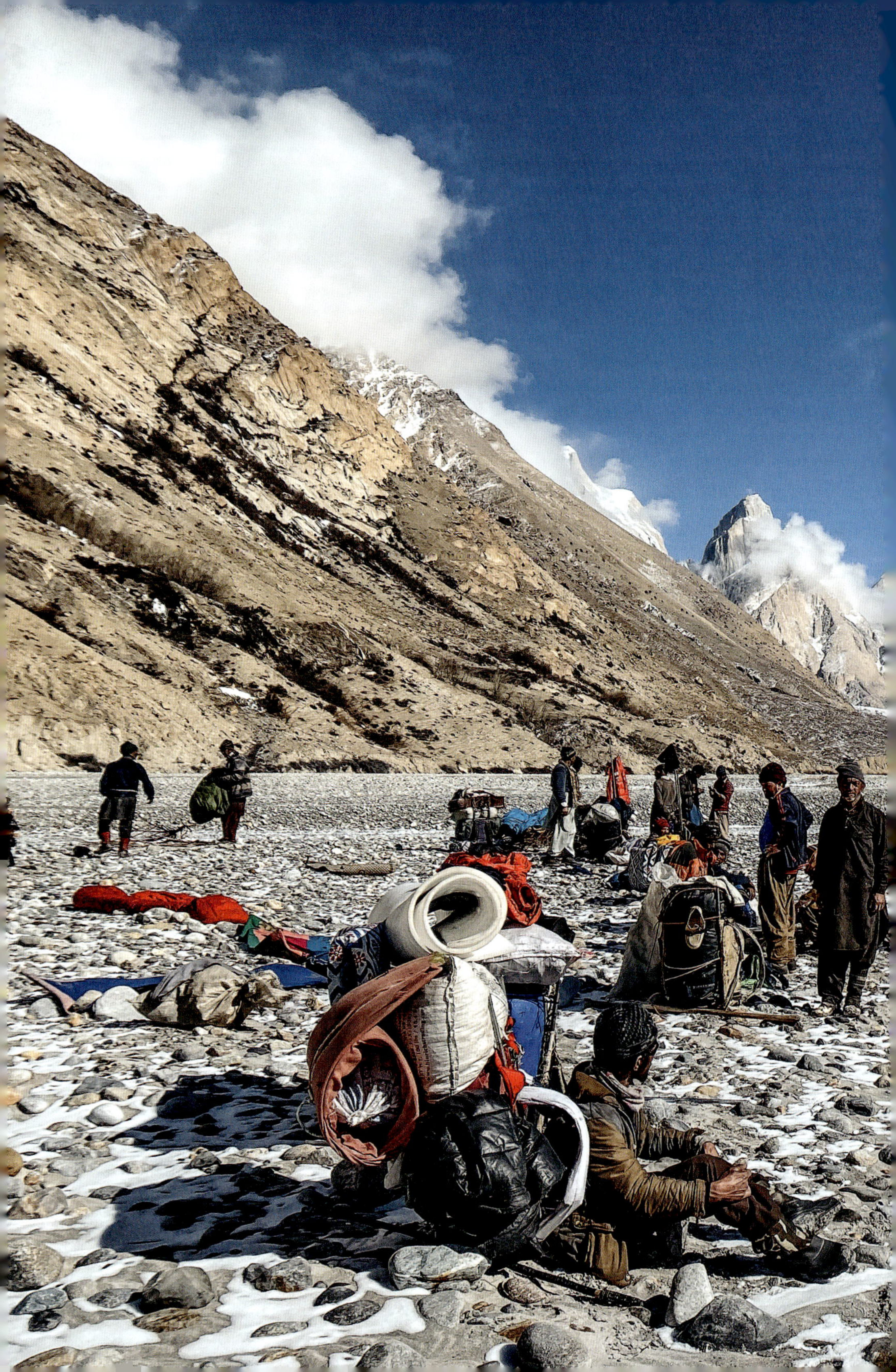

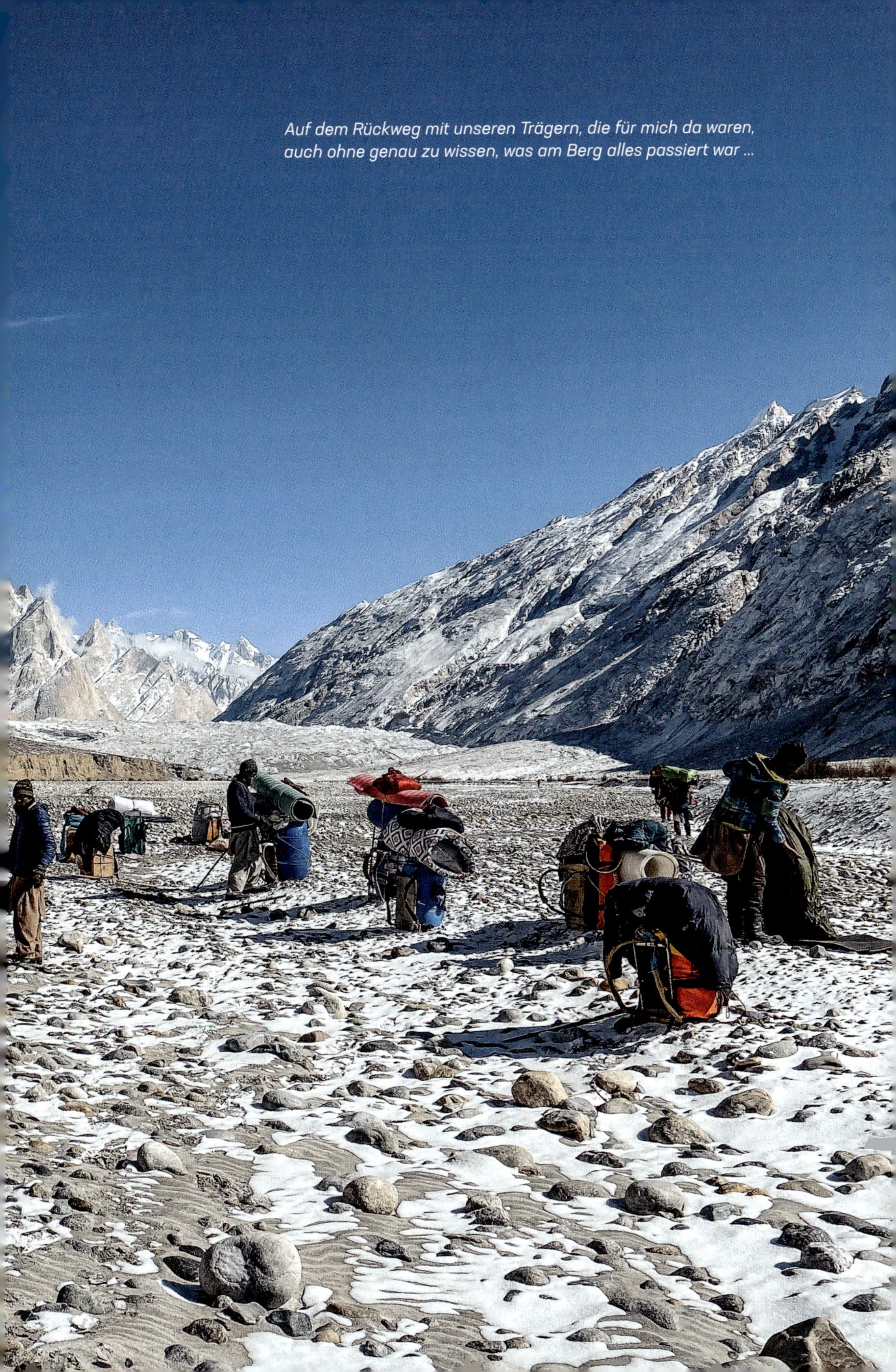

Auf dem Rückweg mit unseren Trägern, die für mich da waren, auch ohne genau zu wissen, was am Berg alles passiert war …

Kameraden feiern durfte, bin ich hier Teil einer Tragödie geworden, war doch genau all das geschehen, was niemals hätte passieren dürfen. Hier habe ich Sergi verloren und Atanas, auch John und meinen Freund auf ewig: Ali. Und obendrein auch noch JP, und mit ihm einen Teil meines Herzens. Ich fühle mich wirklich so, als wäre mir ein Teil meiner selbst hier abhandengekommen, und genau deshalb fühle ich mich jetzt auch so entsetzlich verloren. Ich denke an meine Freunde, an den Berg und an all das, was er mir genommen hat.

Ich sehe sie klar und deutlich vor meinem geistigen Auge. Ich sehe sie auf dem Gipfel stehen, alle drei. Dann reißt der Film ab und ich weiß nicht, was danach passiert ist. An diesem Berg genügt ein Augenblick – und alles ist vorbei. Ununterbrochen bin ich in Gedanken bei JP. Ich erinnere mich daran, wie er losstartete, sich vom Zelt entfernte, denke an sein Lächeln und wie seine Stirnlampe in der Nacht verschwand. Ich hatte ihn nicht einmal umarmt, bevor er losgezogen ist. Nie im Leben werde ich mir das verzeihen. Und es folgen noch weitere Selbstvorwürfe, beispielsweise: Hätte ich doch darauf bestanden, dass er noch ein Lager IV macht.

Am 8. Februar verlasse ich den Berg. Ich werfe einen letzten Blick auf ihn, denke an meine Kameraden, die es nicht mehr gibt, die nie mehr von dort oben zurückkehren werden. Ich denke an ihre Angehörigen und Kinder – auch für sie wird der Schmerz niemals enden. Dann beginne ich meine lange Wanderung, die mich ins Tal hinunterführt und somit in gewisser Weise auch wieder ein Stück weit in die Normalität zurückbringt.

Was hier oben am K2 – an meinem Traumberg – geschehen ist, wird mich noch lange begleiten, und ich werde diese Tage wohl nie vergessen, solange ich lebe. Ich weiß, dass ich nicht aufhören werde zu weinen. Und dass der Schmerz, den ich in meinem Herzen trage, nicht verschwinden wird. Ich wünschte, ich hätte eine Schulter, an der ich mich ausweinen könnte.

Die Zeit heilt alle Wunden, so sagt man. Ich werde der Zeit viel Zeit geben müssen, damit sie das ihrige tun kann. Wie lange sie dafür braucht, weiß ich nicht. Mit Gewissheit aber weiß ich, dass mich diese K2-Expedition für immer verändert hat. Vieles in mir hat sich hier verändert – für mich als Frau und auch als Bergsteigerin.

22

NACHWORT – SICH AN ALLES ERINNERN

Bozen, 19. April 2021

Zwei Monate sind seit meiner Rückkehr vom K2 vergangen. Und erst heute habe ich wieder mit meinem Training begonnen. Ich laufe nun eine ganz neue Laufstrecke. Doch das ist nicht die einzige Neuigkeit. Ich wiege 10 Kilo mehr als sonst. Ich habe einfach einen Tag nach dem anderen verstreichen lassen, wie gelähmt, und ich fühle mich auch immer noch ausgelaugt. Ich bin zutiefst erschüttert, doch vor allem fühle ich mich absolut leer. Ich erkenne mich selbst nicht mehr – und habe trotzdem das Gefühl, noch nie so sehr ich selbst gewesen zu sein wie gerade jetzt. Mein Herz liegt nach wie vor in Trümmern, doch habe ich beschlossen, dass ich jetzt meinen Weg wiederfinden muss.

Als ich zum ersten Mal wieder mit Journalisten sprach und diese mich nach meinen Plänen für die Zukunft fragten, antwortete ich wie aus der Pistole geschossen, dass ich nie mehr eine Winterexpedition durchführen möchte. Das war wohl kaum eine wohlüberlegte oder geplante Antwort, sie ist mir einfach so herausgerutscht, ohne dass ich zuvor besonders darüber nachgedacht hätte. Es war mein Instinkt, der da gesprochen hat. Solch beißende Kälte oder eine derartige Schinderei sind für mich momentan völlig inakzeptabel, ich kann und will so etwas gerade nicht noch mal erleben. Aber es tut mir gut, mich allmählich wieder mit meinem Körper auseinanderzusetzen. Wenn ich auf meinen Weg zurückfinden will, muss ich auch den Pfad dorthin beschreiten, der meinen bisherigen Lebensweg bestimmt hat: die körperliche Herausforderung und Aktivität. So stelle ich den Kontakt zu meiner Seele her, so spüre ich, was ich im Herzen trage, und kann es mit meinem Geist verbinden.

Wenn ich an die letzten Monate denke, kann ich einfach immer noch nicht begreifen, was vorgefallen ist, und bin unfähig, der ganzen Sache irgendeinen Sinn abzuringen. Während ich meinen Lauf- und Atemrhythmus wiederfinde, versuche ich all diese Gedanken zurückzudrängen. Ich weiß, dass der Zeitpunkt jetzt gekommen ist, wieder neu zu starten, Ordnung zu schaffen und wieder nach vorn zu schauen.

Ganz klar spüre ich die Veränderung, die sich in mir vollzogen hat. Ich weiß, dass ich meine Suche nach mir selbst jetzt fortsetzen muss, ohne Angst und ohne Scheu. Ich will stark sein und trotzdem auch eine Schulter finden, an die ich mich anlehnen darf. Ohne dabei irgendetwas von dem zu vergessen, was war, gleichzeitig aber immer Gott für all das dankend, was ich erleben durfte, und dafür, dass ich so wunderbare Menschen kennenlernen durfte, die ich von nun an immer in meinem Herzen tragen werde.

Heute hat mir Davide eine Blume geschenkt, weil ich wieder begonnen habe zu trainieren. Er sagte, die Blume hätte ich mir verdient; das hat mich sehr berührt.

Ja, ich will mich an alles erinnern. Heute beginne ich, dieses Buch zu schreiben.

April 2021

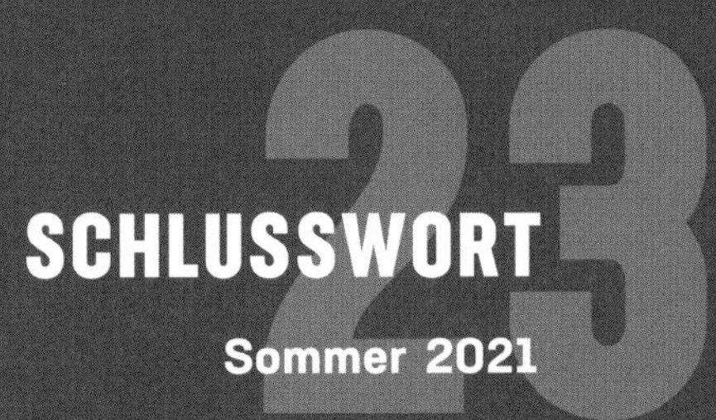

SCHLUSSWORT

Sommer 2021

Ich bin zurück. Am Concordiaplatz, an den Ausläufern des K2. Die Sicht auf den K2 wird zwar von Wolken verdeckt, doch ich kann warten: Ich weiß, dass der Berg sich mir früher oder später zeigen wird. Vor etwas mehr als einem halben Jahr ist dort oben ein Mensch verschwunden, der mir sehr viel bedeutet hat: Juan Pablo „JP" Mohr; und mit ihm unsere gemeinsamen Freunde Ali Sadpara und John Snorri. Damals haben dort oben noch weitere ganz besondere Menschen ihr Leben verloren: der unvergessliche Sergi Mingote und Atanas Skatov, einer der liebenswürdigsten Menschen, die ich jemals kennenlernen durfte. Ich bin hier, um ihrer zu gedenken.

Mit mir ist Sheny hier, Atanas' Verlobte. Auch Fede, JPs Cousin, ist mittlerweile eingetroffen. Und gleich danach kam Nicholas, JPs bester Freund. „Schaut", sage ich, „jetzt sieht man ihn, das ist der K2." Mehr als das braucht es gar nicht. Wir alle brechen sofort in Tränen aus und umarmen uns. Meine Gefühle sind mehr als gemischt. Ich habe diesen Berg geliebt, mehr als jeden anderen. Jetzt ist aber ein neues, ein quälendes Gefühl dazugekommen. Ganz plötzlich scheinen alle Empfindungen von damals wieder über mich hereinzubrechen: all der Schmerz, die Anspannung, das ewige Warten und die Beklemmung jener Tage und Monate hier am Berg. Ich spüre, dass ich all das nicht länger zurückdrängen muss. Dass ich mich hier nicht mehr beherrschen muss, sondern den Tränen freien Lauf lassen kann. Ich trage so viel Schmerz mit mir herum. Und so viele Fragen. „Wo seid ihr?", möchte ich hinausschreien. „Warum gerade sie?", möchte ich den Berg fragen. Ich bin auch sehr nervös, denn ich weiß, dass einige Bergsteiger in diesen Tagen zum Gipfelsturm ansetzen, und dass sie dabei möglicherweise auch den Tod finden werden. Dies alles ist nicht leicht für mich.

Am Gilkey Memorial wird der vielen Todesopfer gedacht, die der K2 bereits gefordert hat. Die Gedenkfeier, die wir dort für unsere Freunde abgehalten haben, war wunderschön. Tausend Mal intensiver und bewegender als jedes Begräbnis. Bergsteiger von überall her haben teilgenommen, einige sind vom Broad Peak-Basislager herübergekommen, andere vom Basislager am K2. Unser gesamtes Team war natürlich anwesend. Viele Menschen. Jeder hat unserer Lieben gedacht, wie es ihm oder ihr gerade ums Herz war. Ich habe ein besonderes Lied abgespielt. Fede rappte für JP. Carlos richtete einige Worte an Sergi. Alles war sehr gefühlvoll. Sobald ich ganz oben am Memorial angekommen war, habe ich geweint. Und mich daran erinnert, wie JP im Winter nicht mit hochkommen wollte und sagte, dass er das zu deprimierend fände und das alles nicht sehen wolle. Jetzt sind wir hier, um uns an ihn zu erinnern, und er ist dort oben, irgendwo am Berg. Nach der Gedenkfeier gehe ich noch zu dem Felsblock, an dem JP so meisterhaft gebouldert hatte. Ich streichle den Stein, lege meine Wange dorthin, wo JP herumgeklettert ist. Ich schließe meine Augen und denke an ihn.

Nach zwei Nächten im Basislager machen wir uns auf den Rückweg. Die Nachricht, dass man die Körper JPs, Alis und John Snorris gesichtet habe, erreicht uns am 26. Juli am Concordiaplatz, exakt sieben Jahre nach dem Tag, an dem ich 2014 selbst den Gipfel des K2 bestiegen hatte. Der erste, der gefunden wird, trägt einen schwarz-gelben Daunenanzug. Damit könnte es sich sowohl um JP als auch um John Snorri handeln. Inständig hoffe ich, dass diese Nachricht nicht zu viel zusätzlichen Schmerz in die Familien der Toten bringt. Auch Sajid, Alis Sohn, macht sich bereits auf den Weg zu den Körpern der drei, also werden wir wohl bald weitere Informationen erhalten.

JP findet man überhalb des Lagers IV. In mir machen sich Schuldgefühle breit, dass ich an jenem Tag nicht aufgestiegen bin, um ihn zu suchen – auch wenn ich genau weiß, dass diese Schuldgefühle nichts bringen. John und Ali werden noch weiter oben entdeckt, 200 bis 300 Meter unterhalb des Gipfels. Sie hängen noch in den Fixseilen. Die Fakten, die ich hier über Funkgerät und Handy mitbekomme, machen für mich eines klar: Sie waren auf dem Gipfel. Ich bin hundertprozentig davon überzeugt.

Wir stehen am Concordiaplatz: Max, mein kleiner Freund mit seinen elf Jahren, und seine Mama Mimi, die mich bei diesem Trekking begleiten. Wir drei umarmen uns und beginnen alle zu weinen. Ich bin so dankbar, so gute Freunde zu haben.

Ich werde mich vom K2 am Gondogoro La auf 5.600 Meter Meereshöhe verabschieden. Während meines Aufstieges betrachte ich den Berg und denke an meine Freunde. „Ruht in Frieden", flüstere ich ihnen zu, „ich liebe euch und werde euch niemals vergessen. Danke für alles, was ihr mir geschenkt habt."

Doch wir müssen hier noch unsere Aufgabe zu Ende bringen: Wir möchten ja JPs Traum Wirklichkeit werden lassen und den Mädchen in Shigar

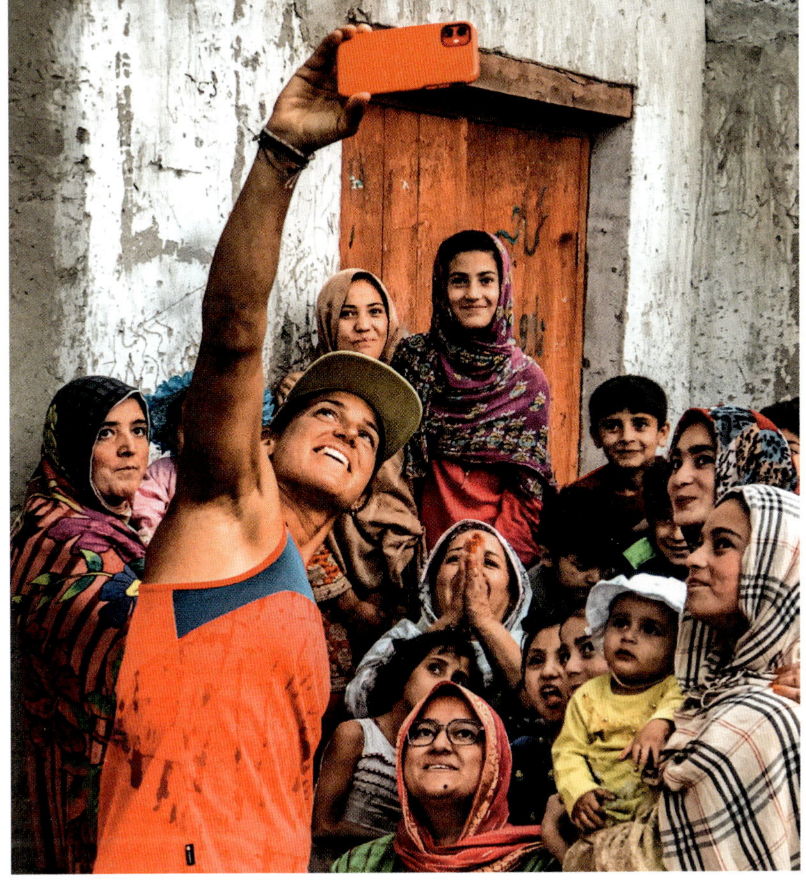

Es ist eine wahre Freude, in die Welt der pakistanischen Frauen einzutauchen … Denn früher habe ich die Dörfer ausschließlich mit dem Fokus „Berge besteigen" durchstreift.

das Klettern beibringen. Damit sie Spaß daran haben, aber auch für eine bessere Zukunft, in der sie die Schönheit und die Ressourcen ihres Landes bestmöglich nutzen können.

All das zu beschreiben, was wir hier zusammen mit meiner ägyptischen Freundin Wafaa Amer und mit einigen Freunden JPs in Shigar erleben, fällt mir schwer – es ist einfach ein Erlebnis von unbeschreiblicher Freude und Schönheit. Den Ausdruck in den Augen dieser Mädchen, die wir hier in die Kunst des Kletterns eingeführt haben, werden wir sicher unser ganzes Leben lang in unseren Herzen bewahren. Ich kann nur so viel sagen: Es handelt sich um eine Begegnung und ein Kennenlernen ganz besonderer Art. In den Seilschaften müssen wir uns hundertprozentig aufeinander verlassen können. Das muss schrittweise gelehrt und erlernt werden. Doch es dauert nicht lange und die Mädchen zeigen Selbstvertrauen und ein ganz neues Selbstbewusstsein. Nach nur drei Tagen ist von der anfänglichen Ängstlichkeit und Zurückhaltung nichts mehr übrig. Mein Herz wird erobert von der großen Begeisterung zu klettern und den Berg zu bezwingen, die diese Mädchen entwickeln. Auch ihre reine Freude am Klettern werde ich niemals vergessen. Wie sie jeden kleinen Griff im Fels betrachten und studieren, wie sie sich dann daran hochziehen. Sie geben niemals auf, diese Mädchen. Ich sehe mich selbst in diesen kleinen eifrigen Bergsteigerinnen, die mich immer wieder aufs Neue daran erinnern, wie ich als Mädchen war, als ich sorglos zu Hause herumtollte. Ich spüre, dass ich sie gernhabe und dass ich sie verstehe.

Dies löst eine weitere Veränderung in mir aus, und trifft mich in der Tiefe meiner Seele: Ich erlebe ihr Lachen und dieses reine Glücksgefühl, das das Klettern in ihnen auslöst; und die Tränen, die schließlich beim Abschied fließen. All das trage ich fortan wie einen Schatz in mir. Ich werde es nie vergessen. Auch nicht unser Versprechen, wiederzukommen. Hier spüre ich die Seele JPs. Ich sehe und spüre JP hier in jedem von uns. Ich darf seine Familie treffen, wir arbeiten hier zusammen und erinnern uns an ihn, weinen, trauern und sind glücklich, jemanden wie ihn als einen Teil unseres Lebens gehabt zu haben. Und wir sind dankbar, jetzt seinen Traum verwirklichen zu dürfen. All das ist pure Magie.

Auch wenn es vielen unverständlich erscheinen mag: Ich bin wirklich äußerst dankbar für alles, was das Universum für mich bereitgehalten hat. Es hat mir JP geschenkt, nachdem ich so viele Jahre fieberhaft auf den höchsten Bergen der Welt nach etwas Besonderem gesucht hatte. Jetzt weiß ich, dass er es war, JP, der mir die Augen geöffnet und mir das Gefühl gegeben hat, ein weibliches Wesen zu sein. Eine richtige Frau, stark und unbeugsam, die aber nicht mehr ständig mit den Herausforderungen der Natur kämpft und dabei immer nur mit sich selbst beschäftigt ist.

Die wieder vollen Zugang gefunden hat zu ihrem Frau-Sein, die mit Empathie und einem Lächeln im Herzen sich selbst neu erfindet und sich eins fühlt mit der Natur, der Schöpfung, ihrem Tun und den Menschen, die sie im Herzen trägt und die ihr noch begegnen werden.

Tamara Lunger, Juli 2021

Sajid Sadpara und ich in Skardu während unserer Zeremonie, die wir für JP feierten. Danke Fede und Juan Pablo Diban, dass ihr dabei wart. Ich werde unsere gemeinsame, sehr intensive Woche in Skardu nie vergessen.

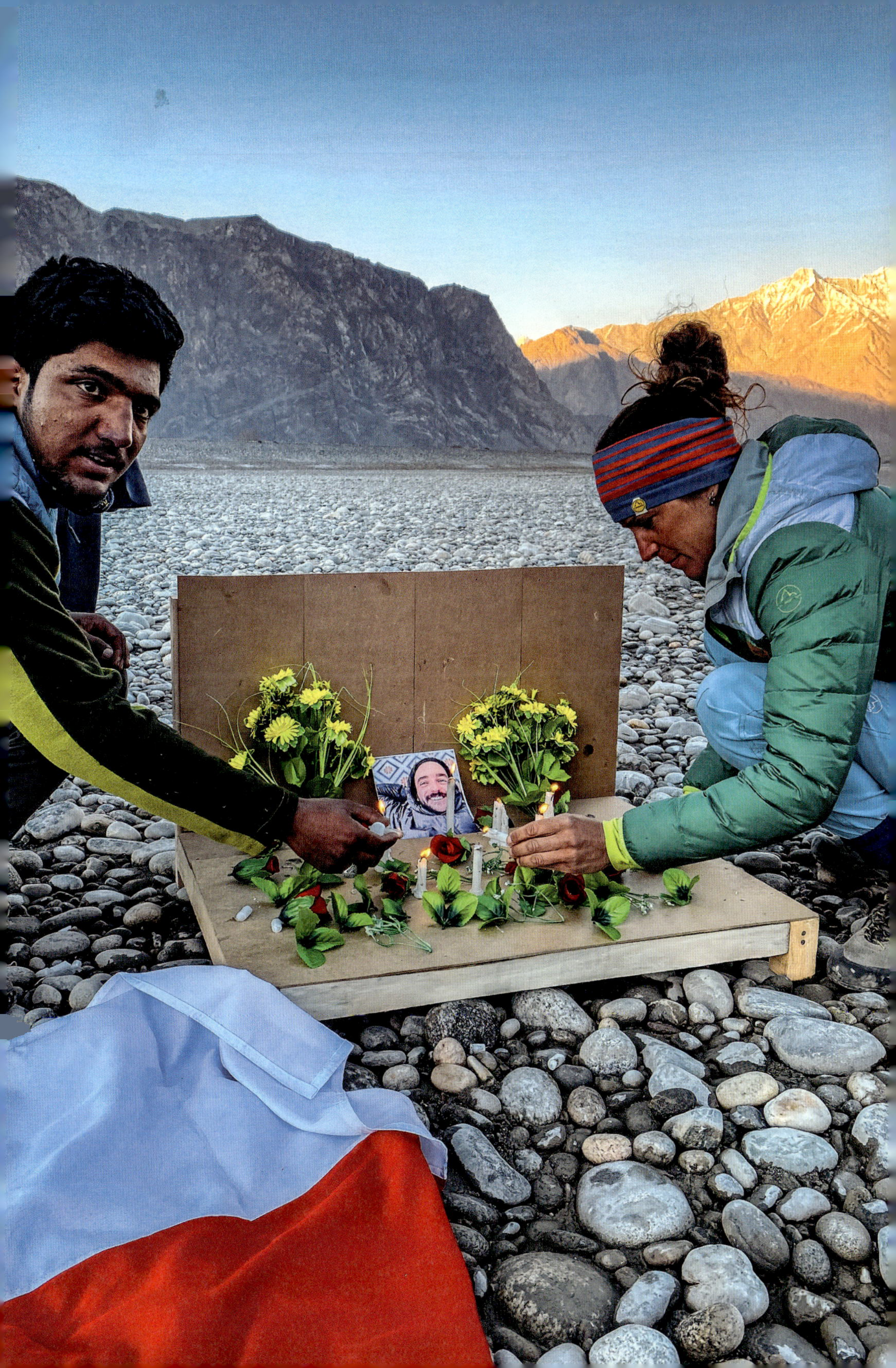

DANKE SAGEN

Nach dieser für mich so intensiven, tragischen und schwierigen Erfahrung möchte ich mich zuerst bei Davide bedanken. Ich weiß nicht, was ich ohne deine starke Schulter, ohne dein Mitgefühl, ohne die viele Zeit, die du mir geschenkt hast, und ohne unsere stundenlangen Gespräche gemacht hätte. Du bist wirklich ein ganz besonderer Mensch.

Mein Dank gilt auch meiner Familie: Ihr habt mich immer bei der Verwirklichung meiner Träume unterstützt, ohne mich dabei eure Sorgen um mein Wohlergehen spüren zu lassen.

Danke, Simone Moro. Du hast vom ersten Augenblick an fest an mich geglaubt, und das werde ich dir niemals vergessen. Einen großen Teil meines Weges bist du mit mir gegangen, bis ich meine Flügel ausgebreitet habe und *meinen* großen Traum, die Winterbesteigung des K2, alleine wagte.

Ich danke meinen besten Freunden Mimi, Pauli und Max. Bei und mit euch darf ich mich immer wie zu Hause fühlen und willkommen, und das nicht nur dann, wenn es mir gut geht.

Mit großer Zuneigung und in tiefer Freundschaft möchte ich mich bei meiner Managerin Marianna bedanken. Du bist mir immer nahe. Es tut gut, eine gute Fee wie dich an meiner Seite zu wissen.

Danke auch dir, Petra. Für die vielen Stunden am Telefon, in denen du mir als Psychologin und Freundin mit Rat und Tat zur Seite gestanden hast. In dieser schwierigen Zeit warst du mir eine wertvolle Hilfe.

Danke, Mirco. Du bist der beste Trainer, den ich mir nur wünschen kann, vor allem aber ein besonderer Mann, der sich nicht nur mit der Leistungsfähigkeit und Gesundheit meines Körpers, sondern auch mit meinem Geist beschäftigt.

Viel zu verdanken habe ich auch Peter Mazurana. Danke für deine „Nadeln und Spritzen“, vor denen ich mich immer so sehr gefürchtet habe. In dir habe ich eine Seele gefunden, die mich wirklich verstehen kann.

Danke, Vinicio. Mit deiner Hilfe konnte ich diese ganze Geschichte niederschreiben, was ich ohne dich niemals geschafft hätte. Dank dir können nun viele meine Erlebnisse, Gedanken und Gefühle teilen, und so vielleicht ein bisschen besser verstehen, warum wir Bergsteiger das alles auf uns nehmen.

Danke, Fede (JPs Cousin) und JP Diban, Lucho und Mateo, die ich nur aufgrund dieser Tragödie kennenlernen durfte. Dank euch war ein neues Ziel geboren worden, denn gemeinsam hatten wir beschlossen, in Pakistan JPs und Alis Traum zu verwirklichen. Und so haben wir den Mädchen in Shigar das Klettern beigebracht, und JP war wirklich in jedem Moment bei uns.

Danke, Manni Mussner, für die Übersetzung dieses Buches in die deutsche Sprache.

Danke, Peter Santer. Ohne dich gäbe es für dieses Buch keine Bilder! Einfach nur gewaltig, dass du es geschafft hast, das Unmögliche möglich zu machen, indem du meine Festplatte gerettet hast.

Mein Dank geht auch an meine Sponsoren: La Sportiva, Gore-Tex, CAMP-Cassin, Leki, Primus, Exped, Lyo Food, Bliz Eyewear. Sie alle geben mir das Gefühl, Teil einer großen Familie zu sein, und dass – vor allem nach dieser Expedition – menschliche Werte viel mehr zählen als rein sportliche Leistungen. Was für mich das Allerwichtigste ist. Danke!

Ich möchte mich bei euch allen bedanken, die ihr an mich gedacht habt, in Sorge um mich wart und für mich gebetet habt. Ich weiß, dass ich all meine Kraft auch euch verdanke, denn eure Energien vereinen und bündeln sich ja letzten Endes. Danke für eure Unterstützung!

Doch vor allem möchte ich mich bei JP, Sergi, Ali, Atanas und John bedanken. Für euer freundliches Lachen, für die vielen Gespräche und eure Gesellschaft während dieser beiden Monate, in denen wir versucht haben, unseren großen Traum zu verwirklichen! Ihr habt mir so viel gegeben, und ich setze meinen Weg fort in der Gewissheit: Die Erinnerung an euch hat mich nur noch stärker gemacht.

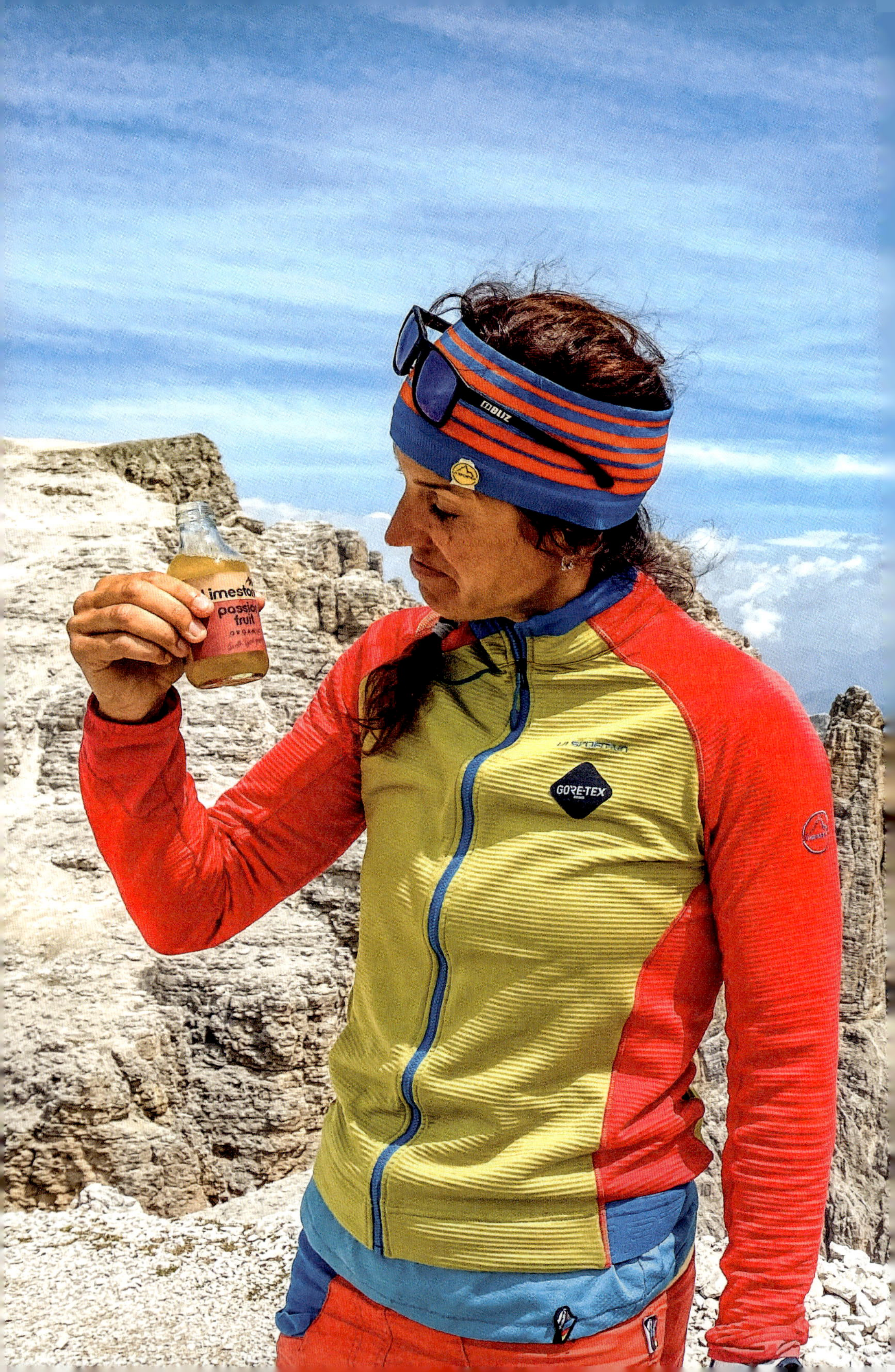
GORE-TEX

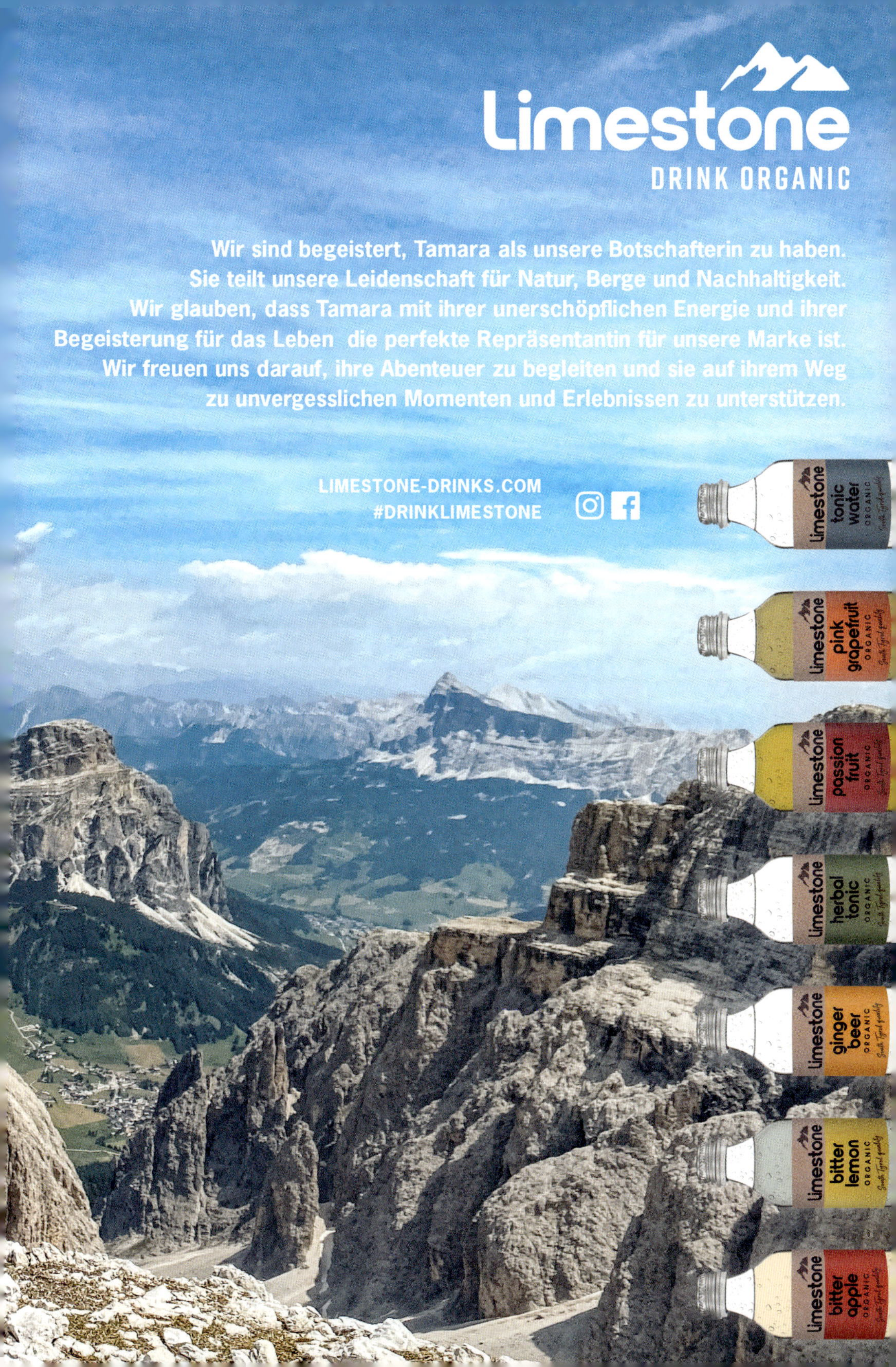

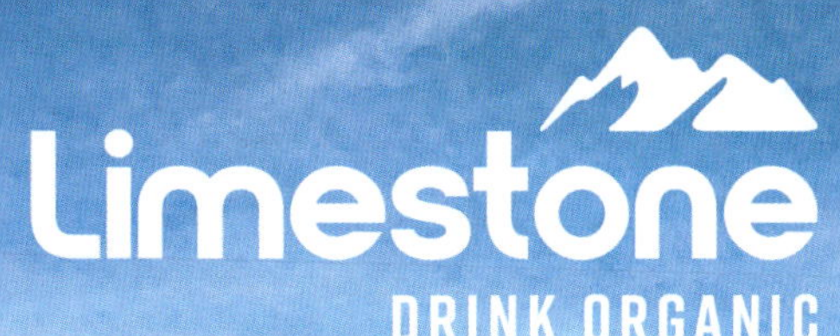

Wir sind begeistert, Tamara als unsere Botschafterin zu haben. Sie teilt unsere Leidenschaft für Natur, Berge und Nachhaltigkeit. Wir glauben, dass Tamara mit ihrer unerschöpflichen Energie und ihrer Begeisterung für das Leben die perfekte Repräsentantin für unsere Marke ist. Wir freuen uns darauf, ihre Abenteuer zu begleiten und sie auf ihrem Weg zu unvergesslichen Momenten und Erlebnissen zu unterstützen.

LIMESTONE-DRINKS.COM
#DRINKLIMESTONE

limestone tonic water ORGANIC
limestone pink grapefruit ORGANIC
limestone passion fruit ORGANIC
limestone herbal tonic ORGANIC
limestone ginger beer ORGANIC
limestone bitter lemon ORGANIC
limestone bitter apple ORGANIC

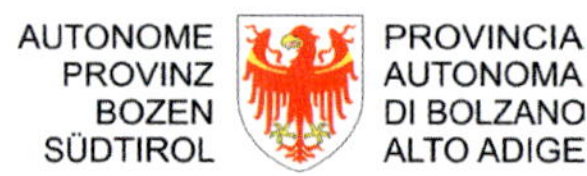

Deutsche Kultur

Die Drucklegung dieses Buches wurde ermöglicht durch
die Südtiroler Landesregierung / Abteilung Deutsche Kultur.

Bibliografische Information der Deutschen Nationalbibliothek
Die Deutsche Nationalbibliothek verzeichnet diese Publikation in der Deutschen Nationalbibliografie; detaillierte bibliografische Daten sind im Internet abrufbar: http://dnb.d-nb.de

Bildnachweis
Christoph Jorda: 49, 50
Giacomo Meneghello: 27 (oben rechts und links)
Daniele Nardi: 72
Gloria Patricia Ramirez: 27 (Mitte und unten)
Alice Russolo: 26
stock.adobe.com: Umschlag Rückseite (Treethot Polrajlum), Nachsatz (marabelo)

Alle übrigen Aufnahmen stammen aus dem **Archiv Tamara Lunger**

2. Auflage 2024
© Athesia Buch GmbH, Bozen (2023)
Titel der Originalausgabe: „Tamara Lunger - Il richiamo del K2",
pubblicato per Rizzoli, © 2021 Mondadori Libri S.p.A., Milano
Deutsche Fassung: Manfred Mussner

Lektorat/Korrektorat: Sabine Schmid, textdrexlerei
Design & Layout: Athesia-Tappeiner Verlag
Druck: GZH Zagreb
Papier: Innenteil GardaMatt Ultra, Vorsatz Offset weiß

Gesamtkatalog unter
www.athesia-tappeiner.com

Fragen und Hinweise bitte an
buchverlag@athesia.it

ISBN 979-12-80864-06-2
ISBN 979-12-80864-08-6 (e-Book)

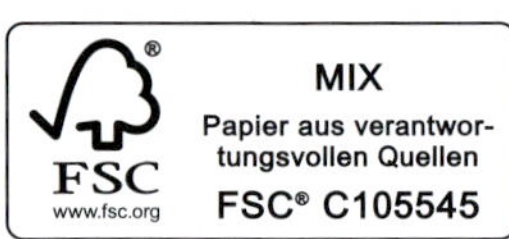

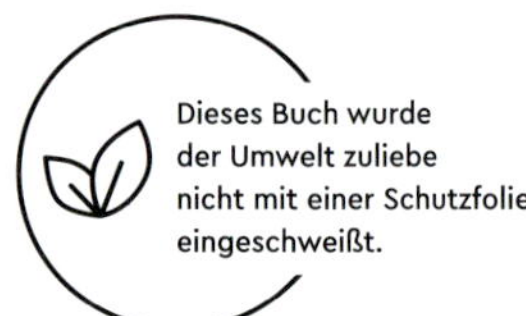

Bildbeschreibung Umschlagrückseite
Der imposante K2 mit seinen
8.611 Metern